Inhalt

Geleitworte

Menschen die sich mit der Ernährungsform nach den 5 Elementen befassen spüren nach relativ kurzer Zeit einen deutlich wahrnehmbaren Nutzen für die eigene Gesundheit, die sich bei regelmäßiger Anwendung einstellt. Die Verbesserung der Schlafqualität, die Steigerung der geistigen und körperlichen Leistungsfähigkeit, die Belebung des Stoffwechsels, die Harmonisierung des Immunsystems oder einfach ausgesprochen ein „gutes Bauchgefühl" sind nur einige Beispiele für den Einfluss auf elementare physiologische Funktionen unseres Körpers.

Das Buch zu lesen ist eine Freude, damit praktisch zu arbeiten ein Genuss!

Der Inhalt des Werkes ist zwar sehr komplex, die Sprache der Autorin aber klar und leicht verständlich. Dadurch ergibt sich ein hoher Nutzen sowohl für den interessierten Laien, als auch den erfahrenen Therapeuten. Als Neuling auf dem Gebiet der chinesischen Ernährungslehre werden Sie dankbar sein für die vielen wertvollen Basis-Informationen über die 5-Elemente-Lehre, die energetischen Eigenschaften von Lebensmitteln sowie für die Vielzahl von leicht anwendbaren Kochrezepten.

Dem Spezialisten dagegen gibt Isabel Ockert ein effektives Werkzeug an die Hand, in dem sie die Physiologie und Pathologie der TCM aus der Perspektive der Ernährungstherapie detailliert erläutert. Dabei begibt sich die Autorin häufig in die Tiefe der Materie.

Schon seit Jahren verfolgt Isabel Ockert mit ihrem Wirken das Ziel, die 5-Elemente-Ernährungslehre im deutschsprachigen Raum nicht nur für Laien, sondern auch in Fachkreisen zu etablieren. Ihr fundiertes Wissen gibt sie in diversen Seminaren und Veranstaltungen mit großer Freude an Interessierte weiter und begeisterte schon mehrfach zahlreiche Teilnehmer des Patientenkongresses in Vaterstetten in Zusammenarbeit mit dem TRIMEDICUM e.V.

Gleichzeitig sucht die Autorin aber auch Kontakt zu der medizinischen Fachwelt und ist stets um eine intensive Zusammenarbeit bemüht. In diesem Zusammenhang hat sie in meiner ärztlichen Praxis auf eindrucksvolle Art bewiesen, welch ein therapeutisches Potential die 5-Elemente-Ernährung besitzt. Diese Behandlungsform kann nicht nur ergänzend zu der Kräutermedizin und Akupunktur angewendet – sondern durchaus als eigenständiges Therapieverfahren zur erfolgreichen Behandlung vieler chronischer Beschwerden eingesetzt werden.

Ich wünsche Isabel Ockert in diesem Sinne den gebührenden Erfolg und hoffe, dass die 5. Auflage dieses wertvollen Kochbuches es weiterhin schaffen wird, großes Interesse für gesundheitsfördernde Kochkunst zu wecken!

Dr. med. Christoph Malisch

Praxis für klassische Akupunktur und chinesische Medizin, Haar bei München

---

Es freut uns sehr, dass Dein 5-Elemente-Rezeptbuch die 5. Auflage erfährt. Erstens ist es ein schönes Buch mit tollen Rezepten . . . und zweitens bedeutet es, dass unser Anliegen sich immer mehr verbreitet: Eine gesunde und bekömmliche Ernährung! Gestehen dürfen wir an dieser Stelle, dass wir unsere Diätetik-Student/-innen auch Rezepte aus Deinem Kochbuch in den Seminaren kochen lassen.

Ulrike und Peter von Blarer Zalokar

HPS Heilpraktikerschule Luzern, Schweiz

Isabel Ockert ist eine herausragende Dozentin und Köchin auf dem Gebiet der 5-Elemente-Ernährung. Sie lebt das, was sie lehrt und begeistert Ihre Teilnehmer mit viel Humor, fundiertem Wissen und Engagement. Ich war 2009 Teilnehmerin an einem ihrer Koch-Seminare in Berlin und ihre Ideen sowie die kreative Umsetzung der 5-Elemente-Küche in alltagstaugliche Rezepte haben mich vollends begeistert.

Bettina Dräger

Diplom-Oecotrophologin, Dozentin, Trainerin und Ernährungsberaterin TCM, Buxtehude

---

Lassen Sie sich von Isabel Ockert inspirieren und in die Welt der 5-Elemente-Ernährung entführen. Sind Sie auf den Geschmack gekommen, wird sich bei Ihnen ein völlig neues Bewusstsein einstellen und Sie werden diese Lebensart nicht mehr missen möchten. Für mich ist dieses Buch ein Wegbegleiter, da ich täglich mit Menschen zu tun habe, die an ihrem Gesicht arbeiten und ihre Falten glätten möchten. Ein wichtiger Punkt spielt dabei die bewusste Ernährung, denn besonders eine geschwächte Milz hinterlässt Spuren im Gesicht. Von daher möchte ich Ihnen dieses Buch ans Herz legen – lassen Sie eine neue Liebe in Ihrer Küche entflammen!

Patrick Nehls

Trainer und Berater des Chinese Facereadings, Reinbek

Mit großer Freude habe ich auf die Rezeptsammlung von Isabel Ockert gewartet. Im Alltag als Ernährungsberaterin bin ich immer wieder gefordert meine Kunden zum Kochen zu motivieren. Und das geht am besten mit einfachen und schmackhaften Rezepten. Auch wenn ich selber Kochbuch-Autorin bin, hat man doch seinen eigenen Stil und trifft nicht immer jedermanns Geschmack. So bin ich froh über Anregungen und Kolleginnen, die ans Kochen und das Thema 5-Elemente-Küche anders herangehen. Was ich persönlich spannend finde sind die regionalen Unterschiede und Vorlieben. Das inspiriert zu neuen Kombinationen und Zutaten in der Küche. Bei Isabel Ockert weiß ich außerdem, dass die Rezepte praxiserprobt und alltagstauglich sind - genau das, was meine Kunden erwarten. Also „ran an die Kochlöffel" – nachkochen und genießen!

Dr. Claudia Nichterl

Ernährungswissenschafterin, Autorin, Ernährungsberaterin TCM, Wien

---

Ein durch und durch auf die Praxis ausgerichtetes Kochbuch, das mit seinen vielen Tipps und Variationshinweisen hervorragend geeignet ist, auch Kochanfänger zu unterstützen. Isabel Ockert ist eine versierte Köchin mit viel praktischer Erfahrung, wenn es darum geht die Kunst des Kochens zu vermitteln. Dies spürt man bei jedem Rezept. Außerdem ist ihre praktische Kompetenz ein Garant für gutes Gelingen. Die schönen Bilder tun ihr übriges, den Gusto und die Lust am Kochen zu fördern. In diesem Sinne wünsche ich allen einen guten Appetit.

Christiane Seifert

Heilpraktikerin, Autorin und Ausbildungsdozentin für
chinesische Ernährungslehre und Akupunktur, Harxheim

Einleitung

Haben Sie sich schon lange gewünscht, aus frischen Nahrungsmitteln köstliche Gerichte auf den Tisch zu zaubern, die leicht zubereitet sind? Mit diesem Buch lade ich Sie zu einer kulinarischen Reise durch die Jahreszeiten ein. Beim Kochen nach den Fünf Elementen werden automatisch die Fünf Geschmacksrichtungen sauer, bitter, süß, scharf und salzig in den Speisen vereint. Denn die Zutaten werden so gewählt, dass jedes Element und damit jede Geschmacksrichtung in einem Gericht vorkommt. So entstehen Harmonie, Genuss und Bekömmlichkeit im Kochtopf, und das in jeder Jahreszeit!

Dieses Buch bietet Ihnen die Möglichkeit, schnell und einfach nach den Prinzipen der Fünf-Elemente-Lehre zu kochen und dabei Freude zu haben. In meinen zahlreichen Kochkursen der vergangenen Jahre war man über raffinierte Rezepte mit einer kurzen Zubereitungszeit dankbar. Auf diese Art konnten viele von Ihnen die neue Kochweise im Alltag realisieren.

Dieses Buch widmet sich der praktischen Umsetzung. Erleben Sie selbst, wie einfach gutes Essen zubereitet werden kann. Das harmonische Geschmackserlebnis wird auch Ihre Sinne begeistern!

Mit dem Essen sprechen wir nicht nur unseren Geschmacks- und Geruchssinn an, sondern immer auch das Herz und unsere Emotionen. Beim Anblick einer leckeren Speise kann einem das Herz aufgehen… und auch das Auge isst mit!

Lassen Sie sich von den Fotos inspirieren: Mit allem, was man essen kann, können Sie ebenso gut wundervoll dekorieren – lassen Sie Ihrer Kreativität freien Lauf!

Der Rezeptteil des Buches begleitet Sie durch das Kalenderjahr und bietet Ihnen eine Vielzahl von jahreszeitlichen Rezepten, deren Umsetzung Ihnen am besten gelingt, wenn Sie saisonale Produkte aus Ihrer Region verwenden.

Vom Frühling über den Sommer, Spätsommer und Herbst bis in den Winter finden Sie ganz unterschiedliche Gerichte, die in folgende Rubriken eingeteilt sind:

- Frühstück
- Suppen
- Vorspeisen und Salate
- Gemüse und Vegetarisches
- Fleisch
- Fisch
- Dips, Aufstriche und Chutneys
- Desserts
- das spezielle jahreszeitliche Highlight

In den Rezepten finden Sie auch japanische Produkte wie z.B. Ume Su, Ume Paste, Genmai Su und Miso die ab Seite 258 im Glossar in der Rubrik Warenkunde beschrieben werden. Dort finden Sie auch mögliche Alternativen aufgezeigt, wie diese Produkte ersetzt werden können.

An dieser Stelle möchte ich Ihnen noch eines besonders ans Herz legen:

Jedes Gericht kann nur so gut werden wie die Zutaten, die Sie verwenden. Achten Sie beim Einkauf darauf, dass Sie frische, reife Nahrungsmittel von guter Qualität erwerben. Sehr wichtig bei der Zubereitung ist jedoch der Respekt vor den Zutaten. Liebe und Achtung auch gegenüber weniger hochwertiger Ware, die Sie vielleicht trotz allem verwenden möchten, kann dem Gericht unter Umständen mehr Qualität verleihen, als wenn Sie erlesene Zutaten voller Unlust in einer negativen Stimmung zubereiten.

Nicht nur der Wert der Lebensmittel sondern auch eine sorgfältige Lagerung und Verarbeitung ist von großer Bedeutung. Selbst die eigene Einstellung und Stimmung überträgt sich, denn die Energie des Koches hat Auswirkungen und bekanntlich geht Liebe durch den Magen! Daher ist die Dankbarkeit und Freude bei der Zubereitung ein wichtiger Aspekt.

Und wenn wir schon bei der Dankbarkeit sind, dann möchte ich es nicht versäumen, meinen vielen Kursteilnehmern der vergangenen Jahre für ihr positives Feedback in den Kochkursen zu danken. Genau diese Rückmeldungen gaben damals den eigentlichen Anstoß für dieses Buch.

Besonders dankbar bin ich für die gesamte Entwicklung meiner beruflichen Tätigkeit und die vielen interessanten Aufträge der vergangenen Jahre... Das sich Teambuilding-Events im Firmenbereich mit Gruppen bis zu 80 Personen realisieren lassen, das hätte ich mir vor Jahren selbst nicht vorstellen können. Mit meiner mobilen Kochschule habe ich mich mittlerweile an verschiedenen Standorten in schönen Locations auf diese Gruppen-Events spezialisiert.

Das Wissen der 5-Elemente-Küche hat so viele Facetten und lässt sich wunderbar in vielen Projekten umsetzen. Ob Gesundheitstage in Firmen unter dem Motto „Stress und Ernährung" oder Work-Life-Balance um mit dem richtigen Treibstoff im Körper das Wohlbefinden und die Leistungsfähigkeit zu steigern. Auch Projekte in der Gastronomie habe ich begleitet und Küchen-Coachings durchgeführt. Ein weiterer wichtiger Meilenstein war das Mitwirken bei der Entwicklung des Speisenkonzeptes CHICUCINA das in der Betriebsgastronomie erfolgreich umgesetzt wird. Weitere Infos dazu sind im Anhang des Buches ab Seite 286 zu finden.

Meine große Begeisterung und Herzensfreude liegt nach wir vor in der Dozenten-Tätigkeit des eigenen Ausbildungslehrgangs und der Vermittlung dieser ganzheitlichen Philosophie in Theorie und Kochpraxis. Wenn der Funke auch bei Ihnen überspringt, dann werden wir vielleicht sogar einmal gemeinsam den Kochlöffel schwingen und treffen uns bei einem meiner Workshops und Seminare.... oder Sie besuchen mich in meiner Online-Akademie.

Zum Schluss möchte ich noch auf die interessanten Kontakt-Adressen ab Seite 278 hinweisen. Dort finden Sie viele Kolleginnen und Kollegen, die sich ebenfalls mit der TCM und der 5-Elemente-Philosophie beschäftigen. Nun wünsche ich Ihnen mit diesem Buch besonders viel Spaß beim Kochen und Genießen!

Isabel Ockert, im Februar 2017

Genuss und Bekömmlichkeit

1. Empfehlungen für Genuss und Bekömmlichkeit

Das Geheimnis einer gesunden und geschmackvollen Ernährung ist vor allem eine Sache der Nahrungsmittelqualität und der Zubereitungsart. Bevorzugen Sie unbelastete, vor allem frische und möglichst biologisch-dynamisch angebaute Nahrungsmittel aus Ihrer Region. Umso größer ist und bleibt der Anteil an wertvoller Energie und der Nährgehalt der einzelnen Nahrungsbestandteile.

Die jeweils geeignete Zubereitungsform und Garmethode richtet sich zum Teil nach der Jahreszeit. Weitere Hinweise hierzu finden Sie im Kapitel 6 des Buches.

In den Rezepten sind keinerlei Würzmischungen oder Fertigprodukte aufgeführt. Diese beinhalten oft künstliche Aromen, Konservierungsmittel, Stabilisatoren und Geschmacksverstärker, die auf den Körper eher schädigend wirken und bei frischen Zutaten auch völlig überflüssig sind.

Berücksichtigen Sie die nachfolgenden Grundsätze der Fünf-Elemente-Ernährung. Sie gewährleisten nicht nur genussvolles Essen, sondern auch ein hohes Maß an Bekömmlichkeit – eine wichtige Voraussetzung für Ihr Wohlbefinden:

- Der Verzehr von großen Mengen Rohkost wirkt kühlend auf unseren Organismus. Wesentlich bekömmlicher ist knackig gekochtes Gemüse.

- Anstatt der thermisch kalten Südfrüchte sind Kompotte aus einheimischen, reifen Früchten eine empfehlenswerte Alternative. Noch mehr Bekömmlichkeit wird durch die Verwendung von geeigneten Gewürzen erzielt.

- Thermisch kalte Nahrungsmittel, wie z. B. Sauermilchprodukte, Joghurt, Quark, Eis, und starkgekühlte Getränke „löschen das Verdauungsfeuer" des Körpers. Dadurch werden der Stoffwechsel und die Transformation verlangsamt.

- Berücksichtigen Sie den Leitsatz: „Nie kalt anfangen und nie kalt enden." Starten Sie ein Essen möglichst mit einer Suppe. Ein kühlendes Eis direkt nach dem Hauptgang ist kein geeignetes Dessert.

- Geben Sie einer warmen und gekochten Mahlzeit statt vor einer Brotmahlzeit immer den Vorrang.

- Getreide ist in gekochter Form wesentlich bekömmlicher als rohe Flocken, Frischkornbrei oder Vollkornbrot.

- Verwenden Sie Kräuter und Gewürze möglichst frisch.

- Künstliche und chemische Nahrungsbestandteile, wie z. B. Farbstoffe, Geschmacksverstärker, Konservierungsstoffe und Zusatzstoffe, schwächen unsere Körperfunktionen und sollten möglichst gemieden werden.

- Ständiges Essen ohne längere Pausen zwischen den Mahlzeiten belastet den Körper.

- Der Einsatz der Mikrowelle und die Vorratshaltung in der Tiefkühltruhe beeinflussen die Thermik unserer Nahrungsmittel und vermindern teilweise ihren Energiegehalt.

Zu den einzelnen Rubriken im Rezeptteil möchte ich noch wertvolle Hintergrundinformationen geben:

Das Frühstück – die wichtigste Mahlzeit

Sicherlich kennen Sie den Spruch: „Frühstücke wie ein Kaiser, esse zu Mittag wie ein König und abends wie ein Bettelmann". Doch viele Menschen verschenken die Gelegenheit, kraft- und energievoll in den Tag zu starten. Mit der ersten und wichtigsten Mahlzeit des Tages – unserem Frühstück – tanken wir Energie, Wärme und die Kraft für unsere Aktivitäten.

Niemand würde sich mit einem leeren Autotank auf eine große Fahrt begeben. Vom eigenen Körper jedoch verlangen viele Menschen das zum Teil täglich. In fast jeder Ernährungsberatung und in zahlreichen Kochkursen erweist sich das Frühstück als große Herausforderung und schwierigster Punkt bei der Umstellung von Gewohnheiten. Die meisten können sich außer Müsli und Marmeladebrot als Frühstück nichts anderes vorstellen. Generell sollte ein Frühstück warm sein und aus etwas Gekochtem bestehen. Das ist für einige Menschen kaum denkbar, da es morgens in der Regel schnell gehen soll. Bestimmte Frühstücksgewohnheiten haben sich über die Jahre hinweg verfestigt. Bereits den frühen Morgen mit Kochen in der Küche zu verbringen, ist abschreckend – aber grundsätzlich nur reine Organisationssache. Frühstückssuppen und auch Getreide wie Hirse, Polenta, Reis, Quinoa oder Bulgur können gut vorgekocht und für 2 bis 3 Tage im Kühlschrank aufbewahrt werden. Finden Sie anhand der Rezepte heraus, ob Sie eher ein herzhaftes oder süßes Frühstück bevorzugen.

Suppe ist super!

Eine Suppe hält Leib und Seele zusammen, füllt unseren Magen und wärmt das Herz. Die Zubereitung von Suppen und Eintöpfen hat eine sehr lange Tradition; Suppen sind eine Art Urnahrung. Unsere Vorfahren haben dafür Körner geschrotet, zwischen Steinen vermahlen und diesen Brei mit Wasser verrührt und gekocht.

In der traditionellen Suppe landet alles, was eine Region zur jeweiligen Jahreszeit zu bieten hat. So spiegeln Suppen auch die Eigenarten eines Volkes wider und können ein Stück Heimat in fremde Welten transportieren.

Eine Suppe zum Frühstück? Das scheint doch sehr gewöhnungsbedürftig. Doch gerade diese Kombination aus Getränk und fester Speise wird zunehmend wiederentdeckt und eignet sich hervorragend als Einstieg in eine Hauptmahlzeit und auch als Start in den Tag. Suppe statt Kaffee mobilisiert die Kräfte, bringt Wärme und stärkt nachhaltig. Ein Loblied auf die Suppe – eines der

Genuss und Bekömmlichkeit

bekömmlichsten Gerichte überhaupt! Schmecken und fühlen Sie selbst den Unterschied zwischen einer wirklichen Kraftsuppe und einer heutigen Industriebrühe aus der Tüte.

Viele Suppen im Rezeptteil eignen sich auch zum Mitnehmen für ein warmes Mittagessen im Büro oder (in einem Thermogefäß) als wunderbare Mahlzeit für unterwegs.

Gemüse – Hauptlieferant für Vitamine und Mineralstoffe

Der größte Anteil unserer Nahrung sollte aus Gemüse bestehen. Wenn Sie sich dabei an den Saisonkalender (Kapitel 3) und den regionalen Anbau halten, wechselt Ihr Speiseplan im Verlauf eines Jahres ganz automatisch.

Gemüse enthält neben Kohlenhydraten auch viele sekundäre Pflanzenstoffe, die sich meist in den Farbstoffen befinden. Um in den Genuss dieser wertvollen Inhaltsstoffe zu kommen, ist es keinesfalls notwendig, Gemüse in großen Mengen roh zu verzehren. Viele Beispiele zeigen, dass bestimmte Stoffe erst durch das Kochen für unseren Körper in eine leicht aufzunehmende Form umgewandelt werden. Bei der Zubereitung von Gemüse kommt es auf den richtigen Garpunkt an. Wenn Sie Gemüse in wenig Öl dünsten, knackig garen oder dämpfen, sind dies ideale und schonende Garmethoden.

Salate – nicht nur roh

In diesem Buch finden Sie kaum Rohkostsalate, sondern vermehrt Rezepte für Blattsalate und Salate aus gekochtem Gemüse. In der chinesischen Ernährungslehre gilt Rohkost, wie zum Beispiel rohe Karotten, Paprika, roher Sellerie, Weißkohl usw., als schwer verdaulich und abkühlend.

In der westlichen Ernährungslehre sind gerade die Rohkostsalate sehr beliebt, sie gelten als Inbegriff der gesunden Ernährung. Rohes Gemüse enthält zwar viele Vitamine, doch nicht jeder hat die nötige Verdauungskraft, um diese Energie aus der Nahrung aufzunehmen. Nicht was wir essen, ist entscheidend, sondern was wir transformieren – also verdauen und in Energie umwandeln können. Wer nach dem Verzehr einer Rohkostplatte am nächsten Tag unverdaute Nahrungsbestandteile im Stuhl findet, konnte daraus offensichtlich keine Energie gewinnen.

In schonend gegartem Gemüse sind immer noch reichlich Vitamine enthalten. Die mediterrane Küche lehrt uns: Gekochte Gemüse mit hochwertigen Ölen und Kräutern stellen die ideale Kombination für eine bekömmliche Zubereitungsform dar. Die chinesische Ernährungslehre bestreitet nicht, dass unser Körper kleine Mengen rohe und ungekochte Nahrung benötigt. Dafür empfehlen sich Blattsalate als Beilage mit einem Dressing aus unpasteurisierten Essigen und kaltgepressten Ölen.

Getreide – wichtige Ballaststoffe

Das vollwertige Getreidekorn enthält die drei wichtigen Nahrungskomponenten Kohlenhydrate, Eiweiß und Fett sowie zusätzlich noch Mineralien und einige Vitamine. Wir verzehren Getreide hauptsächlich wegen der reichlich vorhandenen Kohlenhydrate, denn der Eiweiß- und Fettgehalt sind eher gering.

Am wertvollsten sind ganze, ungeschälte Körner. Leider sind diese auch am schwersten zu verdauen – hierfür wird eine gute Verdauungskraft benötigt. Nur wenige Menschen sind heute damit ausgestattet; die meisten leiden unter Völlegefühl und Blähungen, wenn sie Vollkornprodukte in bestimmten Kombinationen zu sich nehmen. Aus diesem Grund finden Sie in diesem Buch keine Rezepte aus dem ganzen Korn der Getreidesorten Gerste, Hafer, Roggen oder Weizen.

Bekömmlichere Getreidesorten sind z. B. Amaranth, Bulgur, Couscous, Dinkelgrieß, Gerstenschrot, Hirse, Polenta und Quinoa. Es ist sinnvoll, immer etwas gekochtes Getreide im Kühlschrank zu haben, denn es lässt sich ohne Probleme 2 bis 3 Tage aufbewahren. In Kombination mit Gemüse oder Obst ist damit schnell eine Mahlzeit zubereitet.

Tofu und Hülsenfrüchte – wertvolles pflanzliches Eiweiß

Sehr gute Quellen von pflanzlichem Eiweiß sind Tofu und Hülsenfrüchte. Sie eignen sich als Alternativen zu Fleisch und Fisch für den vegetarischen und veganen Ernährungsstil.

Tofu, der auch als „Bohnenquark der Sojabohne" bezeichnet wird, gibt es in unterschiedlichen Ausführungen. Natur- oder Seidentofu hat nur wenig Eigengeschmack und findet Verwendung in Bratlingen, Füllungen oder Aufstrichen und Süßspeisen. Es gibt daneben verschiedene pikante Tofukreationen mit Kräutern, Nüssen und Gewürzen sowie den herzhaften Räuchertofu. Geschmack und die Konsistenz sind oftmals vom Hersteller abhängig. Am besten probieren Sie verschiedene Sorten aus, um herauszufinden, was Ihnen am besten schmeckt.

Hülsenfrüchte sind die optimale Reserve im Küchenschrank, da sie sehr lange lagerfähig sind. Dabei ist es wichtig, für eine bekömmliche Zubereitung zu sorgen. Das A und O sind hier die Gewürze und Kräuter.

Fleisch – Lebenskraft in der chinesischen Ernährung

Beim Kauf von Fleisch ist besonders auf die Qualität zu achten. Grundsätzlich sollten Sie nur Fleisch verwenden, das von artgerecht gehaltenen Tieren stammt. Jede Art von Fleisch wird durch Marinieren mit Gewürzen bekömmlicher – und je kleiner und feiner es vor seiner Zubereitung geschnitten wurde, umso leichter ist es verdaulich. So eignet sich für Kurzgebratenes z. B. Hackfleisch und Geschnetzeltes besonders gut. Schon kleine Mengen davon, in Kombination mit Gemüse oder Pilzen, reichen aus, um ein schmackhaftes Gericht zu zaubern. Zum Kraftaufbau

Genuss und Bekömmlichkeit

nach Krankheit, Geburt und ganz allgemein in der kühleren Jahreszeit sind Kraftsuppen sinnvoll. In den Rezepten finden Vegetarier unter den Varianten jeweils Hinweise, wie die Gerichte alternativ auch „fleischlos" zubereitet werden können.

Fisch – leichtes und bekömmliches Eiweiß

Speisefische stammen aus Flüssen, Seen und aus dem Meer. Der weitaus größte Anteil des verzehrten Fischs ist Salzwasserfisch – welcher dank moderner Transport- und Kühlsysteme in großer Vielfalt angeboten wird. Als Alternative zu Fleisch ist Fisch eine sehr bekömmliche und leichte tierische Eiweißquelle. Fisch eignet sich daher – im Gegensatz zu Fleisch – wesentlich besser als Abendmahlzeit. Bauen Sie möglichst einmal pro Woche eine Fischmahlzeit in Ihren Speiseplan ein.

Zum Abschluss etwas Süßes

Oftmals ist der krönende Abschluss einer Mahlzeit eine Süßspeise. Hier gilt der Grundsatz, dass besonders Wert auf natürliche Süße gelegt werden sollte. Der Gedanke an „süß" erinnert uns sofort an Zucker … doch es gibt zahlreiche gesündere Zutaten als Alternativen. Die Kombination von süß und kalt ist sehr ungünstig. Im Rezeptteil finden Sie eine Auswahl von jahreszeitlichen Leckereien mit natürlichen Süßmitteln. Generell sollten Süßspeisen und Kuchen besser die Ausnahme auf dem Speiseplan sein.

2. Tipps zum Einkauf und der Lagerhaltung

Alles fängt mit dem Einkauf an

So wie die Qualität der Ernte durch das Pflügen mit beeinflusst wird – denn ohne vorbereiteten Boden wird das Saatgut nicht gut aufgehen – so bestimmen Sie bereits beim Einkauf die Qualität Ihrer Speisen.

Es kann eine inspirierende Erfahrung sein, über einen Markt zu bummeln, auf dem an unterschiedlichen Marktständen frisches Gemüse, Obst, Kräuter und so manche andere Köstlichkeiten angeboten werden. Das Riechen und Probieren hier und da weckt die Kreativität und Vorfreude auf das anschließende Kochvergnügen.

Doch nicht immer hat man genügend Zeit für ein solches Einkaufserlebnis. Biologisch erzeugte Nahrungsmittel gibt es mittlerweile in Naturkostläden, auf Bio-Bauernhöfen oder auch in Supermärkten, die heute vermehrt auf biologische Produkte umstellen, und sogar im Versandhandel.

Einen zeitsparenden Einkauf ermöglicht der Zustellservice von regionalen Verbänden oder Einzelanbietern, die zur Vermarktung ihrer Bio-Produkte einen Lieferdienst anbieten. Man bestellt in Form eines Abos und bekommt jede Woche eine vielfältige Lieferung, die teilweise auch individuell zusammengestellt werden kann. Das Sortiment ist häufig breit und kann Produkte wie Brot, Eier, Tofu, Butter und Fleisch beinhalten.

Lange Haltbares sollte immer verfügbar sein

Damit Sie mit einem Einkauf pro Woche auskommen, ist eine gute Planung und Vorratshaltung – und auch ein großer Kühlschrank nötig.

Es gibt viele Nahrungsmittel, die man immer auf Vorrat zu Hause haben sollte. Dann steht der kreativen, schnellen Küche nichts mehr im Wege. Diese Produkte sind mindestens 1 bis 2 Monate haltbar, viele auch deutlich länger. Dazu zählen Getreide, Nudeln, Hülsenfrüchte, Nüsse und Samen, Trockenfrüchte, Lagergemüse sowie Kräuter und Gewürze.

Zur Vorratshaltung von allen Getreidearten, Hülsenfrüchten und Trockenfrüchten eignen sich Gläser oder andere verschließbare Gefäße, die Sie an einem kühlen, trockenen Ort lagern.

Bei Gewürzen ist es wichtig, dass sie möglichst luftdicht und dunkel aufbewahrt werden. Die üblichen dekorativen Gewürzständer in der Küche erfüllen diesen Zweck nicht, da durch das Tageslicht die aromatischen Inhaltsstoffe verloren gehen. Das Licht dringt nicht nur durch das Glas, sondern auch durch Kunststoff hindurch.

Einkauf und Lagerhaltung

Selbst hergestellte Vorräte

Es gibt viele Möglichkeiten, sich selbst einige Vorräte anzulegen. Früher war es üblich, dass im Sommer während der Erntezeit die Früchte und verschiedenen Gemüse eingekocht wurden. Durch weltweiten Handel und gefüllte Supermarktregale kommt diese alte Tradition leider immer mehr in Vergessenheit. Auch Suppen und Eintöpfe lassen sich gut in heiße Schraubgläser einfüllen und einige Tage konservieren. Nutzen Sie also die Kochzeiten am Herd und bereiten Sie öfter einmal größere Portionen zu. Wenn dann wieder einmal nur wenig Zeit für die Zubereitung zur Verfügung steht und der Hunger groß ist, freuen Sie sich über schnelle Vorräte aus dem Keller!

Die nachfolgenden Nahrungsmittel können Sie sehr gut als Vorräte lagern:

Getreide	Amaranth, Basmatireis, Buchweizen, Bulgur, Couscous, Grieß (Dinkel- oder Weizengrieß), Grünkern, Hirse, Polenta, Risottoreis, Quinoa, Süßreis
Hülsenfrüchte	Adukibohnen, Bohnen (dicke), Kichererbsen, Linsen (rote, grüne, braune)
Nüsse und Samen	Kürbiskerne, Mandelmus, Pinienkerne, Sesamsamen, Sonnenblumenkerne, Tahin (Sesammus), Walnüsse
Trockenfrüchte	Aprikosen, Datteln, Feigen, Pflaumen, Rosinen
Lagergemüse und Obst	Ingwer, Kartoffeln, Zwiebeln – evtl. weitere Wurzelgemüse und Obst wie z. B. Äpfel und Birnen
Gewürze für Mühle oder Mörser	Anis, Bockshornkleesamen, Fenchelsamen, Kardamom, Koriander, Kreuzkümmel, Kümmel, Pfeffer, Salz
Gewürze in Pulverform	Curry, Ingwer, Kakao, Kurkuma, Nelke, Paprikapulver, Vanille, Zimt
Gewürze, die im Ganzen verwendet werden	Ingwer, Lorbeerblätter, Nelken, Pfeffer, Sechuanpfeffer, Sternanis, Vanilleschote, Wacholderbeeren, Zimtstange
Getrocknete Kräuter	Bohnenkraut, Kräuter der Provence, Oregano, Rosmarin, Thymian
Essig und Öle	Apfelessig, Balsamico, Genmai Su (Reisessig), hochwertige Öle (Olivenöl, Rapskernöl, Sesamöl, Sonnenblumenöl, Walnussöl, Weizenkeimöl)
Sonstige Zutaten	Dicksäfte (Agaven-, Apfel- oder Birnendicksaft), Gomasio, Kokosflocken, Kokosmilch, Miso, Pesto, Reissirup, Ume Paste, Ume Su, Shoyu, Tamari

Anmerkung: Bei den getrockneten Kräutern sind nur diejenigen erwähnt, die auch ihr Aroma im getrockneten bewahren. Basilikum, Dill, Minze, Petersilie, Salbei, Schnittlauch und Zitronenmelisse sollten dagegen immer frisch verwendet werden.

3. Saisonkalender für Gemüse, Salate und Obst

Viele Gründe sprechen dafür, dass nach den Jahrzehnten der immer größeren Verwendung von Fertigprodukten wieder mehr Frisches auf die Teller kommen sollte. Der Saisonkalender hilft Ihnen bei der Orientierung, denn das Gefühl für die einheimische Erntesaison kann einem längst verloren gegangen sein, da fast alle Obst- und Gemüsearten bei uns das ganze Jahr über erhältlich sind – und das nicht nur im Supermarkt, sondern auch auf dem Wochenmarkt.

Mithilfe des Saisonkalenders können Sie sich beim Einkauf auf die regionalen Erntezeiten einstellen. Die Verwendung von saisonalen Produkten aus dem landwirtschaftlichem Anbau Ihrer Region bietet viele Vorteile:

- **Bessere Qualität – günstiger Preis**
  Frisch Geerntetes vom Freiland schmeckt in der Regel besser, und während der natürlichen Erntezeiten sind Vitamingehalt und Bekömmlichkeit der Nahrungsmittel grundsätzlich günstiger als nach monatelanger Lagerung im Kühlhaus oder der Tiefkühltruhe. Außerdem wird Ihr Geldbeutel geschont, denn zur Hochsaison ist die Ware besonders preiswert.

- **Meist weniger Schadstoffe**
  Werden Obst oder Gemüse über weite Strecken transportiert, wird die Ware meist vor oder nach dem Transport chemisch behandelt.

- **Regionalförderung – umweltfreundlich und ökologisch**
  Wer frische Ware auf dem Markt oder direkt beim Bauern kauft, spart nicht nur unnötige Verpackung – er unterstützt auch die Erzeuger aus seiner eigenen Region und hilft zudem, weite Transportwege und den mit ihnen verbundenen Energieaufwand zu sparen.

Blattsalate	Jan	Feb	Mär	Apr	Mai	Jun	Jul	Aug	Sep	Okt	Nov	Dez
Bataviasalat					•	•	•	•	•			
Chinakohl								•	•	•	•	
Eichblattsalat				•	•	•	•	•	•			
Eisbergsalat						•	•	•	•	•		
Endiviensalat						•	•	•	•	•		
Feldsalat	•	•								•	•	•
Kopfsalat				•	•	•	•	•	•	•		
Lollo Bionda				•	•	•	•	•	•	•		
Lollo Rosso				•	•	•	•	•	•	•		
Löwenzahn					•	•	•	•	•			
Radicchio							•	•	•	•		
Rucola				•	•	•	•	•	•			

• Haupterntezeit, Anbau in Deutschland

Saisonkalender für Gemüse, Salate und Obst

Gemüse	Jan	Feb	Mär	Apr	Mai	Jun	Jul	Aug	Sep	Okt	Nov	Dez
Aubergine					•	•	•	•	•			
Blumenkohl					•	•	•	•	•	•		
Bohne, grün						•	•	•				
Brokkoli						•	•	•	•	•		
Chicorée	•	•	•							•	•	•
Chinakohl									•	•	•	
Erbse, grün					•	•	•	•				
Fenchel									•	•	•	
Frühl. Zwiebel	•	•	•	•	•	•	•	•	•			•
Grünkohl	•	•								•	•	•
Gurke						•	•	•	•			
Karotte	X	X	X	X	•	•	•	•	•	•	X	X
Kartoffel	X	X	X			•	•	•	•	•	X	X
Kohlrabi					•	•	•	•				
Kürbis	X	X							•	•	•	X
Lauch							•					X
Maiskolben								•	•	•		
Mangold						•	•	•	•			
Paprika						•	•	•	•			
Pastinake	X	X					•	•	•	•	X	X
Petersilienwurzel	X	X						•	•	•	•	X
Radieschen					•	•	•	•	•	•		
Rettich	X	X			•	•	•	•	•		X	X
Rosenkohl	•							•	•	•	•	•
Rote Bete	X	X	X				•	•	•	•	•	X
Rotkohl	X	X	X									X
Schwarzwurzel	X									•	•	•
Sellerieknolle	X	X	X						•	•	•	X
Spargel				•	•	•						
Spinat			•	•	•	•						
Staudensellerie							•	•		•		
Tomate							•	•	•	•		
Weiß/Spitzkohl					•	•	•	•	•		•	
Wirsing					•	•	•	•	•		•	
Zucchini							•	•	•	•		
Zwiebel	X	X	X	X	X	•	•	•	•	•	X	X

• Haupterntezeit, Anbau in Deutschland   X heimisches Lagergemüse

Saisonkalender für Gemüse, Salate und Obst

Obst	Jan	Feb	Mär	Apr	Mai	Jun	Jul	Aug	Sep	Okt	Nov	Dez
Apfel	X	X	X	X				•	•	•	•	X
Aprikose							•	•				
Birne								•	•	•	X	X
Brombeere						•	•	•				
Erdbeere						•	•	•				
Heidelbeere						•	•					
Himbeere					•	•	•					
Holunderbeere								•	•			
Johannisbeere					•	•	•					
Kirsche, sauer						•	•					
Kirsche, süß					•	•	•					
Mirabelle							•	•				
Pfirsich							•	•	•			
Pflaume							•	•	•			
Preiselbeere							•	•	•			
Quitte									•	•	•	
Rhabarber			•	•	•							
Stachelbeere					•	•	•					
Weintraube								X	X			
Zwetschge						•	•	•	X			

• Haupterntezeit, Anbau in Deutschland   X heimisches Lagerobst

4. Genuss in jeder Jahreszeit

In der Traditionellen Chinesischen Medizin spielen für die Ernährungsweise die Fünf Elemente eine sehr wichtige Rolle – und damit auch die Fünf Jahreszeiten des chinesischen Jahres: Frühling, Sommer, Spätsommer, Herbst und Winter. Alle Nahrungsmittel werden nicht nur nach Thermik (kalt – erfrischend – neutral – warm – heiß), sondern auch den Fünf Geschmacksrichtungen (sauer – bitter – süß – scharf – salzig) und nach den zugehörigen Organen klassifiziert. Diese Informationen lassen sich ganz praktisch in der Nahrungsmittelliste (ab S. 264) finden, sowie teilweise in der Tabelle im Kapitel 7 des Buches.

Die dynamische Energie des Frühlings im Holz-Element

Die in der Natur im Winter gespeicherte Energie wird im Frühling frei. Sobald alles grünt und sprießt, wenn die Pflanzen die Erde durchbrechen, erleben wir den Wandel dieser Jahreszeit und sehen die Kraft des dynamischen Holz-Elementes. Nach dem Winter fühlen wir uns oft träge durch das viele üppige Essen mit seinem häufig oft hohen Anteil an tierischem Eiweiß und Fett. So wechseln wir im Frühjahr von der wärmenden Winterküche zur bewegenden Frühlingsnahrung in Kombination mit leichten Garmethoden. Dies ist die leichteste der fünf jahreszeitlich verschiedenen Ernährungsformen.

Auszüge aus dem Saisonkalender – Nahrungsmittel im Frühjahr

Zarte Kräuter wie z. B. Kerbel, Petersilie, Löwenzahn, Bärlauch und Sauerampfer, knackige Salate, Blattspinat, Radieschen, Rettich, Kohlrabi, frische Sprossen, Spargel, Rhabarber und Erdbeeren sind kulinarische Höhepunkte im Frühjahr. Von den Getreidearten haben besonders Weizen, Dinkel und Grünkern eine gute Wirkung auf die Organe des Holz-Elementes.

Die Hitze des Sommers im Feuer-Element

Das Element Feuer repräsentiert den Sommer – die Zeit der Wärme, des Lichtes und der Lebenskraft. Vermehrt sind unsere Aktivitäten jetzt nach außen gerichtet. Wir schützen uns durch schattige Plätze und ausreichend Flüssigkeit. Daher sollte die Ernährung im Sommer leicht kühlend – aber nicht abkühlend – saftig, erfrischend und ähnlich leicht wie im Frühling sein. Kurze Garzeiten, Dünsten und Dämpfen sowie Wok-Gerichte und schnelles Anbraten sind im Sommer empfehlenswert.

Auszüge aus dem Saisonkalender – Nahrungsmittel im Sommer

Erfrischende Gemüsearten wie z. B. Tomaten, Paprika, Zucchini, Gurken und bittere Blattsalate in Kombination mit frischen Kräutern wie Basilikum, Rosmarin, Thymian, Oregano, Salbei und Petersilie stehen auf dem Speiseplan. Empfehlenswert ist auch reifes, frisches Obst und thermisch neutrale Getreidearten.

Der Spätsommer – Zeit der Ernte im Erd-Element

Den uns vertrauten vier Jahreszeiten haben die Chinesen schon vor Jahrtausenden eine fünfte hinzugefügt – den Spätsommer, die Zeit der Ernte. Hier genießen wir aus der Fülle der Natur. Die Garmethoden wechseln von der erfrischenden Sommerküche langsam in Richtung Herbstküche. Die nun verwendeten Nahrungsmittel enthalten zunehmend höhere nahrhafte Anteile und werden leicht erwärmend – nun auch vermehrt wieder mit mehr Gewürzen - zubereitet. Während der Erntezeit werden die reifen Früchte und Gemüsearten des Sommers eingekocht und eingedünstet. Diese kostbaren Schätze bringen Abwechslung in den Speiseplan von Herbst und Winter.

Auszüge aus dem Saisonkalender – Nahrungsmittel im Spätsommer

Reifes, süßes Obst wie z. B. Äpfel, Birnen, Pflaumen, Trauben und viel süßes, gelbes Gemüse wie Kürbisse, Karotten und Maiskolben, und frische Blattsalate wie auch Salate aus gekochtem Gemüse sind die Krönungen im Spätsommer.

Wenn die Blätter fallen, zeigt sich im Herbst das Metall-Element

Wenn der Herbstanfang vor der Türe steht, ist es höchste Zeit, die körpereigenen Abwehrkräfte zu mobilisieren. Die Ernährung wechselt nun allmählich zur schützenden und erwärmenden Herbstnahrung, mit Komponenten aus dem scharfen Geschmack. Die Tage werden kühler, die Abende kürzer, und die Bäume werfen ihre Blätter ab. Parallel dazu ziehen sich auch im menschlichen Organismus die Säfte ins Innere zurück. Die erfrischenden Zutaten des Sommers haben Feuchtigkeit in den Körper gebracht, die jetzt wieder ausgeschieden werden sollte. Das optimale Herbstgetreide ist der Reis, der uns behilflich ist, diese Feuchtigkeit auszuscheiden.

Auszüge aus dem Saisonkalender – Nahrungsmittel im Herbst

Der scharfe Geschmack des Metall-Elementes findet sich in vielen weißen Gemüsearten wie z. B. Lauch, Fenchel, Kohlrabi, Blumenkohl, Rettich und Meerrettich. Eintöpfe und kräftige Suppen aus Wurzelgemüse bieten eine nahrhafte Grundlage, um den kommenden Witterungsbedingungen zu widerstehen.

Genuss in jeder Jahreszeit

Die Kälte des Winters bringt uns das Wasser-Element

In den Wintermonaten, wenn die Natur erstorben zu sein scheint, sammelt die Erde neue Kraft für den folgenden Wachstumszyklus. Der Winter ist die Jahreszeit des Rückzugs und der Regeneration. Viele Winterkrankheiten sind gekennzeichnet durch äußere Kälte. Mit zunehmender Kälte haben wir wieder mehr Appetit auf üppige Mahlzeiten, Kraftsuppen und Aufläufe sowie tierisches Eiweiß. Bei der Zubereitung von Fleisch oder Fisch sind Gewürzmarinaden sehr empfehlenswert. Das Getreide kann vor dem Kochen kurz geröstet werden, was besonders im Winter thermisch erwärmend wirkt. Alle wärmenden Garmethoden finden jetzt Anwendung.

Auszüge aus dem Saisonkalender – Nahrungsmittel im Winter

Jetzt ist die Zeit der Lagergemüse, die alle wärmend sind wie z. B. Knollensellerie, Kohl, Karotten, Zwiebeln und Lauch. Auch die eingekochten Köstlichkeiten des Spätsommers in Kombination mit erwärmenden Gewürzen und thermisch warmen Getreidearten stehen auf dem Speiseplan.

5. Thermische Eigenschaften von Nahrungsmitteln

Jedes Nahrungsmittel hat eine thermische Wirkung. Hier wird in fünf Gruppen unterteilt, von **kalt** über **erfrischend, neutral** und **warm** bis **heiß**.

Viele Nahrungsmittel haben die Fähigkeit, die Wirkungen des jeweiligen Klimas auf den Organismus auszugleichen. Nehmen wir als Beispiel die Südfrüchte, welche in einem sehr heißen Klima wachsen und in ihrer thermischen Wirkung kühlend bis kalt sind. Sie unterstützen die Menschen in dieser Region, indem sie äußere Hitze und eingedrungene innere Hitzezustände ausleiten. Deshalb ist es paradox, wenn wir in der kalten Jahreszeit, in der wir in unserer Gegend mit äußerer Kälte zu kämpfen haben, Südfrüchte essen. Sie besitzen zwar wertvolle Vitamine, doch kühlen sie unseren Körper ab und leiten die Energie nach unten. Dadurch werden die Abwehrfunktionen geschwächt, und wir werden empfindlich für eindringende Kälte. Also empfehlen sich im Winter vorbeugend wärmende Nahrungsmittel, denn dadurch schützen und stärken wir das Immunsystem. Haben wir dagegen bereits eine Grippe oder Erkältung mit so genannten Hitzesymptomen, bringen uns Südfrüchte (in kleinen Mengen) teilweise Erleichterung.

Wichtige Vitamin-C-Lieferanten im Winter sind unter anderem Rosenkohl, Petersilie, Hagebutten und Meerrettich. Allerdings ist bei gesunder Lebensführung und einer guten körperlichen Verfassung nichts gegen eine Mandarine oder Orange zur Weihnachtszeit einzuwenden. Hier kommt es hauptsächlich auf die Menge an!

In vielen Kulturen ist das Wissen um die thermischen Eigenschaften von Nahrungsmitteln auch heute noch mehr oder weniger vorhanden. Auch in unseren Regionen wurde früher bei Fieberzuständen der thermisch kalte Lindenblütentee mit Zitrone verabreicht. Ein weiteres Beispiel ist die Verwendung thermisch warmer Gewürze während der Wintermonate: Weihnachtsgebäck, Glühwein und Lebkuchen werden mit Zimt, Nelken, Sternanis und anderen wärmenden Gewürzen verfeinert.

„Jedes Ding zu seiner Zeit" so lautet ein Geheimnis der bekömmlichen Ernährung. Wenn wir in unseren Körper hineinhorchen und intuitiv reagieren, dann entdecken wir unser natürliches Körperempfinden wieder. Im Winter, wenn es draußen kalt ist, wächst die Lust auf nahrhafte, kräftige und dicke Suppen, Aufläufe und Eintöpfe mit vielen Gewürzen. Im Frühjahr und Sommer haben wir hingegen mehr Verlangen nach erfrischenden Salaten und kühlenden Speisen.

Thermische Eigenschaften

Kalte Nahrungsmittel

Hierzu zählen Südfrüchte, wie z. B. Ananas, Bananen, Kiwis, Mangos, Papayas, Orangen, Zitronen, und auch Tomaten, Gurken, kaltes Wasser und Mineralwasser. All diese Nahrungsmittel kühlen unseren Körper sehr stark ab und sollten daher nur in kleinen Mengen und vorzugsweise in einer warmen Jahreszeit konsumiert werden. Im Herbst sind sie eher noch mehr zu reduzieren und im Winter besser ganz zu meiden. Zu den Südfrüchten ist noch anzumerken, dass der Grad der Abkühlung davon abhängig ist, wo die Frucht gewachsen ist. Eine Orange aus Afrika hat eine größere Kältewirkung auf den Organismus als eine aus Sizilien. Eine Kiwi aus der Bodensee-Region ist thermisch nicht so kalt wie eine aus Neuseeland. Zu den thermisch kalten Nahrungsmitteln zählen auch alle tiefgekühlten Produkte. Durch den Gefrierprozess werden die Zellwände gesprengt und die Lebensenergie (das Chi) des Nahrungsmittels teilweise vernichtet. Zwar wurden die Inhaltsstoffe weitgehend konserviert, doch durch den Verlust an Energie ist es für den Organismus teilweise nicht mehr als lebendiges Nahrungsmittel erkennbar. Kalte Nahrungsmittel führen aufgrund der Abkühlung des Körpers zu einem verlangsamten Stoffwechsel. Dies hat eine verzögerte Darmpassage zur Folge, wodurch es zu verstärkter Fäulnisbildung im Darm und damit zu einer vermehrten allgemeinen Belastung des Körpers kommt.

Erfrischende Nahrungsmittel

Zu den erfrischenden Nahrungsmitteln zählen viele Gemüsearten, einheimische Früchte, Blattsalate und sauer vergorene Milchprodukte. Sie helfen unserem Körper beim Blut- und Säfteaufbau wie z. B. im Sommer, wenn durch die hohe Außentemperatur und durch das Schwitzen Körpersäfte verloren gehen.

Ein Zuviel von diesen Nahrungsmitteln kann jedoch in der kühleren Jahreszeit zu inneren Kälteproblemen beitragen. Daher empfiehlt es sich, diese Nahrungsmittel im Herbst und Winter zu reduzieren oder sie in gekochtem Zustand zu verwenden. Durch eine entsprechende Zubereitungsart und Garmethode kann die Thermik jedes Nahrungsmittels verändert werden.

Neutrale Nahrungsmittel

Viele Gemüsearten des Erd-Elementes und die meisten Vollkorngetreide haben eine neutrale Thermik. Diese Nahrungsmittel sind die wichtigste Quelle unserer Lebensenergie. Neutrale Nahrungsmittel können gut sowohl bei Hitze als auch bei Kälte eingesetzt werden. Sie verhalten sich im Körper ausgewogen und wirken harmonisierend. Daher sollte der größte Teil unserer Nahrung aus thermisch neutralen Nahrungsmitteln bestehen.

Warme Nahrungsmittel

Hierzu zählen viele getrocknete Gewürze und Kräuter, einige Fisch- und Fleischarten sowie auch Nüsse und bestimmte Obst- und Gemüsearten. Ein Zuviel von diesen erwärmenden Nahrungsmitteln kann innere Hitzezustände verstärken. In der warmen Jahreszeit oder auch z. B. während der Wechseljahre sollte die Thermik durch eine entsprechende, also erfrischende Zubereitungsart ausgeglichen werden.

Heiße Nahrungsmittel

In dieser Gruppe finden wir sehr scharfe Gewürze, Lamm- und Wildfleisch sowie auch hochprozentigen Alkohol. Diese Nahrungsmittel sollten generell nur sparsam verwendet werden, da sie sonst innere Hitze auslösen können. Im Winter sind sie hilfreich, um dem Körper zu ermöglichen, sich vor äußerer Kälte zu schützen – aber eben nur in kleinen Mengen. Die empfohlene Menge richtet sich individuell nach dem Energiezustand jedes Einzelnen.

Beim Einsatz dieser Nahrungsmittel ist unbedingt auf eine geeignete Zubereitungsmethode zu achten. Denn wenn ein thermisch heißes Nahrungsmittel zusätzlich mit scharfen Gewürzen, Alkohol und viel Hitze angebraten oder gegrillt wird, verstärken sich die Wirkungen enorm.

Grundsätzlich sollte der größte Anteil unserer Nahrung aus dem thermisch neutralen Bereich ausgewählt werden. Die erfrischenden und wärmenden Nahrungsmittel sollten etwa zu gleichen Teilen auf dem Speiseplan vertreten sein. Kalte und heiße jedoch nur in kleinen Mengen und nicht über einen längeren Zeitraum. Prinzipiell ist immer die entsprechende Jahreszeit zu berücksichtigen.

Garmethoden und Zubereitungsarten

6. Veränderung der Thermik durch Garmethoden und Zubereitungsarten

Das Temperaturverhalten eines Nahrungsmittels kann durch die Zubereitungsart verändert werden. Dadurch besteht die Möglichkeit, die thermischen Eigenschaften von Speisen durch die Auswahl der entsprechenden Garmethoden zu verstärken oder auszugleichen. Die Tomate ist beispielsweise im rohen Zustand thermisch kalt. Wird sie gekocht, verringert sich die abkühlende Wirkung. Wenn zusätzlich noch erwärmende Gewürze wie Rosmarin, Basilikum und Pfeffer zugefügt werden, wirkt sie noch weniger kühlend.

So hat nicht nur die Auswahl der einzelnen Zutaten, sondern auch die Zubereitungsart einen Einfluss auf den energetischen Zustand von Speisen.

In der chinesischen Ernährungslehre werden zwei Zubereitungsarten unterschieden:

YINisieren	YANGisieren
= erfrischende Kochmethoden	**= erwärmende Kochmethoden**
…finden Anwendung,	…finden Anwendung,
• um die wärmende und erhitzende Wirkung eines Nahrungsmittels auszugleichen. Dies kann z. B. durch die Verwendung von erfrischenden oder kalten Zutaten und durch eine säftebewahrenden Garmethode erfolgen.	• um die kühlende Wirkung eines Nahrungsmittels auszugleichen. Dies kann z. B. durch wärmende Gewürze oder durch eine wärmeerzeugende Garmethode unterstützt werden.
• um den ursprünglich kühlenden Aspekt eines Nahrungsmittels zu verstärken.	• um den ursprünglich wärmenden Aspekt eines Nahrungsmittels zu verstärken.

Garmethoden und Zubereitungsarten

Yinisierend – erfrischend sanfte Kochmethoden

Wenn Sie die Speisen mit sanften Garmethoden zubereiten, bleibt garantiert der ganze Geschmack der Nahrungsmittel bestens erhalten! Die folgenden schonenden Zubereitungsarten mit wenig Flüssigkeit oder kurzen Garzeiten sind bestens für Gemüse und Fisch geeignet.

Blanchieren

Unter Blanchieren versteht man das kurzzeitige Garen in kochender Flüssigkeit. Kohlarten werden etwa 5 bis 8 Minuten blanchiert und die zarteren Gemüsearten wie z. B. Karotten etwa 3 bis 5 Minuten. Anschließend wird das Gemüse mit einer Schaumkelle herausgehoben und kalt abgespült, damit der Garprozess gestoppt wird.

Dünsten

Beim Dünsten werden die Nährstoffe des Gemüses geschont, da es nur mit wenig Flüssigkeit oder Fett im eigenen Saft gart. Es ist ratsam, großflächige Töpfe und Pfannen zu wählen, damit das Gargut nebeneinanderliegen kann. Zuerst etwas Öl erhitzen, die Gemüsearten und Gewürze zugeben und in Topf oder Pfanne bei geschlossenem Deckel 1 bis 2 Minuten dünsten. Anschließend etwas Brühe oder Wasser zufügen. Bei geringer Hitze bissfest garen.

Dämpfen

Bei dieser Garmethode kommt das Gemüse nicht mit Wasser in Berührung, sondern wird nur im Dampf gegart. Sowohl Mineralstoffe als auch Vitamine bleiben weitestgehend erhalten. Man benötigt hierzu einen verschließbaren Topf mit einem dazu passenden Siebeinsatz. Ideal ist auch ein Bambus-Dampfkorb in Kombination mit einem Wok. Im Topf selbst wird Wasser oder Brühe zum Kochen gebracht. Das Gemüse wird in den Dämpfeinsatz gelegt, der Topf geschlossen. Je nach Gemüsesorte wird zwischen 10 und 15 Minuten gedämpft. Viele neue Küchen werden mittlerweile mit einem Dampfgarer ausgestattet und die Mikrowelle dadurch ersetzt! Eine positive Entwicklung beim Küchen-Neukauf.

Kochen mit kühlenden Früchten – oder frischen Sprossen

Bei thermisch warmen und scharfen Gerichten können kühlende Früchte zum energetischen Ausgleich einer Speise beitragen. So kann z. B. bei einem scharfen Hühner-Curry-Gericht etwas Kiwi oder Ananas die Schärfe von Ingwer, Chili und Curry ausgleichen. Die zerkleinerten Fruchtstücke werden erst am Ende des Kochvorgangs zugegeben. Für die Zubereitung mit frischen Sprossen gilt das Gleiche. Beachten Sie, dass Sprossen, die aus Getreide oder Hülsenfrüchten gezogen wurden, dagegen generell kurz mitgekocht werden müssen.

Garmethoden und Zubereitungsarten

Die Verwendung von Fruchtsäften

Fruchtsäfte haben meist einen säuerlichen Geschmack. Besonders geeignet sind sie als Beigabe in Salatdressings und süßen Getreidespeisen oder bei der Zubereitung von Kompott – zum Abschmecken am Ende des Kochvorgangs.

Yinisierende, erfrischende Garmethoden:

Die Speisen werden thermisch kühler durch	- die Verwendung von erfrischenden Zutaten - Zubereitung in Kochgeschirr wie z. B. Glas und Keramik
Erfrischende Kochmethoden, die das Gargut saftig halten	- Gerichte im Saft dünsten - generell kurze Kochzeiten - kurz gekochte Suppen / kalte Suppen - blanchieren, dämpfen, dünsten, Wasserbad - Zutaten in große Stücke schneiden - mit Fruchtsäften kochen - Sprossen zugeben - mit Wasser oder Milch kochen
Diese Kochmethoden finden Anwendung	- bei Hitzeproblemen - überwiegend im Frühjahr und Sommer

Yangisierend – erwärmend starke Kochmethoden

Bei diesen Zubereitungsarten wird es richtig heiß! Durch lange Kochzeiten oder erwärmende Gewürze und Alkohol wird viel Energie in die Speisen gebracht. Dies eignet sich zur Fleischzubereitung und vor allem in der kühleren Jahreszeit.

Grillen und Toasten

Diese Methoden erzeugen am meisten Hitze, da die Nahrungsmittel dem direkten Kontakt mit dem Feuer oder der Energiequelle ausgesetzt sind. Beachten Sie, dass beim Grillen oder Toasten alles schwarz Verbrannte entfernt werden sollte, denn die verkohlten Rückstände wirken toxisch. Apfelkuchenrezept ist vermutlich genauso alt wie der Herd selbst.

Anbraten

Das scharfe Anbraten – meist von Fleisch – hat eine ähnliche Wirkung wie das Grillen. Vor allem Menschen, die zu innerer Hitze neigen, sollten diese Garmethode meiden.

Sanftes Anbraten in Fett bei mäßiger Hitze gleicht z. B. die kühlende Wirkung von manchen Gemüsearten aus. Oberste Priorität liegt dabei auf der Verwendung von hochwertigen, pflanzlichen Ölen.

Schmoren

Unter Schmoren versteht man eine Garmethode zwischen Braten und Kochen unter Verwendung von wenig Flüssigkeit. Diese Zubereitungsart wird vor allem bei Fleisch angewendet, das eher langfaserig ist und deshalb beim Braten zäh werden würde.

Nachdem das Fleisch kurz angebraten wurde, damit sich Röststoffe auf der Oberfläche bilden, wird es mit wenig Flüssigkeit abgelöscht und mit weiteren Zutaten wie z. B. Wurzelgemüse, Zwiebeln, Kräutern und Gewürzen in einem geschlossenen Topf bei mäßiger Temperatur im Ofen fertig gegart. Der Schmorsaft (Fond) bildet die Grundlage für eine besonders aromatische Sauce. Außer Fleisch können auch Gemüse und Pilze geschmort werden. Sie werden jedoch wesentlich kürzer gegart, da sie sonst zerfallen würden.

Backen im Herd

Diese Garmethode eignet sich besonders gut, um die kühlende Wirkung von bestimmten Gemüsen und Obst auszugleichen und ihre Bekömmlichkeit zu erhöhen. Das ist nichts Neues – das Apfelkuchenrezept ist vermutlich genauso alt wie der Herd selbst.

Selbst kurzes Überbacken im Ofen eignet sich zur Steigerung der Bekömmlichkeit. Wenn beispielsweise Tomaten im Ofen mit Mozzarella überbacken werden, ist das Gericht weniger abkühlend als in rohem Zustand. Doch nicht alles was wärmt ist auch bekömmlich! Schwere, fettige Aufläufe mit viel Käse wirken thermisch warm – liegen dennoch schwer im Magen. Gedünstete Tomaten und echte Tomatensauce, mit frischen Kräutern und hochwertigen Ölen, sind Paradebeispiele dafür, wie man in der mediterranen Küche regelmäßig zur Stützung der Körpersäfte beiträgt und die Bekömmlichkeit der Speisen erhöht.

Langes Kochen

Diese Zubereitungsart dient dem Substanz- und Kraftaufbau des Körpers. In China werden Fleisch- und Gemüsebrühen oft tagelang gekocht. Auch aus der mediterranen Küche ist uns diese

Garmethoden und Zubereitungsarten

Kochmethode bekannt. Selbstverständlich werden durch das lange Kochen die Vitamine des Gargutes verkocht. Hier geht es vielmehr um die konzentrierte Kraft in der Brühe – welche mit frischen Suppeneinlagen, z. B. in Form von Gemüsestreifen und frisch gehackten Kräutern, ergänzt wird. Eintöpfe mit und ohne Fleisch sind im Winter eine ausgezeichnete Quelle für Wärme und Energie.

Kochen mit erwärmenden Gewürzen und Alkohol

Zur kalten Jahreszeit ist das Kochen mit Gewürzen ein unentbehrlicher Schutz vor äußerer Kälte. Viele Wintergemüse wie z. B. Rot- und Weißkohl, Sauerkraut und Hülsenfrüchte werden auch in unserer traditionellen deutschen Küche mit erwärmenden Gewürzen wie z. B. Lorbeerblättern, Wacholderbeeren, Kümmel und Nelke zubereitet.

Das Kochen mit frischen Gewürzen ist eine geschmackliche Bereicherung für jede Speise und hat zudem eine starke energetische Wirkung. Gewürze erwärmen den Verdauungstrakt, erleichtern das Aufspalten der Nahrung und bringen den Stoffwechsel in Schwung.

Yangisierende, erwärmende Garmethoden:

Die Speisen werden thermisch wärmer durch	- die Verwendung von erwärmenden Zutaten - schweres Kochgeschirr, z. B. Gusseisen
Garmethoden, welche die Wirkung der Speisen erwärmen	- generell lange Kochzeiten - lang gekochte Suppen - braten, backen, scharf anbraten, grillen, flambieren, toasten, rösten, frittieren, räuchern, Wok – schnell & heiß - Zutaten klein schneiden - mit Alkohol kochen
Diese Garmethoden finden Anwendung	- bei Feuchtigkeits- und Kälteproblemen - überwiegend im Herbst und Winter

7. Die Fünf Geschmacksrichtungen

Gesundes Essen und kulinarischer Genuss schließt sich keinesfalls aus! Essen ist dann bekömmlich – das heißt gesund und lecker – wenn es nach der Fünf-Elemente-Lehre zubereitet ist, und alle Fünf Geschmacksrichtungen **sauer, bitter, süß, scharf** und **salzig** beinhaltet sind. Die Fünf-Elemente-Küche ist eine sehr kreative Küche. Wenn Sie es sich angewöhnen, mindestens eine Zutat aus jedem Element beim Kochen zu verwenden, werden Sie außerordentliche Rezept-Kreationen erfinden. Jeder Geschmack hat einen direkten Bezug zu einem Element. Und jedem Element sind im uralten Fünf-Elemente-Modell der Chinesen noch zahlreiche weitere Aspekte zugeordnet. Anhand der nachfolgenden Tabelle können Sie die Ganzheitlichkeit der Traditionellen Chinesischen Medizin erahnen.

ELEMENT	HOLZ	FEUER	ERDE	METALL	WASSER
Yin-Organe	Leber	Herz	Milz	Lunge	Niere
Yang-Organe	Gallenblase	Dünndarm	Magen	Dickdarm	Blase
Sinnesorgane, zugehörige Tätigkeiten	Augen sehen	Zunge sprechen	Mund schmecken	Nase riechen	Ohren hören
Körperstrukturen	Muskeln, Sehnen	Blutgefäße	Bindegewebe, Muskelfleisch	Haut	Knochen, Gehirn, Zähne, Gelenke
Geschmacksrichtungen	sauer	bitter	süß	scharf	salzig
Wirkungsrichtungen	zieht zusammen	leitet nach unten	bewegt in alle Richtungen	leitet nach oben u. außen	leitet nach innen
Emotionen	Wut, Zorn, Gereiztheit, Toleranz, Geduld	Freude, Begierde	Ratio, gesunder Menschenverstand, Sorgen, Grübelei	Trauer, Mitgefühl, Gerechtigkeit	Angst, Bescheidenheit, Furchtlosigkeit
Farben	grün, türkis	rot	gelb, orange, braun	weiß, silber, grau	dunkelblau, schwarz
Jahreszeiten	Frühling	Sommer	Spätsommer	Herbst	Winter
Bioklimatische Einflüsse	Wind	Hitze	Feuchtigkeit	Trockenheit	Kälte
Lebensstufen	Kindheit	Jugend	Erwachsensein	Alter	Tod, Geburt
Fleisch / Fisch	Geflügel	Ziege, Schaf, Lamm	Rind, Kalb	Wild	Schwein, Fisch u.andere Meerestiere
Getreide	Weizen, Dinkel, Grünkern	Roggen, Quinoa Buchweizen, Amaranth	Hirse, Mais Gerste, Süßreis	Hafer, Reis	Hülsenfrüchte
Gemüse	frische Kräuter, grünes Gemüse	Gemüse mit natürl. roten Farbstoffen	gelbe Gemüsearten, runde Formen	Wurzelgemüse, weißes Gemüse	Algen

Die Fünf Geschmacksrichtungen

Sauer

Diese Geschmacksrichtung ist dem Holz-Element zugehörig. Sauer wirkt zusammenziehend und bringt dadurch die Energie nach innen und unten. Thermisch gesehen hat Saures meist einen erfrischenden Einfluss. Durch die adstringierende Wirkung reichen bereits kleine Mengen aus, um den Körper vor Flüssigkeitsverlust zu bewahren. Das Holz-Organ Leber neigt dazu, sich durch Wut, Zorn und Ärger zu überhitzen. Erfrischendes und mäßig Saures wirkt besonders günstig auf Leber und Gallenblase, um diese nach Stress wieder abzukühlen und emotional auszugleichen. Daher kommt der Spruch: „Sauer macht lustig" – aber diese Aussage gilt nur in Maßen!

Bei Erkältungskrankheiten ist durch die zusammenziehende Wirkung der saure Geschmack ungünstig, weil die äußeren pathogenen Einflüsse ins Körperinnere gezogen und eingeschlossen werden. Daher eignet sich in diesen Fällen die saure Zitrone nicht besonders gut.

Im Holz-Element finden wir Nahrungsmittel, welche durch ihren sauren Geschmack die Verdauung der Grundnahrungsmittel aus dem Erd-Element fördern:

- enzymreiche, frische Rohkost, Blattsalate, Sprossen, frische Kräuter, grünes Gemüse
- Nahrungsmittel mit einem hohen Gehalt an Vitamin C
- enzymreiche Zutaten wie z. B. Essig (nicht pasteurisiert)
- fermentierte Nahrungsmittel
- sauer vergorene Nahrungsmittel und Getränke
- Sauermilchprodukte wie z. B. Joghurt, Quark, saure Sahne

Sauer ist der Gegenpol zu scharf: Sauer sammelt – scharf zerstreut die Energie nach oben.

Bitter

Der bittere Geschmack gehört zum Feuer-Element; er leitet energetisch nach unten. Es gibt zwei gravierende Unterschiede zwischen den natürlichen Bitterstoffen, welche z. B. in bitteren Kräutern und Blattsalaten vorkommen, und den künstlichen Bitterstoffen, die bei der Verarbeitung von Nahrungsmitteln entstehen:

Die meisten natürlichen Bitterstoffe haben eine kühlende Natur. Der bittere Geschmack in Kombination mit kühlenden Nahrungsmitteln wie z. B. Blattsalaten, Kräutern und Gemüsen wirken der Hitze im Körper entgegen und sind in kleinen Mengen zu jeder Mahlzeit empfehlenswert, da sie den Gallenfluss fördern. Der bitter-warme Geschmack, der durch bestimmte Zubereitungsformen entsteht, hat dagegen eine sehr austrocknende Wirkung. Gerösteter Kaffee oder gebrannter Schnaps kann, in größeren Mengen genossen, zu Überhitzung und zur Austrocknung der Körpersäfte führen. Alles Verbrannte hat unvermeidlich einen bitteren Geschmack. Aus diesem Grund sind gegrillte Speisen besonders erhitzend.

Die Fünf Geschmacksrichtungen

Dem Feuer-Element werden alle Nahrungsmittel, Zutaten und Getränke zugeordnet, die aufgrund ihres bitteren Geschmacks verdauungsfördernd wirken:

- bittere Kräuter, Bitterlikör, bittere Blattsalate und Gemüse
- die Schale von Zitrusfrüchten, bittere Früchte
- Rotwein, schwarzer und grüner Tee, Kaffee, Getreidekaffee

Bei übermäßiger Verwendung des bitter-warmen Geschmacks (z. B. Kaffee, Schwarztee, Nikotin) kann es zu trockener Haut, innerer Unruhe, Schlafstörungen oder Lungenproblemen kommen.

Bitter ist der Gegenpol zu Süß: Bitter-warm ist austrocknend – süß befeuchtet!

Süß

Der süße Geschmack ist dem Erd-Element zugehörig, er wirkt entspannend, harmonisierend und sättigend. Nicht umsonst haben wir bei Stress und Müdigkeit ein Verlangen nach Süßem. Entscheidend ist, mit welchen Produkten wir dieses süße Verlangen stillen.

Der süße Geschmack hat eine befeuchtende Wirkung. Wenn Süßes zusätzlich mit Kälte kombiniert wird z. B. bei Milchshakes, Eiscreme, Sahnetorten, kommt zur befeuchtenden auch noch die abkühlende Wirkung hinzu. Zu viel süß-fette oder süß-kühlende Genussmittel sind daher schwer verdaulich und bilden im Körper Feuchtigkeit und Schleim.

In der chinesischen Ernährungslehre versteht man unter „süß" nicht unsere zuckerhaltigen Nahrungsmittel, sondern reifes, süßes Obst und alle gelben und orangefarbenen Gemüsesorten wie z. B. Mais, Karotten und Kürbis. Auch Getreide und viele nahrhafte und sättigende Nahrungsmittel wie z. B. Fette, Öle, Nüsse und auch Rind- und Kalbfleisch gehören dazu. Das Erd-Element beinhaltet die drei grundlegenden Nahrungskomponenten:

Fett, Eiweiß und Kohlenhydrate

Diese deftigen Vertreter des süßen Erdelements werden erst durch Zutaten aus den anderen vier dynamischen Geschmacksrichtungen bekömmlich. Denn diese wirken in alle Richtungen und bringen sozusagen Schwung in die Speisen – sie sind voller Aromen, reich an Enzymen und Mineralien und bringen den Stoffwechsel und unsere Verdauung auf Trab.

Wenn wir z. B. die einzelnen Zutaten des Rezeptes „Spaghetti alla Carbonara" näher betrachten, ist leicht verständlich, dass dieses Gericht wenig Eigendynamik besitzt und schwer im Magen liegt. Es besteht nur aus Nudeln, Speck, Eiern, Butter und Sahne. Das alles sind schwere Bausteine des Erd-Elementes. Aber auch diese Speise wird mit der geeigneten Würzung bekömmlicher: Mit Knoblauch und Pfeffer aus dem Metall-Element, mit etwas hochwertigem Salz oder Ume Su aus dem Wasser-Element, am Schluss dekoriert mit frisch gehackter Petersilie und Tomaten-

Die Fünf Geschmacksrichtungen

Würfeln aus dem Holz-Element und mit den Bitterstoffen des frischen Basilikums aus dem Feuer-Element. Zusätzlich noch etwas Kurkuma aus dem Feuer-Element, welches die Sahnesauce schön gelb färbt, und als Beilage ein bitterer Blattsalat!

Besonders Kinder haben noch eine schwächere Verdauungskraft. Man sollte ihnen vor allem gekochtes Gemüse und Getreide aus dem Erd-Element anbieten. Thermisch kalte Nahrungsmittel und Tiefkühlkost sollte gemieden werden. Zum Süßen eignen sich Ahornsirup, Agaven- und Apfeldicksaft, Gerstenmalz, Honig, Reissirup oder Zuckerrübensirup. Speziell Südfrüchte und sauer vergorene Milchprodukte, also z. B. Bananenquark und Fruchtjoghurt, ebenso wie auch Speiseeis sind für Kinder völlig ungeeignet. Der kindliche Organismus wird dadurch stark abgekühlt, und es kann zu einer Feuchte-Kälte-Problematik kommen, die sich mit Durchfall und Schleimsymptomen der oberen Luftwege bemerkbar macht. Da hilft nur der Griff zum Kochtopf! Hirse- oder Haferbrei, Dinkelgrießbrei oder Buchweizen bringen den Wärmehaushalt wieder in Ordnung.

Süß ist die Gegenseite zu bitter: Süß befeuchtet – bitter trocknet.

Scharf

Diese Geschmacksrichtung ist dem Metall-Element zugeordnet. Der scharfe Geschmack bewegt nach oben und außen, er öffnet unsere Poren, wirkt schweißtreibend und zerstreuend, er dynamisiert und löst Stagnationen und Kälteblockaden.

Thermisch scharf-kalte Nahrungsmittel wie z. B. Pfefferminze können bei äußerer Hitze verwendet werden. Im Winter wird durch den Einsatz von aromatischen Kräutern die Energie nach oben und außen verteilt, so dass die körperliche Abwehrkraft gestärkt wird.

Scharf-warme oder scharf-heiße Nahrungsmittel wie z. B. Alkohol, Knoblauch, Chili und scharfe Currys können zu innerer Hitze führen. Bei Symptomen wie Bluthochdruck, Gereiztheit, Hitzegefühlen und Muskelverspannungen ist von diesen Nahrungsmitteln abzuraten.

Zum Metall-Element zählen viele unserer Gewürze, die aufgrund ihres dynamischen, scharfen Geschmacks den Speisen mehr Bekömmlichkeit verleihen:

- scharfe und getrocknete Gewürze, frischer Ingwer
- scharfe Gemüsearten wie z. B. Rettich, rohe Zwiebeln, Meerrettich und Lauch
- alkoholische Getränke

Auch gute Stimmung liegt zum Teil in einer aufsteigenden Energie begründet. Wenn wir uns emotional niedergeschlagen und betrübt fühlen, vermag der scharfe Geschmack die Stimmung zu heben.

Scharf ist der Gegenpol zu sauer: Scharf wirkt zerstreuend – sauer sammelnd !

Salzig

Der salzige Geschmack gehört zum Wasser-Element. Er wirkt absenkend und nach innen, in kleinen Mengen aufweichend – allerdings verhärtend in großen Mengen.

Zum Wasser-Element zählen Nahrungsmittel, die reich an Mineralien sind und einen hohen Gehalt an natürlichem Meersalz besitzen bzw. aus dem Meer stammen.

Auch alles, was dementsprechend riecht wie z. B. Fisch, Meeresfrüchte und Algen, zählt zu dieser Geschmacksrichtung:

- Fisch und Meeresfrüchte, Meeresalgen
- Salz, Sojasauce, Tamari, Miso
- Mineralwasser, kaltes Wasser

Salz in Kombination mit Wasser (z. B. Mineralwasser) hat eine thermisch kalte Wirkung. Durch seine Fähigkeit, das Wasser zu binden, hat der salzige Geschmack auch eine auflösende Wirkung, was z. B. zum Abführen bei Verstopfung mittels Glaubersalz genutzt wird.

Salz in Kombination mit tierischem Eiweiß in Wurst, Käse und Fleischprodukten wirkt auf den Körper sehr heiß und ist deshalb mit Vorsicht zu genießen. Unsere Nahrungsmittel enthalten leider meist zu viel Salz. In Brotmischungen, Käse, Wurst und Fertigprodukten ist sehr viel Salz enthalten.

Versuchen Sie, den Salzkonsum einzuschränken, um den Eigengeschmack der Nahrungsmittel wieder zu erleben. Sehr gute Alternativen zum Salz sind Ume Su, Ume Paste, Sojasauce oder Miso.

Kochen im Zyklus der Fünf Elemente

8. Harmonie im Kochtopf

Eine runde Sache: Das Kochen im Zyklus der Fünf Elemente

Das Prinzip des Kochens nach den Fünf Elementen beruht auf dem Kerngedanken, alle Fünf Elemente Holz, Feuer, Erde, Metall und Wasser in einer Mahlzeit zu vereinen. Jedem dieser Elemente ist eine der Geschmacksrichtungen sauer, bitter, süß, scharf und salzig sowie bestimmte Wirkungsrichtungen zugeordnet.

Durch die Impulse aller Fünf Geschmacksrichtungen wird eine Speise „rund" – sie wird wohlschmeckend, harmonisch und ermöglicht Bekömmlichkeit. So entstehen genüssliche Mahlzeiten, die dem Körper spürbar wohltuend das geben, was er braucht um leistungsfähig zu bleiben.

Die höchste Stufe der Fünf-Elemente-Kochkunst ist das „Kochen im Zyklus der Elemente", das so genannte Rundkochen oder Kochen im Kreis.

So wie eine Jahreszeit auf die andere folgt im Verlauf des Kalenderjahres, so folgen die Fünf Elemente Holz, Feuer, Erde, Metall und Wasser einem festgelegten Kreislauf. Hier spricht man in der Traditionellen Chinesischen Medizin vom Fütterungs- oder Schöpfungszyklus, der uns auch aufzeigt, wie die Energie im Körper zirkuliert. Genau diese Methode verwenden wir beim Kochen, um größtmögliche Harmonie in unsere Mahlzeiten zu bringen.

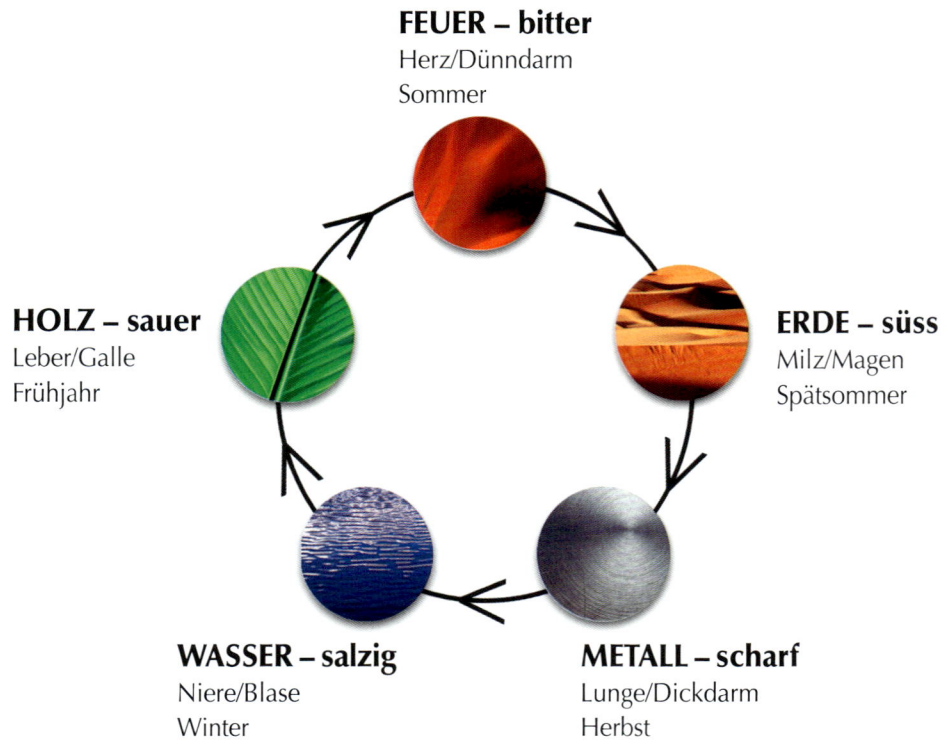

FEUER – bitter
Herz/Dünndarm
Sommer

ERDE – süss
Milz/Magen
Spätsommer

HOLZ – sauer
Leber/Galle
Frühjahr

METALL – scharf
Lunge/Dickdarm
Herbst

WASSER – salzig
Niere/Blase
Winter

Kochen im Zyklus der Fünf Elemente

Jedes Nahrungsmittel, das einem Element und Geschmack zugeordnet ist, wird beim Kochvorgang beziehungsweise der Zubereitung der Speisen zu einem bestimmten Zeitpunkt zugegeben.

Die Rezepte im Buch folgen diesem Ablauf. Also kochen Sie ganz einfach – ohne große Anstrengungen – automatisch in der richtigen Reihenfolge und im Kreislauf der Fünf Elemente.

Anhand der Nahrungsmitteltabelle im Anhang des Buches können Sie alle Zutaten den einzelnen Elementen und deren Geschmacksrichtungen zuordnen. Die Reihenfolge lässt sich in den Rezepten bei der Beschreibung der Zubereitung leicht ablesen und verstehen. Wenn Sie etwas Übung haben, können Sie später auch Ihre eigenen Rezepte überarbeiten. Sie werden sehen: Wenn ein Element in der Rezeptur fehlt, kann man dies problemlos ergänzen und findet mit etwas Kreativität neue Varianten und köstliche Kreationen. Die beiden Nahrungsmitteltabellen im Anhang werden Ihnen dabei eine große Hilfe sein.

Anfangs ist es praktisch, wenn Sie alle Gewürze und Trockenvorräte mit bunten Punkten (je nach zugehörigem Element) bekleben. Das erleichtert den Ablauf beim Rundkochen, da man viel seltener in der Nahrungsmitteltabelle nachschauen muss. Mit der Zeit geht das Kochen im Kreis wie das Autofahren – man entwickelt eine gewisse Routine.

So gehen Sie vor:

- Es spielt keine Rolle, in welchem Element Sie beginnen. Wichtig ist nur, von der ersten Zutat an die Reihenfolge einzuhalten. In den meisten Rezepten bieten sich zu Beginn folgende Möglichkeiten an:

- kaltes Wasser   =   Wasser-Element
- heißes Wasser =   Feuer-Element
- heißer Topf   =   Feuer-Element
- heißes Fett, Öl =   Feuer-Element = Wärmequelle

                             Erd-Element = Fett, Öl

- Die Menge, welche pro Element zugegeben wird, ist nicht von Bedeutung und hat keinen Einfluss. Es können z. B. 500 g Gemüse aus dem Erd-Element, 1 Prise Pfeffer aus dem Metall-Element, 100 ml Gemüsebrühe aus dem Wasser-Element und 1/2 Bund Petersilie aus dem Holz-Element sein.

- Gewürze und Nahrungsmittel aus demselben Element können gleichzeitig zugefügt werden, wie z. B. Eier, Butter/Öl und Zucker. Man kann sie aber auch auf mehrere Runden verteilen.

Kochen im Zyklus der Fünf Elemente

- Es sollte mindestens einmal im Zyklus herum gekocht werden, d. h. von jeder Geschmacksrichtung sollte mindestens eine Zutat zugegeben werden. Je öfter man es schafft, den Kreis erneut zu schließen, umso energetisch hochwertiger wird die Speise.

- Wenn in einem Rezept der Zyklus mehr als einmal durchschritten wurde, muss der Kreis am Ende nicht unbedingt erneut komplett geschlossen werden. Man beginnt z. B. im Holz-Element und endet beim zweiten Durchlauf im Metall-Element.

- Kein Element sollte übersprungen werden. Hat man ein Gewürz vergessen oder möchte zum Abschluss nachwürzen, dann muss man bis zum gewünschten Element noch einmal durch alle Stationen gehen. Hierbei werden Ihnen die Harmonieträger im Kapitel 9 hilfreich sein.

- Achtung! Es gibt Nahrungsmittel, die durch den Kochvorgang ihren Geschmack verändern: Zwiebeln sind im Rohzustand scharf und dem Metall-Element zugehörig. Beim Anschwitzen/Dünsten und Anbraten werden sie dann aber süßlich und wandern zurück ins Erd-Element. Darum sollte generell noch etwas Scharfes wie z.B. Knoblauch, Ingwer, Chili oder Pfeffer zugefügt werden, sobald die Zwiebeln glasig geworden sind.

- Die Geschmacksrichtung, welche als letzte der Speise zugefügt wird, bestimmt das Element, welches der Speise den größten Energieanteil verleiht.

- Übung macht den Meister! Zu Beginn ist das Rundkochen sicherlich eine Umstellung. Doch Sie werden nach kurzer Zeit mit dieser neuen Zubereitungsart viel gelassener umgehen und bestimmt viel Freude und Kreativität entwickeln.

Kochen im Zyklus der Fünf Elemente

Ein Kochvorgang in der Praxis

Beispiel: Zubereitung einer Tomatensauce

a) Vorbereitung:

Bereitlegen der zugeordneten Nahrungsmittel in der richtigen Reihenfolge:

F	Topf auf den Herd stellen	1
E	Öl	2
M / E	Zwiebeln (wenn glasig: Erd-Element)	3
M	Knoblauch	4
W	Shoyu (Sojasauce)	5
H	Tomaten	6
F	Rosmarin, frisch	7
E	Sahne	8
M	Pfeffer, Chili	9/10
W	Salz	11
H	Petersilie	12

b) Das Kochen im Kreis

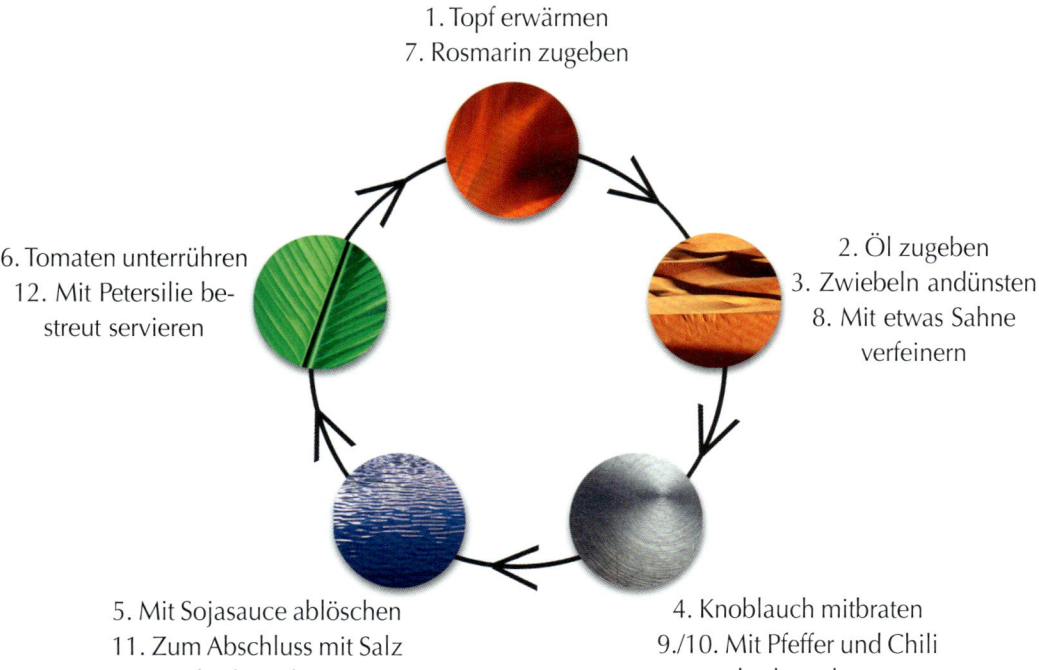

1. Topf erwärmen
7. Rosmarin zugeben

2. Öl zugeben
3. Zwiebeln andünsten
8. Mit etwas Sahne verfeinern

6. Tomaten unterrühren
12. Mit Petersilie bestreut servieren

4. Knoblauch mitbraten
9./10. Mit Pfeffer und Chili abschmecken

5. Mit Sojasauce ablöschen
11. Zum Abschluss mit Salz abschmecken

Nachwürzen und Abschmecken

9. Harmonieträger

Zum Abrunden, Nachwürzen und Abschmecken im Kreis herum

Fehlt Ihnen beim Abschmecken der Gerichte noch etwas? Das Nachwürzen können Sie ebenfalls recht einfach im Kreislauf der Elemente durchführen!

Zum Abrunden, Nachwürzen und Abschmecken im Kreis herum eignet sich die nachfolgende Auflistung. Als Erstes müssen Sie sich erinnern, in welchem Element Sie eben das Kochen im Kreis beendet haben (siehe in den Rezepten bei der Zubereitung).

Mit dem Nachwürzen können Sie nun im gleichen oder dem darauf folgenden Element beginnen. Gehen Sie nun mit geeigneten Würzmitteln aus jedem Element so lange im Kreis weiter, bis das Gericht köstlich schmeckt und Sie wieder beim gewünschten letzten Element angekommen sind.

Metall-Element

- Alkohol, hochprozentig
- Chili
- Curry
- Dill, frisch
- Frühlingszwiebel
- Hafermilch
- Ingwer, frisch
- Kardamom
- Knoblauch
- Kresse
- Kreuzkümmel
- Kümmel
- Meerrettich
- Muskat
- Pfeffer
- Reismilch
- Rettich
- Schnittlauch, frisch
- Senf
- Zwiebel, roh

Wasser-Element

- Agar-Agar
- Algen
- Gomasio (Sesam-Salz-Gemisch)
- Meersalz
- Mineralwasser
- Miso
- Parmesankäse
- Shoyu (Sojasauce)
- Tamari
- Ume Paste
- Ume Su
- Wasser

Holz-Element

- Apfelsaft
- Essig: Apfelessig, Balsamico, Reisessig etc.
- Joghurt
- Keimlinge
- Kirschsaft
- Orangensaft
- Petersilie
- Sauermilch, Sauerrahm
- Sprossen, frisch
- Weißwein
- Weizenbier
- Zitronensaft

Feuer-Element

- Basilikum, frisch
- Bockshornkleesamen
- Bohnenkraut, frisch
- Cognac
- Getreidekaffee
- Kaffee
- Kakao
- Kurkuma (Gelbwurz)
- Orangenschale
- Oregano
- Rosenpaprika
- Rosmarin
- Rotwein
- Salbei
- Schafskäse
- Thymian
- Wacholderbeere
- Wasser, kochend
- Zitronenschale

Erd-Element

- Anis
- Birnensaft
- Butter oder Butterschmalz (Ghee)
- Estragon, frisch
- Fenchelsamen
- Hafermilch
- Hafersahne
- Kokosflocken
- Kokosmilch
- Likör, süß
- Mandelmus
- Nüsse
- Pinienkerne
- Rahm
- Reismilch
- Reissahne
- Sahne
- Samen
- Sesam
- Sojamilch
- Sojasahne
- Sonnenblumenkerne
- Stärke: Kartoffelstärke, Kuzu, Maisstärke und Pfeilwurzelmehl
- Süßmittel: Dicksäfte, Honig, Malz, Palmzucker, Reissirup, Vollrohrzucker
- Tahin (Sesammus)
- Trockenfrüchte: Aprikosen, Datteln, Feigen, Rosinen
- Vanille
- Zimt

Arbeitsgeräte in der Küche

10. Nützliche Arbeitsgeräte in der Küche

Gute Arbeitsgeräte tragen entscheidend zum Gelingen der Gerichte bei und erleichtern Ihnen die Küchenarbeit. Als Grundausstattung sind zwei Pfannen, drei bis vier Töpfe – jeweils in verschiedenen Größen – und zwei bis drei gute Messer ausreichend, um den Küchenalltag locker zu bewältigen.

Töpfe

Gutes Kochgeschirr gibt es in unterschiedlichen Materialien. Wichtig ist ein dicker Topfboden, der die Hitze speichert und gleichmäßig an das Gargut abgibt. Wer einen Gasherd besitzt, sollte zusätzlich auf hitzebeständige Griffe achten.

Pfannen

In beschichteten Pfannen kann sehr gut angebraten werden, da an der Beschichtung nichts anhaftet. Achten Sie hier ebenfalls auf einen dicken Boden, der die Hitze optimal speichert. Pfannendeckel sind für kurzes Dünsten oder zum Warmhalten nützlich. Zum Reinigen benötigen Sie lediglich warmes Wasser, einen weichen Spülschwamm und etwas Spülmittel. Scheuermittel oder kratzende Topfreiniger können die Beschichtung der Pfannen eventuell beschädigen.

Messer

Zum Putzen von Gemüse eignen sich kleine Messer, die z. B. auch zum Pellen von Kartoffeln verwendet werden. Zum Schneiden dagegen werden große Messer verwendet, deren Klinge breiter ist als der Griff. Dies ermöglicht eine Schneidetechnik, bei der das Messer nicht vollständig angehoben werden muss.
Das mittelgroße Tranchiermesser mit einer schlanken Klinge eignet sich besonders gut zum Schneiden von gegartem Fleisch, Geflügel oder Fisch.
Vielseitig einsetzbar ist ein Hackmesser mittlerer Größe mit einer sehr breiten Klinge. Damit lassen sich Knochen hacken, Gemüse in feine Stifte schneiden und Fleisch oder Fisch in dünne Scheiben teilen. Mit der Fläche der Klinge kann man Knoblauch oder ganze Pfefferkörner zerdrücken. Zum Zerkleinern von Kräutern verwenden Sie möglichst ein doppelschneidiges Wiegemesser.

Multi-Quirl

Ein moderner Küchenhelfer der spielend leicht zu bedienen ist. Durch einfaches herunterdrücken des Griffs beginnt der Quirl zu arbeiten. Er benötigt weder Strom noch Batterien und eignet sich hervorragend für die Zubereitung von Dressings, Marinaden, zum Aufschäumen und Quirlen. Dieses Küchengerät finden Sie im Onlineshop unter **www.kocherlebnisse.de**

Mörser, Reiben und Gewürzmühlen

Um aus Samen und Gewürzkörnern ein optimales Aroma zu erhalten, ist es notwendig, dass diese frisch gemahlen werden. Getrocknete Gewürze kann man im Mörser oder einer Getreidemühle fein zermahlen. Frischer Ingwer kann fein gehackt werden – oder wenn es ganz besonders fein sein soll, verwenden Sie eine spezielle Keramikreibe.
Auch für Muskatnuss gibt es geeignete Reiben im Handel.

Schneideunterlagen

Am besten geeignet sind Schneidebretter aus Kunststoff oder Holz. Beide Materialien schonen die Messerklinge. Schneideunterlagen aus Glas, Stein, Keramik oder Edelstahl lassen Messer sehr schnell stumpf werden. Damit man auch mit dem großen Gemüsemesser gut schneiden kann, sollten gute Allround-Bretter etwa 30 x 40 cm groß sein.

Mixer – Blitzhacker

Zum Pürieren und Aufschäumen von Suppen oder Saucen ist ein stufenverstellbarer Stabmixer oder Zauberstab ideal. Für dickere Massen wie z. B. Pesto oder für das Mahlen von Nüssen eignet sich ein Blitzhacker, der eine höhere Umdrehungszahl besitzt.

Vielseitig einsetzbar – die Wok-Pfanne

Ein traditionelles und gleichzeitig modernes Kochgerät und typisch für die fernöstliche Küche. So einfach der Wok ist, so bunt sind die vielfältigen Zutaten und seine Einsatzmöglichkeiten. „Ein Wok für alle Fälle" – das Multitalent für viele Garmethoden. Vom typischen Pfannenrühren, über Dämpfen und Frittieren bis hin zum Schmoren. Das Besondere beim Kochen mit dem Wok ist die kurze Garzeit für alle Zutaten, wodurch der Nährstoffgehalt weitestgehend erhalten bleibt.

Bambus-Dampfkörbe (Bambus-Steamer)

Diese Bambusdampfkörbe gibt es in unterschiedlichen Größen zu kaufen. Um größere Portionen oder mehrere Gerichte gleichzeitig zu dämpfen, kann man Körbe gleicher Größe im Wok übereinanderstapeln. Der oberste Korb muss mit einem gut schließenden Deckel abgedeckt werden. Die Körbe sind ideal zum Dämpfen von Fisch und Gemüse.

Hinweise zu den Rezepten

11. Hinweise zu den Rezepten

Die Rezepte sind so konzipiert, dass sie möglichst einfach und ohne großen Aufwand – auch für Koch-Neulinge – nachzukochen sind.

Der Schwerpunkt liegt auf einer kurzen Zubereitungszeit und auf saisonalen und regionalen Zutaten. Die Berücksichtigung aller Fünf Geschmacksrichtungen führt zu spürbarer Harmonie und Bekömmlichkeit aus dem Kochtopf. Diese einfache Kochweise lässt sich optimal im Alltag realisieren und bringt Tag für Tag raffinierte Rezeptkreationen aus der Fünf-Elemente-Küche auf den Tisch.

- Die Mengenangaben der Rezepte sind etwa für 3 bis 4 Personen berechnet.

- Eine gute Qualität von Fisch, Fleisch, Gemüse und den sonstigen Zutaten ist Voraussetzung für gutes Gelingen und ein schmackhaftes, gesundes und bekömmliches Essen. Verwenden Sie möglichst frische Kräuter und Gewürze, denn diese wichtigen Verdauungshilfen tragen ebenfalls zur geschmacklichen Steigerung der Gerichte bei.

- Die Zutaten sind in der Reihenfolge des Kochvorgangs „im Kreis herum" aufgelistet, so wie im Kapitel 8 beschrieben.

- Bei der Beschreibung der Zubereitung finden Sie hinter den Nahrungsmitteln in Klammern die Buchstaben, die den Fünf Elementen zugeordnet sind:

  H = Holz-Element
  F = Feuer-Element
  E = Erd-Element
  M = Metall-Element
  W = Wasser-Element

- Bei den „Variationen" sind Alternativen und Abwandlungsmöglichkeiten aufgeführt.

- Zu zahlreichen Zutaten finden Sie Erklärungen und Hinweise im Glossar im Anhang des Buches.

- Abkürzungen und Maßangaben:

g, kg	Gramm, Kilogramm
ml, l	Milliliter, Liter
Msp.	Messerspitze
TL	Teelöffel = 5 ml = 5 g
EL	Esslöffel = 15 ml = 15 g
Bd.	bezieht sich auf die im Handel üblichen Gebinde für Kräuter

- Es ist empfehlenswert, Getreide mehrmals zu waschen, bis das Wasser klar bleibt. Will man das Getreide jedoch anrösten, muss es zuvor trocken sein. Dann kann man das Getreide nach dem Waschen im Backofen auf einem Kuchenblech trocknen – oder man nimmt bei der Zubereitung ungewaschenes Getreide in Kauf.

44

- Die Getreidearten Hirse, Süßreis und Gerste sind dem Erd-Element zugeordnet. Aus diesem Grund wäscht man sie mit warmem oder heißem Wasser. Das erwärmte Wasser ist dem Feuer-Element zugehörig und steht im Kreislauf der Elemente vor dem Erd-Element. Mit kaltem Wasser, welches dem Wasser-Element zugeordnet wird, werden dagegen alle Getreide aus dem Holz- und dem Metall-Element sowie die Hülsenfrüchte gewaschen, da deren Elemente mit dem Wasser-Element bestens harmonieren.

- Nach dem Einweichen von Hülsenfrüchten ist es ratsam, das Einweichwasser wegzuschütten und die Hülsenfrüchte in frischem Wasser zu kochen, da sie dann weniger blähend wirken und bekömmlicher sind. Außerdem ist es empfehlenswert, den Schaum, der beim Kochen von Hülsenfrüchten und bei der Zubereitung von Fleischbrühen entsteht, gut abzuschöpfen.

- Der Geschmack von einfachen Gemüsegerichten ist besonders abhängig von der Qualität der Zutaten. Verwenden Sie Bio-Gemüse, welches saisongerecht und reif geerntet wurde, da es ein viel intensiveres Aroma besitzt.

- Bei süßen Gerichten finden Sie in der Regel eine Mengenangabe für Salz (meist eine Prise). Eine Prise Salz ist so viel, wie zwischen die Spitzen von Mittelfinger, Zeigefinger und Daumen passt.

- Das im Handel angebotene Koch- oder Speisesalz ist ein isoliertes, raffiniertes Produkt, das in seiner billigsten Form häufig aus der chemischen Industrie stammt. Nur unraffiniertes Salz bringt mehr als Geschmack, da es wichtige Mineralien enthält, die für unsere Gesundheit wichtig sind. Achten Sie beim Einkauf von Salz darauf, dass Sie Himalaya-, Stein- oder Meersalz kaufen.

- Bei pikanten Speisen sind für Pfeffer und Salz keine Mengen angegeben, da verschiedene Salz- und Pfefferarten unterschiedlich stark würzen. Auch bei den anderen Gewürzen lassen sich die idealen Mengen nicht exakt benennen – denn das ist auch Geschmackssache. Die Angaben im Buch dienen daher nur als Anhaltspunkte. Zum Abrunden, Nachwürzen und Abschmecken finden Sie im Kapitel 9 wertvolle Hinweise.

- Hinweis zur Verwendung des Bindemittels Kuzu: In den Rezepten finden Sie bei den Zutaten z. B. die Mengenangabe „1 TL Kuzu, aufgelöst". Dies bedeutet, dass Kuzu zuerst in kaltem Wasser aufgelöst werden muss, und zwar im Mischverhältnis 1 TL Kuzu : 1 Tasse Wasser (etwa 100 ml). Diese Menge wird dann in das Gericht eingerührt.

Ich hoffe, Sie haben bis hierher nun die theoretischen Grundlagen der Fünf-Elemente-Küche gut verdaut. Jetzt können Sie mit der Umsetzung praktisch beginnen!
Sie werden feststellen: Das „Rundkochen" ist einfacher, als viele zuerst meinen.

Die Genussformel lautet: *„An die Kochlöffel – fertig –*
und los geht der Spaß im Kreis herum!"

Inhalt

Inhalt

Brühe mit Juliennegemüse

Zutaten:

2 EL Öl
1 Zwiebel
150 g Karotten
2 Frühlingszwiebeln
schwarzer Pfeffer
1,5 l Kraftsuppe oder Gemüsebrühe
1 TL Reisessig (Genmai Su)
1 Prise Kurkuma
4 Shiitakepilze, getrocknet
1/2 TL Ingwer, fein gerieben
3 EL Shoyu (Sojasauce) oder Tamari
1 EL Petersilie, fein gehackt

Variante:

Es können auch frische Shiitakepilze verwendet werden.

Tipp:

- Für einen energievollen Start in den Tag empfiehlt sich als Grundlage für dieses Rezept die „Kraftsuppe" aus dem Winterkapitel des Buches.
- Ersatzweise können Sie auch Gemüsebrühe verwenden.
- Nährender und sättigender wirkt diese Frühstückssuppe wenn als Suppeneinlage noch Getreide, z. B. Hirse oder Quinoa verwendet wird.

Vorbereitung:

Getrocknete Shiitakepilze etwa 30 Min. in lauwarmem Wasser einweichen. Karotten schälen und putzen, erst in dünne Scheiben, danach in feine Juliennestreifen schneiden. Die Zwiebel schälen und hacken. Frühlingszwiebeln waschen, putzen und der Länge nach halbieren, anschließend in 4 cm lange Stücke, dann in feine Juliennestreifen schneiden. Shiitakepilze abtropfen lassen, von den Stielen befreien und fein würfeln.

Zubereitung:

1. Einen Topf erhitzen (F) und das Öl (E) erwärmen. Die Zwiebel (E) glasig anbraten, Karotten (E) sowie Frühlingszwiebeln (M) zugeben und kurz mitbraten. Mit Pfeffer (M) würzen dann mit Brühe (W) ablöschen. Reisessig (H) zugeben, mit Kurkuma (F) bestäuben und Shiitakepilze (E) hinzufügen.

2. Das Gemüse in der Brühe bissfest garen. Ingwer (M) und Shoyu (W) unterrühren und mit Petersilie (H) bestreut servieren.

Holz

Feuer

Erde

Metall

Wasser

Gebratene Hirse

Zutaten:

500 ml Wasser, heiß
250 g Hirse
1 Prise Kardamom
1 Prise Salz
1/2 Bd. Petersilie
2 EL Öl
150 g Karotten
2 Frühlingszwiebeln
schwarzer Pfeffer
Salz
1 EL Shoyu (Sojasauce) oder Tamari
1 EL Reisessig (Genmai Su)
1 Prise Kurkuma
20 g Pinienkerne, geröstet
pro Portion ein Spiegelei

Tipp:

- Die Zubereitungszeit lässt sich verkürzen, wenn vorgekochte Hirse verwendet wird.

Vorbereitung:

Hirse im warmen Wasser gut waschen. Petersilie waschen, mit einem Küchentuch trocken tupfen und fein hacken. Karotten putzen, schälen und in feine Streifen schneiden. Frühlingszwiebeln waschen, putzen und in feine Ringe schneiden.

Zubereitung:

1. Heißes Wasser (F) in einen Topf geben und Hirse (E) zufügen. Kardamom (M) und Salz (W) unterrühren und zugedeckt aufkochen lassen. Auf kleiner Flamme 15 Min. köcheln, anschließend ausquellen und etwas auskühlen lassen.

2. Petersilie (H) unter die abgekühlte Hirse rühren.

3. Eine Pfanne erwärmen (F), das Öl (E) erhitzen und Karotten (E) und Frühlingszwiebeln (M) anbraten. Mit Pfeffer (M) und Salz (W) würzen. Mit Shoyu (W), Reisessig (H) und Kurkuma (F) abschmecken. Hirse (E) unterrühren und kurz mitbraten.

4. Pinienkerne (E) über die gebratene Hirse (E) streuen und mit einem Spiegelei (E) servieren.

Amaranthmüsli

Zutaten:

100 g Amaranth
50 g Sonnenblumenkerne
1 Msp. Kardamom
1 Prise Salz
1 TL Zitronensaft
350 ml Wasser, heiß
2 – 3 EL Reissirup oder Honig
1 Prise Ingwerpulver
1 TL Ume Su
2 EL Sauerkirschkonfitüre oder Gelee
evtl. noch etwas heißes Wasser
1 EL Kakao
50 ml Sojasahne oder Sahne
150 g Apfel
evtl. noch etwas Reissirup

Variante:

Anstelle von Ingwerpulver können Sie auch frischen Ingwer verwenden.

Vorbereitung:

Apfel waschen und vierteln. Das Kerngehäuse entfernen und in kleine Würfel schneiden.

Zubereitung:

1. Einen Topf (F) erwärmen, Amaranth (F) und Sonnenblumenkerne (E) trocken anrösten. Kardamom (M) und Salz (W) zugeben.

2. Zitronensaft (H) mit heißem Wasser (F), Reissirup (E), Ingwerpulver (M) und Ume Su (W) vermischen und damit ablöschen. Sauerkirschkonfitüre (H) oder Gelee (H) unterrühren, kurz aufkochen (F) und ca. 15 Min. quellen lassen. Evtl. noch etwas heißes Wasser (F) nachgießen.

3. Kakao (F) und Sahne (E) unterrühren und die Apfelwürfel (E) unterheben. Je nach Geschmack zusätzlich mit Reissirup (E) abschmecken.

Grießbrei

Zutaten:

400 ml Reismilch
200 ml Wasser
2 EL Zitronensaft
1 Prise Kakao
2 EL Vanillezucker
1 Prise Kardamom
1 Prise Salz
120 g Dinkel- oder Weizengrieß
1 Prise Kurkuma
20 g Mandelblättchen, geröstet

Variante:

Servieren Sie dazu süßes Obstkompott oder einfach nur etwas Honig mit Zimt.

Zubereitung:

1. Reismilch (M) mit Wasser (W) in einen Topf geben. Den Zitronensaft (H) und Kakao (F) einrühren und zum Kochen (F) bringen.

2. Vanillezucker (E), Kardamom (M) und Salz (W) zufügen. Den Dinkelgrieß (H) langsam einrieseln lassen und Kurkuma (F) unterrühren. Aufkochen (F) lassen und unter ständigem Rühren eindicken.

3. Den Grießbrei in Schalen füllen und mit den Mandelblättchen (E) garnieren.

Süßer Tsampabrei

Zutaten:

500 ml Wasser, heiß
2 – 3 EL Sahne
1 TL Butter
1 EL Mandelmus
2 EL Reissirup oder Honig
12 EL Tsampa
1 Prise Kardamom
1 Prise Salz
1 TL Zitronensaft
1 Prise Kakao
30 g Mandelstifte, geröstet

Zubereitung:

1. In das heiße Wasser (F) nacheinander Sahne (E), Butter (E), Mandelmus (E) und Reissirup (E) einrühren.

2. Unter ständigem Rühren Tsampa (E) einrieseln lassen, bis ein Brei entsteht.

3. Mit Kardamom (M), Salz (W), Zitronensaft (H) und Kakao (F) abschmecken und mit den Mandelstiften (E) bestreuen.

Pastinakensuppe

Zutaten:

2 EL Öl
400 g Pastinaken
1 Zwiebel
280 g Äpfel
100 ml Apfelsaft
schwarzer Pfeffer
2 Prisen Muskatnuss
1 l Gemüsebrühe
100 g Sauerrahm
2 – 3 Zweige Petersilie

Variante:

Anstelle von Pastinaken können Sie die Suppe
z. B. mit Karotten zubereiten.

Vorbereitung:

Zwiebel schälen und fein hacken. Pastinaken
schälen und in Würfel schneiden. Die Äpfel
waschen, vierteln, die Kerngehäuse entfernen
und fein würfeln. Petersilie waschen, mit
einem Küchentuch trocken tupfen und fein
hacken.

Zubereitung:

1. Einen Topf erwärmen (F) und das Öl (E)
erhitzen. Die Pastinaken- (F), Zwiebel- (E) und
Apfelwürfel (E) zugeben und andünsten. Mit
Apfelsaft (E) ablöschen und mit Pfeffer (M)
und Muskatnuss (M) würzen.

2. Gemüsebrühe (W) zugeben und im geschlossenen Topf bei schwacher Hitze etwa
20 Min. köcheln lassen. In die nicht mehr
kochende Suppe Sauerrahm (H) einrühren
und die Suppe pürieren.

3. Mit gehackter Petersilie (H) bestreut servieren.

Holz

Feuer

Erde

Metall

Wasser

Kresse-Sahne-Suppe

Zutaten:

2 EL Öl
2 Zwiebeln
200 g Kartoffeln
1/2 TL Ingwer, frisch gerieben
2 Beete Kresse
schwarzer Pfeffer
Salz
1 EL Shoyu (Sojasauce) oder Tamari
800 ml Gemüsebrühe
100 ml Weißwein
1 Bd. Petersilie
1 Prise Kurkuma
100 ml Sahne oder Soja-/Reissahne

Vorbereitung:

Kartoffeln schälen, abwaschen und in feine Würfel schneiden. Petersilie waschen, mit einem Küchentuch trocken tupfen und grob hacken. Zwiebeln schälen und fein würfeln. Kresse mit einer Schere vom Beet abschneiden.

Zubereitung:

1. Einen Topf erwärmen (F) und das Öl (E) erhitzen. Die Zwiebelwürfel (E) glasig andünsten. Die Kartoffelwürfel (E) und den Ingwer (M) zugeben. Die Hälfte der Kresse (M) unterheben und mit Pfeffer (M) und Salz (W) würzen. Shoyu (W) zufügen und mit Gemüsebrühe (W) ablöschen. Weißwein (H) und Petersilie (H) unterrühren und mit Kurkuma (F) bestäuben. Die Suppe ca. 20 Min. köcheln lassen, bis die Kartoffelwürfel weich sind und anschließend pürieren.

2. Die Sahne (E) in die heiße – nicht mehr kochende – Suppe einrühren. Die Suppe mit der restlichen Kresse (M) dekorieren.

Gerstensuppe mit Shiitakepilzen

Zutaten:

700 ml Wasser, kochend
120 g Gersten-Perlgraupen

2 EL Öl
1 Zwiebel
100 g Karotten
2 Frühlingszwiebeln
2 EL Shoyu (Sojasauce) oder Tamari
1,2 l Gemüsebrühe
1 EL Zitronensaft
1 Msp. Kurkuma
150 g Shiitakepilze
100 ml Hafermilch
schwarzer Pfeffer
Salz
1 EL Petersilie, fein gehackt

Vorbereitung:

Gersten-Perlgraupen waschen, mit heißem Wasser übergießen und 25 Min. quellen lassen. Zwiebel schälen und fein hacken. Die Karotten putzen, schälen und klein würfeln. Frühlingszwiebeln waschen, putzen und in feine Ringe schneiden. Die Shiitakepilze putzen, waschen und in feine Scheiben schneiden.

Zubereitung:

1. Einen Topf erwärmen (F) und das Öl (E) darin erhitzen. Zwiebel (E), Karotten (E) und Frühlingszwiebeln (M) zugeben und 2 – 3 Min. andünsten. Mit Shoyu (W) ablöschen und die Gemüsebrühe (W) zugießen. Zitronensaft (H) hinzufügen und Kurkuma (F) unterrühren. Die Suppe ca. 5 Min. köcheln und anschließend pürieren.

2. Die Gersten-Perlgraupen (E) zugeben und weitere 15 Min. köcheln lassen. Danach die Shiitakepilze (E) zugeben und die Suppe mit der Hafermilch (M) verfeinern. Mit Pfeffer (M) und Salz (W) abschmecken und mit Petersilie (H) bestreut servieren.

Bärlauch-Kartoffel-Suppe

Zutaten:

2 EL Öl
1 Zwiebel
400 g Kartoffeln
1/2 TL Ingwer, frisch gerieben
2 Frühlingszwiebeln
schwarzer Pfeffer
1 Prise Muskatnuss
Salz
1 EL Shoyu (Sojasauce) oder Tamari
800 ml Gemüsebrühe
100 ml Weißwein
1 Prise Kurkuma
50 ml Sahne oder Soja-/Reissahne
1 Bd. Bärlauch

Vorbereitung:

Kartoffeln schälen, abwaschen und in feine Würfel schneiden. Bärlauch waschen, mit einem Küchentuch trocken tupfen und grob hacken. Zwiebel schälen und fein würfeln. Frühlingszwiebeln waschen, putzen und in feine Ringe schneiden.

Zubereitung:

1. Einen Topf erwärmen (F) und das Öl (E) erhitzen. Die Zwiebelwürfel (E) glasig andünsten. Die Kartoffeln (E), Ingwer (M) und Frühlingszwiebeln (M) zugeben. Mit Pfeffer (M), Muskatnuss (M) und Salz (W) würzen.

2. Shoyu (W) zufügen und mit Gemüsebrühe (W) ablöschen. Weißwein (H) unterrühren und mit Kurkuma (F) bestäuben. Die Suppe ca. 20 Min. köcheln lassen, bis die Kartoffelwürfel weich sind.

3. Die Sahne (E) in die heiße, nicht mehr kochende Suppe einrühren. Bärlauch (M) hinzufügen und fein pürieren.

Frühlingssalat

Zutaten:

1 Kopf- oder Eichblattsalat
1 Chicorée
6 – 8 Champignons
2 Frühlingszwiebeln

Dressing:
1 EL Ume Su
2 EL Zitronensaft
1 Prise Kurkuma
3 EL Öl
4 EL Sahne oder Soja-/Reissahne
1 TL Agaven- oder Apfeldicksaft
1 TL Senf
schwarzer Pfeffer
Salz
1 EL Petersilie, fein gehackt

Variante:

Anstelle von Champignons können Sie z. B. in Würfel geschnittene Äpfel verwenden.

Tipp:

• Bestreuen Sie den Salat vor dem Servieren mit gerösteten Pinienkernen.

Vorbereitung:

Salatblätter waschen und trocken schütteln. Chicorée in Streifen schneiden und Kopf- oder Eichblattsalat in mundgerechte Stücke zupfen. Champignons putzen, waschen danach fein würfeln. Frühlingszwiebeln putzen, waschen und in feine Ringe schneiden.

Zubereitung:

1. Blattsalate (F) auf einer Platte anrichten und mit Champignons (E) und Frühlingszwiebeln (M) belegen.

2. Für das Dressing Ume Su (W), Zitronensaft (H), Kurkuma (F), Öl (E), Sahne (E) und Dicksaft (E) vermischen. Den Senf (M) unterrühren, mit Pfeffer (M) und Salz (W) abschmecken. Das Dressing über dem Salat verteilen, mit Petersilie (H) bestreut servieren.

Eichblattsalat mit Karamellnüssen

Zutaten:

1 Eichblattsalat oder Lollo Rosso
1 Chicorée
150 g Vollrohrzucker
24 Walnusshälften
1 Prise Chilipulver

Dressing:
1 TL Senf
1 EL Ume Su
2 EL Zitronensaft
1 Prise Kurkuma
4 EL Öl
1 TL Agaven- oder Apfeldicksaft
schwarzer Pfeffer
Salz
1 EL Petersilie, fein gehackt

Vorbereitung:

Die Salate waschen und trocken schütteln. Eichblattsalat in mundgerechte Stücke zupfen, Chicorée in Streifen schneiden.

Zubereitung:

1. Die Salate (F) auf einer Platte anrichten.

2. Eine Pfanne erwärmen (F) und den Vollrohrzucker (E) goldgelb schmelzen. Die Walnüsse (E) dazugeben und mit Chilipulver (M) bestäuben. Die Walnüsse gut mit dem Karamell verrühren, auf ein Backpapier legen und trocknen lassen.

2. Für das Dressing Senf (M), Ume Su (W), Zitronensaft (H), Kurkuma (F), Öl (E) und Dikksaft (E) vermischen. Mit Pfeffer (M) und Salz (W) abschmecken. Petersilie (H) über den Salat (F) streuen, mit Karamellnüssen (E) belegen und das Dressing darüber verteilen.

Vegetarische Frühlingsrollen

Zutaten:

Füllung:
2 EL Öl
1 Zwiebel
150 g Karotten
4 Shiitakepilze, getrocknet
2 Frühlingszwiebeln
schwarzer Pfeffer
3 EL Shoyu (Sojasauce) oder Tamari
50 g Bambussprossen
50 g Sojasprossen
1 Prise Kurkuma

500 ml Wasser, warm
2 EL Vollrohrzucker
20 Reispapierhüllen
(etwa 16 cm Durchmesser)
300 ml Rapsöl zum Frittieren

Variante:

Anstelle von Shiitakepilzen können Sie auch Austernpilze verwenden.

Tipp:

- Als Beilage sind bittere Blattsalate zur Unterstützung der Fettverdauung gut geeignet.
- Servieren Sie ein scharfes Chutney oder eine Chilisauce dazu.
- Empfohlenes Kochgeschirr: Wok-Pfanne zum Frittieren.

Vorbereitung:

Getrocknete Shiitakepilze etwa 30 Min. in lauwarmem Wasser einweichen. Karotten schälen, putzen, erst in dünne Scheiben, anschließend in feine Streifen schneiden. Zwiebel schälen und fein hacken. Frühlingszwiebeln waschen, putzen und in feine Ringe schneiden. Sojasprossen kalt abwaschen, danach abtropfen lassen. Bambussprossen in kleine Würfel schneiden. Die eingeweichten Shiitakepilze abtropfen lassen, von den Stielen befreien und fein hacken. Backofen auf 70°C vorheizen.

Zubereitung:

1. Eine Pfanne erhitzen (F) und das Öl (E) erwärmen. Die gehackte Zwiebel (E) glasig anbraten. Karotten (E), Shiitakepilze (E) und Frühlingszwiebeln (M) zugeben, kurz mitbraten, mit Pfeffer (M) und Shoyu (W) würzen. Bambussprossen (H) und Sojasprossen (H) unterheben. Kurkuma (F) darüber streuen und abkühlen lassen.

2. Wasser und Vollrohrzucker in einer großen Schüssel verrühren. Jeweils eine der Reispapierhüllen 3 – 4 Sek. hineintauchen, auf einem Geschirrtuch ausbreiten und mit den Fingern glatt streichen. Wenden und auf der anderen Seite ebenfalls glätten. Insgesamt immer 4 Hüllen so vorbereiten. Mit je 1 EL der abgekühlten Masse in der Reispapiermitte füllen, die Seiten einschlagen und aufrollen. Die Teigenden befeuchten und fest verschließen. Erneut so vorgehen.

3. Das Öl im Wok erhitzen und die Frühlingsrollen portionsweise im heißen Öl in etwa 3 – 4 Min. goldbraun frittieren. Mit einem Schaumlöffel herausheben und auf Küchenpapier abtropfen lassen. Die bereits fertigen Röllchen im Backofen warm halten.

Lauwarmer Spargelsalat

Zutaten:

1 Prise Salz
1 TL Zitronensaft
2 l Wasser, kochend
1 kg Spargel
1 Prise Vollrohrzucker
1 TL Öl
Dressing:
3 EL Öl
1 EL Apfel- oder Agavendicksaft
1 TL Senf
schwarzer Pfeffer
1 EL Ume Su
1 EL Apfelessig
2 EL Spargelkochwasser
1 Bd. Rucola

Vorbereitung:

Den Spargel waschen, holzige Enden abschneiden, die Stangen schälen und in 4 cm lange Stücke schneiden. Rucola in kaltem Wasser waschen, trocken tupfen und grob hacken.

Zubereitung:

1. Salz (W) und Zitronensaft (H) in einen Topf mit kochendem Wasser (F) geben und die Spargelstücke (E) zufügen. Vollrohrzucker (E) und Öl (E) zugeben, den Spargel etwa 12 - 14 Min. garen. Anschließend abtropfen lassen und das Spargelwasser beiseitestellen.

2. Für das Dressing Öl (E) und den Dicksaft (E) mit Senf (M) in einer Schüssel vermischen. Pfeffer (M), Ume Su (W) und Apfelessig (H) unterrühren. Das Spargelkochwasser (F) zugeben und Rucola (F) unterheben. Den Spargel (E) mit dem Rucola-Dressing mischen und servieren.

Bruschetta mit Kapern

Zutaten:

2 EL Öl
400 g Champignons oder Shiitakepilze
1 Bd. Frühlingszwiebeln
schwarzer Pfeffer
3 EL Shoyu (Sojasauce) oder Tamari
1/2 Bd. Petersilie
1 EL Kapern
2 EL Olivenöl
1/2 TL Ingwer, frisch gerieben
Salz
2 TL Zitronensaft
8 Scheiben italienisches Weißbrot

Vorbereitung:

Pilze waschen, fein würfeln. Die Frühlingzwiebeln waschen, putzen u. in feine Ringe schneiden. Petersilie waschen, mit einem Küchentuch trocken tupfen und fein hacken. Die Brotscheiben im Backofen rösten oder im Toaster goldbraun toasten.

Zubereitung:

1. Eine Pfanne erwärmen (F) und Öl (E) zugeben. Pilze (E) unter Rühren 2 – 3 Min. anbraten. Die Frühlingszwiebeln (M) hinzufügen und etwa 2 Min. mitbraten. Mit Pfeffer (M) würzen und mit Shoyu (W) ablöschen. Petersilie (H) und die Kapern (F) untermischen. Olivenöl (E) zugeben, mit Ingwer (M), Salz (W) und Zitronensaft (H) abschmecken.

2. Die Masse auf den gerösteten Brotscheiben (H) verteilen und servieren.

Gemüse-Quiche

Zutaten:

Grundrezept Mürbteig:
250 g Dinkelmehl
1/2 Zitronenschale, unbehandelt
1 Ei
1 Prise Vollrohrzucker
125 g Butterwürfel, gekühlt
1 Prise Kardamom
1 Prise Salz
etwas Butter zum Ausfetten der
Kuchenform

Guss:
1 EL Zitronensaft
1 Prise Kurkuma
100 ml Sojasahne oder Sahne
150 ml Sojamilch
4 Eier
1 Prise Kardamom
1 Prise Muskatnuss
1 Prise Thymian, getrocknet
1 Prise Salz
1 EL Weizenstärke

100 g Pastinaken
100 g Karotten
2 EL Öl
2 Frühlingszwiebeln
2 EL Shoyu (Sojasauce) oder Tamari
100 g Parmesankäse, gerieben

Vorbereitung:

Eine Kuchenform (28 cm Durchmesser) mit
Butter ausfetten. Pastinaken und Karotten putzen, schälen und grob raspeln oder in Stifte
schneiden. Frühlingszwiebeln putzen, waschen,
danach in feine Ringe schneiden. Den Backofen auf 180°C vorheizen.

Zubereitung:

1. Dinkelmehl (H) und Zitronenschale (F) in
eine Schüssel geben. Das Ei (E), Vollrohrzucker
(E) und die gekühlte Butter (E) hinzufügen.
Kardamom (M) sowie Salz (W) zugeben, mit
den Knethaken des Handrührgerätes durchmischen.

2. Den Teig mit den Händen nochmals gut
durchkneten, in die Kuchenform eindrücken
und ca. 1,5 cm Rand hochziehen. Mit einer
Gabel den Boden mehrmals einstechen und
15 Min. kühl stellen.

3. Für den Guss den Zitronensaft (H), Kurkuma (F), Sahne (E) und Sojamilch (E) in eine
Schüssel füllen. Die Eier (E) zugeben und gut
verquirlen. Dann Kardamom (M), Muskatnuss (M), Thymian (M) und Salz (W) unterrühren, danach die Weizenstärke (H) einrühren
und den Guss beiseitestellen.

4. Den Kuchenboden vor dem Belegen bei
180°C etwa 10 Min. vorbacken (F).

5. Während der Backzeit des Bodens eine
Pfanne erwärmen (F) und die Pastinaken (F)
und Karotten (E) in Öl (E) kurz anbraten. Die
Frühlingszwiebeln (M) zugeben und mit
Shoyu (W) ablöschen.

6. Das Gemüse auf dem Kuchenboden verteilen, mit Parmesankäse (W) bestreuen, den
Guss darübergießen und im Backofen bei
180°C ca. 35 – 40 Min. backen.

Spinatnocken

Zutaten:

250 g Weißbrot vom Vortag
80 ml Wasser, kochend
20 ml Sojasahne oder Sahne
500 g Spinat
schwarzer Pfeffer
1 Msp. Muskatnuss
Salz
80 g Weizen- oder Dinkelmehl
2 l Wasser, kochend

Tipp:

• Die Nocken schmecken angebraten oder mit Parmesankäse überbacken.

Bulgur - Gemüse-Puffer

Zutaten:

50 g Bulgur
200 ml Wasser, kochend
150 g Pastinaken
150 g Karotten
2 Frühlingszwiebeln
1 TL Senf
1 Msp. Muskatnuss
schwarzer Pfeffer, Salz
3 EL Petersilie, fein gehackt
5 EL Dinkelmehl
1 Prise Kurkuma
1 Prise Rosenpaprika
2 Eier
Öl zum Anbraten

Vorbereitung:

Den Spinat verlesen, waschen, die groben Stiele entfernen und kurz in heißem Wasser blanchieren. Anschließend gut ausdrücken und fein hacken.

Zubereitung:

1. Das Weißbrot (H) klein würfeln, in eine Schüssel geben und mit heißem Wasser (F) übergießen. Die Sahne (E) zugeben und gut durchmischen. Den Spinat (E) zufügen, kräftig mit Pfeffer (M), Muskatnuss (M) und Salz (W) abschmecken. Das Mehl (H) unterrühren und mit Hilfe eines Esslöffels größere Nocken von der Teigmasse abstechen.

2. Die Nocken in kochendes Wasser (F) geben und bei reduzierter Hitze ca. 5 – 7 Min. garen. Anschließend herausnehmen und gut abtropfen lassen.

Vorbereitung:

Karotten und Pastinaken schälen, putzen und in feine Juliennestreifen schneiden. Frühlingszwiebeln putzen, waschen und in feine Ringe schneiden.

Zubereitung:

1. Bulgur (H) mit heißem Wasser (F) in einen Topf geben, kurz aufkochen und quellen lassen.

2. Die Pastinaken (F), Karotten (E) und Frühlingszwiebeln (M) in eine Schüssel geben. Mit Senf (M), Muskatnuss (M), Pfeffer (M) und Salz (W) würzen. Petersilie (H) und Bulgur (H) zugeben. Dinkelmehl (H), Kurkuma (F), Rosenpaprika (F) und Eier (E) untermischen. Die Masse esslöffelweise in eine Pfanne geben, etwas flach drücken und die Puffer im heißen Öl (E) ausbacken.

Grünkern - Champignon - Auflauf

Zutaten:

400 ml Gemüsebrühe
200 g Grünkernschrot

2 EL Öl
1 Zwiebel
300 g Champignons
2 Frühlingszwiebeln
1 EL Shoyu (Sojasauce) oder Tamari

Guss:
1 EL Zitronensaft
1 Msp. Kurkuma
200 ml Sojasahne oder Sahne
2 Eier
1 Prise Kardamom
1 Prise Muskatnuss
schwarzer Pfeffer
Salz
100 g Parmesankäse, gerieben

Tipp:

- Lässt sich beliebig auch mit anderem Getreideschrot zubereiten.
- Ergänzend kann auch gedämpftes Gemüse hinzugefügt werden.

Vorbereitung:

Die Zwiebel schälen und fein hacken. Frühlingszwiebeln putzen, waschen und in feine Ringe schneiden. Champignons putzen, waschen und fein würfeln. Backofen auf 180°C vorheizen.

Zubereitung:

1. In einen Topf die Gemüsebrühe (W) einfüllen. Grünkern (H) zugeben, unter ständigem Rühren aufkochen (F) und bei geringer Hitze ca. 15 – 20 Min. quellen lassen.

2. Eine Pfanne erhitzen (F) und das Öl (E) erwärmen. Zwiebel (E) und Champignons (E) anbraten, die Frühlingszwiebeln (M) zugeben, kurz mitbraten und mit Shoyu (W) ablöschen. Abwechselnd mit Grünkern (H) in eine Gratinform einschichten.

3. Für den Guss Zitronensaft (H), Kurkuma (F), Sahne (E) und Eier (E) in eine Schüssel geben und gut verquirlen. Dann mit Kardamom (M), Muskatnuss (M), Pfeffer (M) und Salz (W) würzen. Parmesankäse (W) einrühren und über den Auflauf gießen. Im Backofen bei 180°C etwa 20 Min. backen.

Überbackener Spargel

Zutaten:

1 Prise Salz
1 TL Zitronensaft
2 l kochendes Wasser
1 kg Spargel
1 Prise Vollrohrzucker
1 TL Öl

1 EL Öl
4 Eier
schwarzer Pfeffer
1 Msp. Muskatnuss
Salz

2 EL Dinkelmehl
1 Prise Kurkuma

100 g Parmesankäse, fein gerieben
1 EL Zitronensaft
1 Prise Rosenpaprika

Vorbereitung:

Den Spargel waschen, holzige Enden abschneiden und die Stangen schälen.

Zubereitung:

1. Salz (W) und Zitronensaft (H) in einen Topf mit kochendem Wasser (F) geben und den Spargel (E) zufügen. Vollrohrzucker (E) und Öl (E) zugeben danach den Spargel (E) etwa 5 - 8 Min. garen.

2. Eine Gratinform mit Öl (E) ausstreichen.

3. Die Eier (E) mit Pfeffer (M), Muskatnuss (M) und Salz (W) verquirlen.

4. Dinkelmehl (H) und Kurkuma (F) miteinander vermischen und den Spargel (E) damit bestäuben.

5. Spargel (E) in der Ei-Gewürzmasse (E/M/W), anschließend in Parmesankäse (W) wenden und nebeneinander in die Gratinform legen. Mit Zitronensaft (H) beträufeln und mit Rosenpaprika (F) bestäuben. Die restliche Ei-Gewürzmasse (E/M/W) darüber gießen und im Backofen bei 180 °C etwa 12 – 15 Min. überbacken.

Putenstreifen in Currysahne

Zutaten:

3 EL Öl
300 g Karotten
2 Zwiebeln
2 Knoblauchzehen
600 g Putenschnitzel
1 TL Curry
3 EL Shoyu (Sojasauce) oder Tamari
125 ml Hühnerbrühe oder -fond
1 TL Reisessig (Genmai Su)
1 Msp. Kurkuma
1 TL Vollrohrzucker
125 ml Sojasahne oder Sahne
schwarzer Pfeffer
Salz
1 EL Zitronensaft
1/2 Bd. Petersilie

Tipp:

• Empfohlenes Kochgeschirr: Für dieses typische Pfannengericht eignet sich die Wok-Pfanne.

Vorbereitung:

Petersilie waschen, mit einem Küchentuch trocken tupfen und fein hacken. Karotten schälen, putzen und in 5 cm lange Stücke schneiden. Dann der Länge nach in Scheiben und anschließend in feine Stifte schneiden. Zwiebeln und Knoblauchzehen schälen. Zwiebeln halbieren danach in feine Streifen schneiden, Knoblauchzehen fein hacken. Putenschnitzel kalt abspülen, trocken tupfen und in feine Streifen schneiden.

Zubereitung:

1. Wok erwärmen (F) und das Öl (E) darin erhitzen. Die Karotten (E), Zwiebeln (E) und Knoblauch (M) zugeben. Unter Rühren kurz anbraten, danach die Putenstreifen (M) hinzufügen, etwa 4 Min. braten und mit Curry (M) bestäuben. Dann mit Shoyu (W) sowie Hühnerbrühe (W) ablöschen und kurz aufkochen lassen.

2. Reisessig (H), Kurkuma (F) und Vollrohrzucker (E) unterrühren. Die Sahne (E) zugießen, bei schwacher Hitze einige Minuten köcheln, bis die Sauce sämig wird. Mit Pfeffer (M), Salz (W) und Zitronensaft (H) abschmecken. Mit Petersilie (H) bestreut servieren.

Huhn in Weißweinsauce

Zutaten:

1 Prise Kurkuma
1 Prise Rosenpaprika
2 EL Öl
schwarzer Pfeffer
1 TL Senf, scharf
1/2 TL Ingwer, fein gerieben
1 EL Shoyu (Sojasauce) oder Tamari
400 g Hühnerbrustfilet

2 EL Öl
2 Zwiebeln
100 g Mandelblättchen
1 Knoblauchzehe
2 EL Shoyu (Sojasauce) oder Tamari
100 ml Weißwein
1 Msp. Bockshornkleesamenpulver
1 Msp. Zimt
1 Prise Nelkenpulver
1/2 TL Koriandersamen
1/2 TL Kreuzkümmel
1 Msp. Sambal Olek
150 ml Wasser

250 g Sauerrahm
schwarzer Pfeffer
1/2 Bd. Koriander

Tipp:

• Empfohlenes Kochgeschirr:
  Wok-Pfanne.

Vorbereitung:

Das Hühnerbrustfilet waschen, trocken tupfen und in 2 cm große Würfel schneiden. Zwiebeln und Knoblauchzehe schälen, danach fein hacken. Koriander waschen, mit einem Küchentuch trocken tupfen, die Blättchen von den Stielen zupfen. Koriandersamen und Kreuzkümmel im Mörser zerkleinern.

Zubereitung:

1. Kurkuma (F), Rosenpaprika (F) und Öl (E) in eine Schüssel geben. Pfeffer (M), Senf (M), Ingwer (M) und Shoyu (W) zufügen. Die Hühnerbrustfiletwürfel (H) darin 15 Min. marinieren.

2. Die marinierten Hühnerbrustfiletwürfel (H) im Wok etwa 4 – 5 Min. goldbraun anbraten (F), wieder herausnehmen und beiseitestellen.

3. Das Öl (E) in den Wok geben, Zwiebeln (E), Mandelblättchen (E) und Knoblauch (M) anbraten, mit Shoyu (W) und Weißwein (H) ablöschen. Nacheinander die Gewürze, zuerst Bockshornkleesamenpulver (F), Zimt (E) und Nelkenpulver (M) zugeben. Den gemorsten Koriandersamen (M) und Kreuzkümmel (M) zufügen und Sambal Olek (M) unterrühren. Mit Wasser (W) ablöschen und fein pürieren.

4. Den Sauerrahm (H) unter die Sauce rühren und die Hühnerbrustfiletwürfel (H) wieder zugeben. Nochmals kurz aufkochen (F) und mit Pfeffer (M) abschmecken.

5. Vor dem Servieren mit Korianderblättchen (M) bestreuen.

Hühnchen auf Rucolasalat

Zutaten:

1 Prise Kurkuma
1 Prise Rosenpaprika
2 EL Öl
schwarzer Pfeffer
1 TL Senf, scharf
1 EL Shoyu (Sojasauce) oder Tamari
400 g Hühnerbrustfilet

150 g Rucola
1 Chicorée
20 g Pinienkerne, geröstet
2 Frühlingszwiebeln

Dressing:
1 EL Ume Su
1 EL Zitronensaft
1 Prise Kurkuma
3 EL Öl
1 TL Agaven- oder Apfeldicksaft
schwarzer Pfeffer
Salz

Tipp:

• Verleihen Sie dem Gericht mehr
  Schärfe durch Ingwer und Chili.

Vorbereitung:

Rucola waschen, trocken schütteln und die Stiele abschneiden. Chicorée waschen und in feine Streifen schneiden. Frühlingszwiebeln waschen und in feine Ringe schneiden. Das Hühnerbrustfilet waschen, trocken tupfen und in feine Streifen schneiden.

Zubereitung:

1. Kurkuma (F), Rosenpaprika (F) und Öl (E) in eine Schüssel geben. Pfeffer (M), Senf (M) und Shoyu (W) zufügen, die Hühnerbrustfiletstreifen (H) darin marinieren.

2. Salate (F) auf einer Platte anrichten, mit Pinienkernen (E) bestreuen und mit Frühlingszwiebeln (M) belegen.

3. Für das Dressing Ume Su (W), Zitronensaft (H), Kurkuma (F), Öl (E) und Dicksaft (E) vermischen. Mit Pfeffer (M) und Salz (W) abschmecken.

4. Die marinierten Hühnerbrustfiletstreifen (H) in einer Pfanne etwa 4 – 5 Min. goldbraun anbraten (F). Den Salat mit dem Dressing beträufeln und die Hühnerbrustfiletstreifen darauf verteilen.

Ente mit Orangen

Zutaten:

2 Entenbrüste

1 EL Öl
2 Zwiebeln
2 Zweige Estragon
schwarzer Pfeffer
1 Prise Muskatnuss
Salz
125 ml Hühnerbrühe
125 ml Weißwein
1/2 Orangenschale, unbehandelt
4 EL Grand Marnier (Orangenlikör)
2 TL Reissirup oder Honig
1/2 TL Ingwer, frisch gerieben
1 EL Shoyu (Sojasauce) oder Tamari
2 Orangen, filetiert

Tipp:

- Servieren Sie Kräuterreis und Blattsalate dazu.
- Als Getränk sollten Sie einen leichten Rotwein wählen. Weißwein schmeckt zwar in der Sauce gut, ist aber als Begleiter zum Essen zu säurehaltig.

Vorbereitung:

Die Entenbrüste kalt abspülen, trocken tupfen und die Haut rautenförmig einschneiden. Zwiebeln schälen, halbieren und in Scheiben schneiden. Estragon waschen, die Blättchen von den Stielen zupfen und fein hacken. Den Back-ofen auf 70°C vorheizen.

Zubereitung:

1. Die Entenbrüste (H) mit der Hautseite nach unten bei mittlerer Hitze (F) im heißen Öl (E) ca. 4 Min. anbraten. Wenden und weitere 4 Min. braten. Herausnehmen und im Back-ofen warm halten.

2. Das Entenfett bis auf einen dünnen Film aus der Pfanne gießen und wegschütten. Die Zwiebeln (E) anbraten, Estragon (E) untermi-schen und mit Pfeffer (M), Muskatnuss (M) und Salz (W) würzen. Mit Hühnerbrühe (W) und Wein (H) ablöschen. Die Sauce kräftig aufkochen (F) lassen, die Orangenschale (F) und Grand Marnier (E) unterrühren.

3. Den Reissirup (E) und Ingwer (M) zugeben, mit Shoyu (W) abschmecken.

4. Die Entenbrüste (H) aus dem Ofen nehmen und den Fleischsaft zur Sauce gießen. Enten-brüste in Scheiben schneiden und mit den Orangenfilets (H) in die Sauce geben. Gut heiß werden lassen und servieren.

Schollenfilet auf Sesamspinat

Zutaten:

Für die Marinade:
1 Limette, unbehandelt
1 EL Sesamöl
schwarzer Pfeffer
1 EL Shoyu (Sojasauce) oder Tamari

125 ml Wasser, heiß
500 g Blattspinat
2 EL Sesamsamen
1 EL Sesamöl
schwarzer Pfeffer
Salz
4 Schollenfilets (je etwa 100 g)
200 ml Fischfond
200 ml Wasser
1/2 Bd. Petersilie
80 g Schafskäse
1 TL Fenchelsamen, gemorst
schwarzer Pfeffer

Variante:

Anstelle von Schollenfilets kann auch Kabeljau, Heilbutt, Lachs oder Viktoriabarsch verwendet werden.

Tipp:

- Als Beilage eignen sich Reis oder Ofenkartoffeln und eine Senf- oder Kräutersauce.
- Empfohlenes Kochgeschirr: Wok-Pfanne mit Bambus-Dampfkorb.

Vorbereitung:

Schollenfilets kalt abspülen und trocken tupfen. Frühlingszwiebeln waschen, putzen und in feine Ringe schneiden. Limette heiß waschen, abtrocknen, ein Stück der Schale abschneiden und in sehr feine Streifen schneiden. Limette auspressen, den Saft auffangen. Sesamsamen unter ständigem Rühren in einer beschichteten Pfanne etwa 1 Min. rösten, aus der Pfanne nehmen und beiseitestellen. Petersilie waschen, mit einem Küchentuch trocken tupfen und fein hacken. Schafskäse mit einer Gabel zerbröseln.

Zubereitung:

1. Aus 2 EL Limettensaft (H), Limettenschale (F), Sesamöl (E), Pfeffer (M) und Shoyu (W) eine Marinade herstellen und die Schollenfilets (W) damit beträufeln.

2. Das heiße Wasser (F) in den Wok gießen und zum Kochen bringen. Den Spinat (E) zugeben und 1 – 2 Min. blanchieren, abtropfen und beiseitestellen. Das Wasser im Wok belassen.

3. Spinat (E) mit Sesamsamen (E) und Sesamöl (E) mischen. Mit Pfeffer (M) und Salz (W) abschmecken und in den beiden Dampfkörben verteilen. Die Schollenfilets (W) darauf legen. Fischfond (W) zum Wasser in den Wok gießen. Die Schollenfilets (W) mit Petersilie (H) und Schafskäse (F) bestreuen.

4. Fenchelsamen (E) und Pfeffer (M) darüber streuen. Die Dampfeinsätze in den Wok stapeln und zugedeckt bei starker Hitze etwa 8 – 10 Min. garen.

Forelle gedämpft

Zutaten:

2 Forellen, küchenfertig
Salz
2 EL Zitronensaft

Würzmarinade:
1 EL Reisessig (Genmai Su)
2 Prisen Rosenpaprika
1 Prise Kurkuma
2 EL Öl
1/2 TL Ingwer, frisch gerieben
1 EL Shoyu (Sojasauce) oder Tamari
1/2 Bd. Petersilie

400 ml Wasser, heiß

zum Auslegen des Dampfkorbes:
Chinakohl, Mangold, Spinat oder Wirsing

schwarzer Pfeffer
Salz

Tipp:

• Als Beilage eignen sich Salzkartoffeln oder Reis, gemischte Blattsalate mit einer Senf- oder Kräutersauce.
• Empfohlenes Kochgeschirr: Wok-Pfanne mit Bambus-Dampfkorb. Weitere Hinweise zum Dämpfen finden Sie auf S. 27

Vorbereitung:

Die Forellen waschen und abtrocknen. Petersilie waschen, mit einem Küchentuch trocken tupfen und grob hacken.

Zubereitung:

1. Die Forellen (W) salzen (W) und mit Zitronensaft (H) beträufeln.

2. Für die Würzmarinade den Reisessig (H), Rosenpaprika (F), Kurkuma (F) und Öl (E) miteinander vermischen. Ingwer (M) und Shoyu (W) unterrühren, die Forellen innen wie außen damit bestreichen, anschließend mit Petersilie (H) befüllen.

3. Den Wok mit heißem Wasser (F) befüllen. Den Dampfkorb mit Gemüseblättern (E) auslegen. Noch etwas Pfeffer (M) und Salz (W) über die Forellen (W) streuen. Bei starker Hitze ca. 10 Min. dämpfen.

Fisch in Petersiliensahne

Zutaten:

600 g Fischfilet
2 EL Zitronensaft
1 Prise Rosenpaprika
2 EL Öl
schwarzer Pfeffer
Salz

1/2 Bd. Petersilie
2 Prisen Kurkuma
200 ml Sojasahne oder Sahne
1 Prise Vollrohrzucker
2 TL Senf
schwarzer Pfeffer
Salz
4 EL Weißwein

Tipp:

• Servieren Sie dazu Pellkartoffeln oder Reis mit Blattsalaten.

Vorbereitung:

Fischfilet (W) kalt abspülen, trocken tupfen und mit Zitronensaft (H) beträufeln. Aus Rosenpaprika (F), Öl (E), Pfeffer (M) und Salz (W) eine Marinade herstellen, danach die Fischfilets damit bestreichen. Petersilie waschen, mit einem Küchentuch trocken tupfen und fein hacken. Backofen auf 180°C vorheizen.

Zubereitung:

1. Die marinierten Fischfilets (W) in eine Auflaufform legen.

2. Petersilie (H) mit Kurkuma (F) und Sahne (E) vermischen. Vollrohrzucker (E) und Senf (M) unterrühren, mit Pfeffer (M) und Salz (W) würzen. Die Sauce über die Fischfilets (W) gießen und mit Weißwein (H) beträufeln.

3. Die Auflaufform in den heißen Backofen (F) stellen und ca. 15 – 20 Min. garen.

5-Elemente-Pesto

Zutaten:

2 Bd. Petersilie
1 Bd. Rucola
1 Bd. Basilikum
200 ml Olivenöl
50 g Pinienkerne, geröstet
3 Frühlingszwiebeln
schwarzer Pfeffer
1 EL Ume Paste
50 g Parmesankäse, fein gerieben
1 TL Zitronensaft
1 Prise Rosenpaprika

Olivenöl

Vorbereitung:

Kräuter waschen, mit einem Küchentuch trocken tupfen und grob hacken. Frühlingszwiebeln waschen, putzen und in feine Ringe schneiden.

Zubereitung:

1. Petersilie (H), Rucola (F) und Basilikum (F) mit Olivenöl (E) in einen Mixer füllen und fein pürieren. Die Pinienkerne (E) zugeben. Frühlingszwiebeln (M), Pfeffer (M) sowie Ume Paste (W) und Parmesankäse (W) untermischen. Mit Zitronensaft (H) und Rosenpaprika (F) abschmecken und nochmals pürieren.

2. Das Pesto in Gläser füllen und mit Olivenöl (E) bedecken. Im Kühlschrank aufbewahren und innerhalb 4 – 6 Wochen aufbrauchen.

Tofu-Aufstrich

Zutaten:

400 g Tofu, natur
100 ml Olivenöl
1/2 TL Curry
schwarzer Pfeffer
2 Frühlingszwiebeln
1 EL Ume Paste
1/2 Bd. Petersilie
1 Msp. Kurkuma
1 Prise Rosenpaprika

Tipp:

• Der Aufstrich hält sich im Kühlschrank gut eine Woche. Er kann als Dip zu gedämpftem Gemüse oder als Brotaufstrich verwendet werden.

Vorbereitung:

Tofu im Dämpfeinsatz 10 Min. über Wasser dämpfen und mit einer Gabel zerbröseln. Petersilie waschen, mit einem Küchentuch trocken tupfen und fein hacken. Frühlingszwiebeln waschen, putzen und in feine Ringe schneiden.

Zubereitung:

1. Tofu-Brösel (E) in eine Schüssel geben und das Öl (E) zufügen. Mit Curry (M) und Pfeffer (M) würzen. Die Frühlingszwiebeln (M), Ume Paste (W), Petersilie (H), Kurkuma (F) und Rosenpaprika (F) untermischen und pürieren.

2. Den Aufstrich in ein Schraubglas füllen und im Kühlschrank aufbewahren.

Holz

Feuer

Erde

Metall

Wasser

Rhabarber-kompott

Zutaten:

500 g Rhabarber
5 EL Grapefruitsaft
60 ml Apfelsaft
40 g Vollrohrzucker
1 Prise Kardamom
1 Prise Salz
1 EL Zitronensaft
1 EL Kuzu oder Speisestärke, aufgelöst

Variante:

In Kombination mit Erdbeeren ergibt sich eine sehr fruchtige Variante.

Tipp:

• Servieren Sie das Rhabarberkompott zur Vanillecreme oder als Beilage zu Grießflammeri. Beide Rezepte finden Sie in diesem Rezeptteil.

Vorbereitung:

Rhabarber waschen, schälen und in kleine Stücke schneiden.

Zubereitung:

1. Rhabarber (H) zusammen mit Grapefruit-(F) und Apfelsaft (E) in einen Topf geben. Vollrohrzucker (E), Kardamom (M), Salz (W) und Zitronensaft (H) zufügen und in ca. 8 – 9 Min. bei mittlerer Hitze (F) weich dünsten.

2. Kuzu (E) zugeben und unter Rühren kurz aufkochen. Das Kompott in eine Schüssel füllen und abkühlen lassen.

Grießflammeri

Zutaten:

1 l Sojamilch
1/2 TL Vanillepulver
1 Prise Kardamom
1 Prise Salz
2 EL Zitronensaft
250 g Dinkel- oder Weizengrieß
1 Prise Kurkuma
1 Ei
10 g Butter, weich
30 g Vollrohrzucker

Tipp:

• Servieren Sie heiße Himbeeren oder Kirschen dazu.

Variante:

Anstelle von Sojamilch kann Reis-, Hafer- oder Kokosmilch verwendet werden.

Zubereitung:

1. Die Sojamilch (E) in einen Kochtopf geben und unter ständigem Rühren zum Kochen bringen. Vanillepulver (E), Kardamom (M) und Salz (W) sowie Zitronensaft (H) zugeben.

2. Grieß (H) langsam einrieseln lassen, und Kurkuma (F) zugeben. Den Grieß aufkochen und unter Rühren eindicken lassen. Das Ei (E) mit der weichen Butter (E) und dem Vollrohrzucker verquirlen und in den heißen Grießbrei einrühren.

3. Grießflammeri in Dessertgläser füllen und abkühlen lassen.

Tofucreme

Zutaten:

150 ml Holundersaft
100 ml Apfelsaft
6 EL Vollrohrzucker
1/2 TL Sternanis, gemahlen
1 Prise Kardamom
1 TL Agar-Agar
1 EL Zitronensaft
1 Prise Kakao
400 g Seidentofu
4 EL Sojasahne
1 EL Pfeilwurzelmehl

Zubereitung:

1. Holundersaft (F) und Apfelsaft (E) in einen Topf geben und miteinander vermischen. Vollrohrzucker (E), Sternanis (M) und Kardamom (M) zugeben. Agar-Agar (W) in den Saft einrühren. Zitronensaft (H) und Kakao (F) untermischen und zum Kochen (F) bringen. Den Saft 2 – 3 Min. köcheln, danach abkühlen lassen.

2. Seidentofu (E) mit dem elektr. Schneebesen aufschlagen. Sojasahne (E) und Pfeilwurzelmehl (E) unterrühren. Die Tofumasse (E) unter die ausgekühlte Saftmischung ziehen, in Dessertschalen füllen und kühl stellen.

Weißwein-Zitronen-Schaum

Zutaten:

200 ml Weißwein
3 EL Zitronensaft
Schale einer Zitrone, unbehandelt
2 EL Vollrohrzucker
1 1/2 TL Kuzu, aufgelöst
1 Prise Kardamom
1 Prise Salz

50 ml Weißwein
1 Prise Kurkuma
2 EL Vollrohrzucker
roter Pfeffer
1 TL Agar-Agar
2 EL Zitronensaft

Sahne:
1 Prise Kakao
200 ml Soja-/Reissahne
1 Prise Zimt
1 Prise Kardamom
1 Prise Salz
4 EL Zitronensaft

3 EL Naturjoghurt

Zubereitung:

1. Weißwein (H) und Zitronensaft (H) in einen Topf geben und zum Kochen (F) bringen. Zitronenschale (F), Vollrohrzucker (E) und Kuzu (E) unterrühren. Kardamom (M) sowie Salz (W) zufügen und leicht köcheln, bis die Masse eindickt. Vom Herd nehmen und 10 Min. abkühlen lassen.

2. In einem zweiten Topf Weißwein (H), Kurkuma (F), Vollrohrzucker (E), Pfeffer (M), Agar-Agar (W) und Zitronensaft (H) verrühren. Bei mittlerer Hitze 1 – 2 Min. kochen (F) und in die abgekühlte Weincreme einrühren.

3. Den Kakao (F) mit der Sojasahne (E) in eine Schüssel geben. Zimt (E), Kardamom (M), Salz (W) und Zitronensaft (H) zufügen und steif schlagen.

4. Joghurt (H) und die steif geschlagene Sahne vorsichtig unter die Creme rühren. Anschließend in Dessertgläser füllen und kalt stellen.

Vanillecreme

Zutaten:

500 ml Reis- oder Sojamilch
1 Vanilleschote
45 g Speisestärke, aufgelöst
3 EL Vollrohrzucker
2 EL Amaretto
1 Prise Kardamom
1 Prise Salz
1 TL Zitronensaft
1 Prise Kurkuma
2 EL Mandelmus

4 EL Mandelblättchen, geröstet

Tipp:

• Die Creme kann auch alkoholfrei ohne Amaretto zubereitet werden.

Vorbereitung:

Von der Milch 6 EL abnehmen und mit der Speisestärke und dem Vollrohrzucker verrühren. Die Vanilleschote der Länge nach aufschneiden und das Vanillemark herauslösen.

Zubereitung:

1. Die Milch (E) zusammen mit dem Vanillemark (E) und der Vanilleschote (E) in einen Topf geben und zum Kochen bringen. Nach dem Aufkochen die Vanilleschote entfernen und die angerührte Speisestärke (E) einrühren. Die Masse erneut aufkochen lassen und vom Herd nehmen.

2. Nacheinander Amaretto (E), Kardamom (M), Salz (W), Zitronensaft (H), Kurkuma (F) und Mandelmus (E) unterziehen.

3. Die Creme in Gläser füllen, abkühlen und fest werden lassen. Mit Mandelblättchen (E) garnieren.

Bärlauchnocken

Zutaten:

2 EL Öl
2 Knoblauchzehen
1 Bd. Bärlauch
1 EL Shoyu (Sojasauce) oder Tamari
1/2 Bd. Petersilie
1 Prise Kurkuma
200 g Tofu, natur
2 Eier
schwarzer Pfeffer
Salz
350 – 400 g Dinkelgrieß

zum Auslegen des Dampfkorbes:
Chinakohl, Mangold, Spinat oder Wirsing

400 ml Wasser

Variante:

Für die Senfsoße verrühren Sie 200 ml Sojasahne mit 1 EL Senf, Pfeffer, Kräutersalz, 1 TL
Zitronensaft, Kurkuma und 1 TL Agavendicksaft sowie Kräuter nach Belieben und
erwärmen diese in einem Topf bei kleinster
Flamme.

Tipp:

- Servieren Sie als Beilage Salzkartoffeln
  oder Reis, frische Blattsalate sowie eine
  Senf- oder Kräutersauce.
- Empfohlenes Kochgeschirr: Wok-Pfanne
  mit Bambus-Dampfkorb. Weitere
  Hinweise zum Dämpfen finden Sie auf
  S. 27

Vorbereitung:

Bärlauch und Petersilie waschen, trocken tupfen und fein hacken. Knoblauchzehen schälen und durch eine Presse drücken. Tofu mit
einer Gabel fein zerbröseln.

Zubereitung:

1. Eine Pfanne erwärmen (F), das Öl (E) zugeben und den Knoblauch (M) bei mittlerer Temperatur kurz anbraten. Bärlauch (M) zufügen
und mit Shoyu (W) ablöschen. Petersilie (H)
unterheben und mit Kurkuma (F) bestäuben.
Die Tofubrösel (E) unterrühren und auskühlen
lassen.

2. Anschließend in eine Schüssel umfüllen.
Die Eier (E) untermischen, mit Pfeffer (M) und
Salz (W) abschmecken. Zusammen mit dem
Dinkelgrieß (H) zu einer kompakten Masse
verkneten.

3. Den Dampfkorb mit Gemüseblättern auslegen. Mit zwei Esslöffeln aus der Masse Nok-
ken ausstechen und diese nebeneinander in
den Dämpfeinsatz legen.

4. Das Wasser im Wok erhitzen und die Nok-
ken zugedeckt ca. 10 Min. dämpfen.

Gedämpfte Reisbällchen

Zutaten:

150 g Klebreis
Einweich- bzw. Quellwasser

500 g Rinderhackfleisch
1 Eiweiß
2 Knoblauchzehen
4 Zweige Koriander, frisch
1 TL Ingwer, frisch gerieben
1/2 Bd. Schnittlauch
schwarzer Pfeffer
Salz
1 EL Shoyu (Sojasauce) oder Tamari
1 TL Reisessig (Genmai Su)
1 Prise Rosenpaprika
1 Prise Kurkuma
400 ml Wasser
3 EL Zitronensaft

Für die Sauce:
1 Prise Kurkuma
1 TL Vollrohrzucker
2 EL Reiswein
1/2 TL Ingwer, frisch gerieben
1 EL Shoyu (Sojasauce)
2 EL Reisessig (Genmai Su)

Tipp:

- Die Quellzeit kann auf 4 Stunden verkürzt werden, wenn der Reis mit heißem Wasser übergossen wird.
- Noch schneller geht`s, wenn vorgekochter Reis verwendet wird.
- Empfohlenes Kochgeschirr: Wok-Pfanne mit Bambus-Dampfkorb.

Vorbereitung:

Den Reis in kaltem Wasser waschen, bis das Wasser klar bleibt. Dann in einer Schüssel mit Wasser bedeckt über Nacht quellen lassen. Knoblauchzehen schälen und fein hacken. Kräuter waschen, mit einem Küchentuch trocken tupfen und fein hacken.

Zubereitung:

1. Das Rinderhackfleisch (E) mit dem Eiweiß (E), Knoblauch (M), Koriander (M), Ingwer (M) und Schnittlauch (M) mischen. Mit Pfeffer (M) und Salz (W) würzen. Mit Shoyu (W), Reisessig (H), Rosenpaprika (F) und Kurkuma (F) abschmecken und gut durchkneten.

2. Den Fleischteig (E) zu walnussgroßen Bällchen formen. Den Reis abtropfen lassen und auf einen Teller geben. Die Fleischbällchen im Reis (M) wälzen.

3. Den Wok mit Wasser (W) und Zitronensaft (H) befüllen und zum Kochen (F) bringen. Den Dampfkorb mit Chinakohl-Blättern auslegen. Die Reisbällchen in den Dampfkorb legen und zugedeckt bei mittlerer Hitze ca. 25 Min. dämpfen. Dabei ab und zu prüfen, ob noch genügend Wasser im Wok ist.

4. Für die Sauce Kurkuma (F), Vollrohrzucker (E), Reiswein (M), Ingwer (M), Shoyu (W) und Reisessig (H) verrühren. Die Reisbällchen warm servieren und die Sauce als Dip reichen.

Grünkohl-päckchen mit Couscous

Zutaten:

150 g Couscous
250 ml Wasser, kochend
2 EL Pistazienkerne
1 Zwiebel
2 Frühlingszwiebeln
1 Msp. Muskatnuss
schwarzer Pfeffer
Salz
1/2 Bd. Petersilie
150 g Schafskäse
8 Grünkohlblätter
schwarzer Pfeffer
1 Prise Curry
400 ml Wasser

Tipp:

• Empfohlenes Kochgeschirr:
  Wok-Pfanne mit Bambus-Dampfkorb.
  Weitere Hinweise zum Dämpfen
  finden Sie auf S. 27

Vorbereitung:

Pistazienkerne fein hacken. Petersilie waschen, mit einem Küchentuch trocken tupfen und fein hacken. Zwiebel schälen und in feine Würfel schneiden. Frühlingszwiebeln putzen, waschen und in feine Ringe schneiden. Schafskäse mit einer Gabel fein zerbröseln. Grünkohlblätter waschen, dicke Blattrippen abschneiden, in heißem Wasser kurz blanchieren und beiseitestellen.

Zubereitung:

1. Couscous (H) in eine Schüssel geben, mit kochendem Wasser (F) übergießen, abdecken und quellen lassen.

2. Pistazien (E), Zwiebel (M) und Frühlingszwiebeln (M) miteinander vermischen. Mit Muskatnuss (M), Pfeffer (M) und Salz (W) würzen. Petersilie (H) unterheben, mit Couscous (H) vermischen und Schafskäse (F) zufügen.

3. Die Grünkohlblätter (E) ausbreiten und mit der Masse befüllen. Die Kohlblätter seitlich einschlagen, aufrollen und die Päckchen in den Dampfkorb setzen. Mit Pfeffer (M) und Curry (M) bestäuben.

4. Das Wasser (W) im Wok erhitzen und den Dampfkorb in den Wok stellen. Zugedeckt ca. 12 – 15 Min. dämpfen.

Gedämpfte Fischklößchen

Zutaten:

400 g Kabeljaufilets
2 TL Zitronensaft
1 Prise Rosenpaprika
2 Eiweiße
schwarzer Pfeffer
Salz
2 Zweige Petersilie
2 Scheiben Weißbrot
1 Prise Kurkuma
200 ml Sahne
1 Prise Cayennepfeffer
1 TL Ume Su

zum Auslegen des Dampfkorbes:
Chinakohl, Mangold, Spinat oder Wirsing

400 ml Fischfond

Für die Kräutercreme:
2 Eigelbe
100 ml Sahne
schwarzer Pfeffer
Curry
Salz
1 - 2 Zweige Petersilie oder Kerbel
1 - 2 Zweige Basilikum oder Oregano
1 - 2 Zweige Estragon
1 - 2 Zweige Koriander, Majoran od. Dill
1/2 Bd. Schnittlauch

Tipp:

- Als Beilage eignen sich Salzkartoffeln oder Reis, eventuell mit Wildreis gemischt und frische Blattsalate.
- Empfohlenes Kochgeschirr: Wok-Pfanne mit Bambus-Dampfkorb.

Vorbereitung:

Die Kabeljaufilets kalt abspülen, trocken tupfen und in kleine Würfel schneiden. Das Brot würfeln, mit 100 ml Sahne übergießen und ca. 10 Min. stehen lassen. Kräuter waschen, Blättchen von den Stielen zupfen und sehr fein hacken.

Zubereitung:

1. Die Fischwürfel (W) mit Zitronensaft (H) beträufeln und mit Rosenpaprika (F) würzen. Die Eiweiße (E) untermischen, mit Pfeffer (M) und Salz (W) würzen. Petersilie (H), eingeweichtes Brot (H) und Kurkuma (F) sowie die restliche Sahne (E) zugeben, vermischen und fein pürieren.

2. Die Masse mit Cayennepfeffer (M) und Ume Su (W) abschmecken und 25 Min. kühl stellen.

3. Den Dampfkorb mit Gemüseblättern auslegen. Aus der Fischmasse mit zwei Teelöffeln Klößchen formen und in den Dämpfeinsatz legen. Den Fischfond (W) im Wok erwärmen und die Klößchen zugedeckt bei starker Hitze ca. 10 Min. dämpfen.

4. Dampfkorb aus dem Wok nehmen und zugedeckt beiseitestellen. Den Fischfond auf etwa die Hälfte einkochen lassen.

5. Zubereitung der Kräutercreme: Die Eigelbe (E) mit der Sahne (E) verrühren und mit Pfeffer (M), Curry (M) und Salz (W) würzen und zum Fischfond (W) gießen. Nicht mehr kochen! Nacheinander die Kräuter in der genannten Reihenfolge unterrühren: Petersilie oder Kerbel (H), Basilikum oder Oregano (F), Estragon (E), Koriander, Majoran oder Dill (M). Die Creme mit Schnittlauch (M) bestreut zu den Fischklößchen servieren.

Inhalt

Inhalt

Holz

Feuer

Erde

Metall

Wasser

Kräuter-
Tofu- Rührei

Zutaten:

2 EL Öl
1 Zwiebel
2 Frühlingszwiebeln
1/2 Bd. Schnittlauch
schwarzer Pfeffer
Salz
1 EL Shoyu (Sojasauce) oder Tamari
1/2 Bd. Petersilie
1/2 Bd. Rucola
1/2 TL Kurkuma
400 g Tofu, natur
100 ml Sojasahne

Variante:

Das Rührei kann z. B. mit Pilzen oder Tomaten abgewandelt werden.

Tipp:

• Servieren Sie als Beilage Couscous,
  Quinoa oder Hirse.

Vorbereitung:

Petersilie, Schnittlauch und Rucola waschen,
mit einem Küchentuch trocken tupfen, fein
hacken, getrennt beiseitestellen. Zwiebel
schälen und fein hacken. Frühlingszwiebeln
putzen, waschen, in feine Ringe schneiden.
Tofu mit einer Gabel zerbröseln.

Zubereitung:

1. Eine Pfanne erwärmen (F), das Öl (E) erhitzen und die Zwiebel (E) darin andünsten.

2. Frühlingszwiebeln (M) und Schnittlauch
(M) zugeben. Mit Pfeffer (M) und Salz (W)
würzen. Shoyu (W) unterrühren, Petersilie (H)
und Rucola (F) zugeben, mit Kurkuma (F)
bestäuben.

3. Die Tofubrösel (E) unterheben und Sojasahne (E) zufügen. Unter ständigem Rühren ca.
6 Min. dünsten. Nochmals mit Pfeffer (M) und
Salz (W) abschmecken.

Karotten-Aprikosen-Suppe

Zutaten:

2 EL Öl
1 Zwiebel
1 kg Karotten
4 Aprikosen, frisch
schwarzer Pfeffer
1/2 TL Ingwer, frisch gerieben
1 EL Shoyu (Sojasauce) oder Tamari
2 EL Zitronensaft
1 Prise Kurkuma
800 ml kochendes Wasser
1/2 Bd. Basilikum

Variante:

Anstelle der frischen Aprikosen können z. B. auch 6 – 8 getrocknete Aprikosen verwendet werden. Bei der Verwendung von getrockneten Aprikosen ist eine kurze Einweichzeit empfehlenswert. Die eingeweichten Aprikosen danach in Würfel schneiden. Das Einweichwasser kann der Suppe zugefügt werden.

Vorbereitung:

Zwiebel schälen und fein hacken. Die Karotten putzen, schälen und würfeln. Die Aprikosen waschen, entsteinen und ebenfalls in Würfel schneiden. Basilikum waschen, mit einem Küchentuch trocken tupfen und die Blätter von den Stielen zupfen.

Zubereitung:

1. Einen Topf erwärmen (F) und das Öl (E) darin erhitzen. Die Zwiebel (E) und Karottenwürfel (E) zugeben, etwa 3 Min. andünsten. Die Aprikosen (E) zufügen, mit Pfeffer (M) und Ingwer (M) würzen. Shoyu (W), Zitronensaft (H) und Kurkuma (F) unterrühren, danach mit kochendem Wasser ablöschen.

2. Die Suppe 10 Min. köcheln (F), anschließend pürieren. Mit Basilikumblättern (F) bestreut servieren.

Hirse mit Zucchini

Zutaten:

600 ml Wasser, heiß
250 g Hirse
1 Prise Kardamom
1 Prise Salz

1/2 Bd. Petersilie
1/2 Bd. Basilikum

2 EL Öl
200 g Zucchini
2 Frühlingszwiebeln
schwarzer Pfeffer
Salz
1 EL Shoyu (Sojasauce) oder Tamari
1 EL Reisessig (Genmai Su)
1 Prise Kurkuma

20 g Pinienkerne, geröstet

pro Portion ein Spiegelei

Tipp:

• Die Zubereitungszeit lässt sich verkürzen,
  wenn vorgekochte Hirse verwendet wird.

Vorbereitung:

Hirse im warmen Wasser waschen, bis das Wasser klar bleibt. Petersilie und Basilikum waschen, mit einem Küchentuch trocken tupfen und fein hacken. Zucchini waschen, in feine Streifen schneiden. Frühlingszwiebeln putzen, waschen und in feine Ringe schneiden.

Zubereitung:

1. Heißes Wasser (F) in einen Topf geben, Hirse (E) zufügen. Kardamom (M) und Salz (W) unterrühren, aufkochen lassen. Auf kleiner Flamme 15 Min. weich kochen. Anschließend zugedeckt ausquellen lassen.

2. Petersilie (H) und Basilikum (F) unter die abgekühlte Hirse (E) mischen. Das Öl (E) in eine Pfanne geben, Zucchini (E) und Frühlingszwiebeln (M) anbraten. Mit Pfeffer (M) und Salz (W) würzen.

3. Mit Shoyu (W), Reisessig (H) und Kurkuma (F) abschmecken.

4. Pinienkerne (E) über die gebratene Hirse (E) streuen und mit einem Spiegelei (E) servieren.

Schoko-Milchreis

Zutaten:

250 g Milchreis
750 ml Wasser
1 Prise Salz
1 EL Zitronensaft
1 EL Kakao
1 Prise Zimt
3 EL Reissirup oder Honig
80 ml Reissahne
1 Prise Kardamom
evtl. Wasser

Vorbereitung:

Milchreis waschen, bis das Wasser klar bleibt.

Zubereitung:

1. Milchreis (M) in einen Topf geben, Wasser (W) und Salz (W) unterrühren, zum Kochen bringen. Hitze reduzieren, 10 Min. köcheln, danach zugedeckt weitere 10 Min. quellen lassen.

2. Zitronensaft (H), Kakao (F), Zimt (E) und Reissirup (E) unterrühren. Reissahne (E) und Kardamom (M) zugeben. Je nach Konsistenz evtl. noch etwas Wasser (W) zufügen, in Schalen füllen und leicht abkühlen lassen.

Hirse mit Aprikosen

Zutaten:

600 ml Wasser, heiß
250 g Hirse
1 Prise Kardamom
1 Prise Salz

1 EL Zitronensaft
4 EL Grapefruitsaft
200 ml Wasser, heiß
4 Aprikosen
10 Walnusshälften
2 EL Reissirup
1 Msp. Zimt
1/4 TL Anissamen
1/4 TL Ingwer, frisch gerieben

Vorbereitung:

Aprikosen waschen, halbieren, entsteinen und in Würfel schneiden. Hirse im warmen Wasser waschen, bis das Wasser klar bleibt. Anis im Mörser zerkleinern. Walnusshälften grob hacken, in einer Pfanne trocken rösten und beiseitestellen.

Zubereitung:

1. Heißes Wasser (F) in einen Topf geben, Hirse (E) zufügen. Kardamom (M) und Salz (W) unterrühren, aufkochen lassen. Auf kleiner Flamme 15 Min. weich kochen und anschließend zugedeckt ausquellen lassen.

2. Zitronen- (H) und Grapefruitsaft (F) mit heißem Wasser (F) in einen Topf geben. Aprikosen (E) zugeben, darin erwärmen, die Walnüsse (E) und Reissirup (E) unterrühren, mit Zimt (E), Anis (E) sowie Ingwer (M) abschmecken und mit Hirse (E) servieren.

Gazpacho

Zutaten:

500 ml Gemüsebrühe
2 EL Rotweinessig
900 g Tomaten
1 Prise Rosenpaprika
3 EL Olivenöl
300 g Salatgurke
1 Paprikaschote, rot
1 Paprikaschote, grün
50 g Fenchel
80 g Staudensellerie
1 Zwiebel
1 Knoblauchzehe
schwarzer Pfeffer
1 Prise Chilipulver
Salz
1/2 Bd. Petersilie

Variante:

Gazpacho ist das Rezept einer kalten Gemüsesuppe aus Andalusien, die mit unterschiedlichen Gemüsesorten zubereitet werden kann.

Vorbereitung:

Tomaten kreuzweise einritzen, mit kochendem Wasser überbrühen, kalt abschrecken und die Haut abziehen. Die Gurke schälen, längs halbieren, entkernen und grob in Stücke schneiden. Paprikaschoten waschen, halbieren, vom Kerngehäuse und den Trennwänden befreien, in Würfel schneiden. Fenchel und Staudensellerie waschen, putzen, grob zerkleinern. Zwiebel und Knoblauchzehe schälen, anschließend grob hacken. Petersilie waschen, mit einem Küchentuch trocken tupfen und fein hacken.

Zubereitung:

1. Gemüsebrühe (W) und Rotweinessig (H) in einen Topf geben und zum Kochen bringen. Tomaten (H) zugeben, mit Rosenpaprika (F) würzen, Olivenöl (E) unterrühren. Nacheinander, die Gurke (E), Paprikaschoten (E), Fenchel (E), Staudensellerie (E), Zwiebel (E) und Knoblauch (M) hinzufügen, kurz aufkochen, danach die Suppe pürieren.

2. Mit Pfeffer (M), Chilipulver (M) und Salz (W) abschmecken und die Suppe abkühlen lassen.

3. Vor dem Servieren mit Petersilie (H) bestreuen und kalt servieren.

Suppen

Holz

Feuer

Erde

Metall

Wasser

Rote Bete Suppe

Zutaten:

500 g Rote Bete
2 l Wasser, kochend
200 ml Kochwasser

2 EL Öl
1 Knoblauchzehe
1/2 TL Kreuzkümmel
1 Msp. Kardamom
1 Msp. Muskatnuss
1 Msp. Nelkenpulver
200 ml Gemüsebrühe
1 EL Ume Su
2 EL Shoyu (Sojasauce) oder Tamari
1 EL Balsamico
1 Prise Kurkuma
200 ml Sahne oder Sojasahne
schwarzer Pfeffer
Salz

Variante:

Anstelle von Sahne kann auch Kokosmilch verwendet werden.

Tipp:

• Bei der Verwendung von vorgegarter Rote Bete kann die Zubereitungszeit wesentlich verkürzt werden.

Vorbereitung:

Rote Bete waschen, Blätter über dem Ansatz abschneiden. Knoblauchzehe schälen und fein hacken. Kreuzkümmel im Mörser zerkleinern.

Zubereitung:

1. Rote Bete (F) in kochendem Wasser (F) in etwa 20 – 25 Min. weich kochen. Anschließend die Schale von den Knollen pellen, abkühlen lassen und in Würfel schneiden. Mit 200 ml des Kochwassers (F) fein pürieren.

2. Einen Topf erwärmen (F) und das Öl (E) zugeben. Knoblauch (M), Kreuzkümmel (M), Kardamom (M), Muskatnuss (M) und Nelkenpulver (M) kurz anbraten, mit Gemüsebrühe (W) ablöschen. Ume Su (W), Shoyu (W) und Balsamico (H) zugeben. Rote Bete Püree (F) einrühren, mit Kurkuma (F) würzen und aufkochen lassen.

3. Hitze reduzieren, die Sahne (E) zugeben, mit Pfeffer (M) und Salz (W) abschmecken.

Zucchinisuppe

Vorbereitung:

Die Zwiebel schälen und fein hacken. Zucchini waschen, mit Schale in Stifte schneiden. Paprikaschote waschen, halbieren, vom Kerngehäuse und den Trennwänden befreien, danach in feine Streifen schneiden. Jeweils ein Drittel der Zucchini- und Paprikastreifen als Suppeneinlage und für die Dekoration beiseitelegen.

Zubereitung:

1. Einen Topf erwärmen (F) und das Öl (E) darin erhitzen. Die Zwiebel (E) glasig andünsten. Zucchini (E) und Paprika (E) zufügen, kurz mitdünsten, mit Pfeffer (M), Curry (M) und Salz (W) würzen.

2. Mit Gemüsebrühe (W) und Weißwein (H) ablöschen, anschließend Kurkuma (F) unterrühren. Etwa ca. 10 Min. köcheln (F) lassen und pürieren. Die Gemüsestreifen (E) zugeben, nochmals 5 Min. leicht köcheln, anschließend vom Herd nehmen.

3. Die Sahne (E) unterziehen, in Suppentassen anrichten, mit einzelnen Gemüsestreifen (E) dekorieren.

Zutaten:

2 EL Öl
1 Zwiebel
500 g Zucchini
1 Paprikaschote, rot
schwarzer Pfeffer
1/2 TL Curry
Salz
750 ml Gemüsebrühe
100 ml Weißwein
1/2 TL Kurkuma
50 ml Sojasahne oder Sahne

Vorbereitung:

Die Gurke schälen, längs halbieren und entkernen. Etwa 3/4 der Gurke grob zerkleinern und den Rest in feine Würfel schneiden. Frühlingszwiebeln putzen, waschen und in feine Ringe schneiden. Dill waschen, mit einem Küchentuch trocken tupfen und fein hacken.

Gurkensuppe

Zubereitung:

1. Die Gemüsebrühe (W) und den Weißwein (H) in einen Topf geben, Rosenpaprika (F) zufügen und zum Kochen (F) bringen. Die grob zerkleinerte Gurke (E), die Frühlingszwiebeln (M) und Dill (M) zugeben und ca. 5 Min. bei mittlerer Temperatur köcheln lassen. Anschließend die Suppe pürieren.

Zutaten:

300 ml Gemüsebrühe
100 ml Weißwein
1 Prise Rosenpaprika
1 Salatgurke (600 g)
2 Frühlingszwiebeln
1 – 2 Zweige Dill
schwarzer Pfeffer
1 Prise Chilipulver
Salz
2 EL Zitronensaft
1 Prise Kurkuma
300 ml Sahne

2. Mit Pfeffer (M), Chilipulver (M) und Salz (W) abschmecken. Zitronensaft (H) und Kurkuma (F) hinzufügen, die Sahne (E) unterrühren, anschließend die Suppe abkühlen lassen.

3. Die fein geschnittenen Gurkenwürfel (E) in die Suppe geben und kalt servieren.

Grüne Bohnen mit Tomaten

Zutaten:

2 l Wasser, kochend
1 kg grüne Bohnen

Marinade:
4 EL Olivenöl
1 Knoblauchzehe
schwarzer Pfeffer
1 EL Ume Su
300 g Tomaten
2 EL Balsamico
2 Zweige Basilikum

Vorbereitung:

Bohnen waschen und die Stielansätze entfernen. Im kochenden Wasser 18 – 20 Min. garen und anschließend abkühlen lassen. Die Tomaten waschen und in feine Würfel schneiden. Knoblauchzehe schälen, durch eine Presse drücken. Basilikum waschen, die Blättchen in feine Streifen schneiden.

Zubereitung:

1. Das Olivenöl (E) mit Knoblauch (M) vermischen. Pfeffer (M) und Ume Su (W) zugeben. Die Tomatenwürfel (H) und Balsamico (H) unterheben und Basilikum (F) hinzufügen.

2. Die Tomaten-Marinade mit den Bohnen vermischen und 15 Min. durchziehen lassen.

Spargel mit Erdbeeren

Zutaten:

2 l Wasser, kochend
1,5 kg Spargel, grün oder weiß
roter Pfeffer
Salz
500 g Erdbeeren

Marinade:
4 EL Erdbeer- oder Himbeeressig
1 Prise Rosenpaprika
6 EL Öl
schwarzer Pfeffer
1 EL Ume Su

Vorbereitung:

Spargel waschen, holzige Enden abschneiden und die Stangen schälen. Erdbeeren waschen, putzen und vierteln.

Zubereitung:

1. Im kochenden Wasser (F) den Spargel (E) etwa 5 – 8 Min. blanchieren. In eine Schüssel geben und mit rotem Pfeffer (M) und Salz (W) würzen. Die Erdbeeren (H) zugeben.

2. Erdbeeressig (H), Rosenpaprika (F), Öl (E), schwarzer Pfeffer (M) und Ume Su (W) zugeben, gut vermischen und vor dem Servieren 30 Min. durchziehen lassen.

Holz

Feuer

Erde

Metall

Wasser

Mangold-Schafs-käse Päckchen

Zutaten:

70 g Reis
200 ml Wasser
1 Prise Salz
1 TL Zitronensaft

200 g Schafskäse
3 EL Olivenöl
1 Zwiebel
2 Frühlingszwiebeln
1/2 TL Kreuzkümmel
schwarzer Pfeffer
Salz
1/2 Bd. Petersilie
1 Prise Rosenpaprika
100 g Shiitakepilze
8 Mangoldblätter
schwarzer Pfeffer
1 Prise Curry
20 g Parmesankäse, fein gerieben
400 ml Wasser

Tipp:

- Empfohlenes Kochgeschirr: Wok-Pfanne mit Bambus-Dampfkorb.
- Servieren Sie dazu eine Kräuter-, Senf- oder Meerrettichsauce (siehe S. 83)

Vorbereitung:

Reis mit kaltem Wasser waschen, bis das Wasser klar bleibt. Petersilie waschen, mit einem Küchentuch trocken tupfen und fein hacken. Zwiebel schälen und in feine Würfel schneiden. Frühlingszwiebeln putzen, waschen und in feine Ringe schneiden. Pilze waschen und fein würfeln. Schafskäse mit einer Gabel fein zerbröseln. Mangoldblätter waschen, in heißem Wasser kurz blanchieren und beiseitestellen. Kreuzkümmel im Mörser zerkleinern.

Zubereitung:

1. Reis (M) mit kaltem Wasser (W) und Salz (W) in einen Topf geben. Zitronensaft (H) zufügen und aufkochen (F). Hitze reduzieren, 10 Min. köcheln, danach zugedeckt weitere 10 Min. quellen lassen.

2. Für die Füllung Schafskäse (F) mit Olivenöl (E), Zwiebel (M) und Frühlingszwiebeln (M) miteinander vermischen. Mit Kreuzkümmel (M), Pfeffer (M) und Salz (W) würzen. Petersilie (H) unterheben, mit Rosenpaprika (F) abschmecken und Shiitakepilze (E) zugeben. Den gekochten Reis (M) untermischen.

3. Die Mangoldblätter (E) ausbreiten und mit der Masse befüllen, seitlich einschlagen, aufrollen und in den Dampfkorb setzen. Mit Pfeffer (M) und Curry (M) bestäuben, danach Parmesankäse (W) darüber streuen.

4. Das Wasser (W) im Wok erhitzen und den Dampfkorb in den Wok stellen. Zugedeckt ca. 12 – 15 Min. dämpfen.

Tomaten mit Oliven-Apfel-Füllung

Zutaten:

8 Tomaten
2 Prisen Rosenpaprika
150 g Apfel
4 EL Vollkornbrösel
4 EL Olivenöl
2 Frühlingszwiebeln
schwarzer Pfeffer
Salz
8 schwarze Oliven
4 EL Balsamico
1/2 Bd. Petersilie

Vorbereitung:

Die Tomaten waschen und aushöhlen. Das Fruchtfleisch fein würfeln, den Saft auffangen. Apfel schälen, vierteln, Kerngehäuse entfernen, danach in kleine Würfel schneiden. Oliven entsteinen und in feine Ringe schneiden. Petersilie waschen, mit einem Küchentuch trocken tupfen und fein hacken. Frühlingszwiebeln putzen, waschen und in feine Ringe schneiden. Den Backofen auf 180 °C vorheizen.

Zubereitung:

1. Die ausgehöhlten Tomaten (H) mit Rosenpaprika (F) würzen, anschließend in eine Auflaufform setzen.

2. Die Apfelwürfel (E) mit den Vollkornbröseln (E) und Olivenöl (E) vermischen. Frühlingszwiebeln (M) zugeben, mit Pfeffer (M) und Salz (W) würzen. Die Oliven (W) untermischen, Balsamico (H), das Tomaten-Fruchtfleisch (H) und den Saft der Tomaten (H) sowie Petersilie (H) unterheben. Die Tomaten (H) mit dieser Masse befüllen.

3. Im Backofen (F) bei 180°C ca. 15-20 Min. überbacken.

Gefüllte Gurken

Zutaten:

2 Salatgurken
2 EL Sonnenblumenöl
1 Zwiebel
1 Knoblauchzehe
1 EL Shoyu (Sojasauce) oder Tamari
1 EL Balsamico
1 Prise Kurkuma
80 g Sonnenblumenkerne, geröstet
schwarzer Pfeffer
150 ml Wasser
1 EL Zitronensaft
2 EL Sonnenblumenöl

Vorbereitung:

Die Gurken waschen und in 4 cm lange Stücke schneiden. Die Gurkenstücke aushöhlen, dabei unten einen Boden stehen lassen, das Fruchtfleisch auffangen. Sonnenblumenkerne fein hacken. Knoblauchzehe schälen und durch eine Presse drücken. Zwiebel schälen und fein würfeln.

Zubereitung:

1. Eine Pfanne erwärmen (F), das Öl (E) erhitzen und die Zwiebelwürfel (E) darin andünsten. Knoblauch (M) unterrühren, mit Shoyu (W) und Balsamico (H) ablöschen, dann mit Kurkuma (F) bestäuben.

2. Die gehackten Sonnenblumenkerne (E) unterrühren, mit Pfeffer (M) würzen. Wasser (W) und Zitronensaft (H) zugießen, aufkochen (F) und 10 Min. quellen lassen.

3. Das Gurken-Fruchtfleisch (E) unterrühren, Öl (E) zugießen und die Masse fein pürieren. Gurkenscheiben (E) damit befüllen und kühl stellen.

Polenta-Pizza

Zutaten:

1 l Wasser, heiß
1 EL Öl
1/2 TL Kardamom
1/2 TL Ingwer, frisch gerieben
1 TL Salz
1 EL Reisessig (Genmai Su)
1 Msp. Kurkuma
200 g Polenta (Maisgrieß)

6 EL Öl
schwarzer Peffer
1/2 TL Oregano, getrocknet
1 EL Shoyu (Sojasauce) oder Tamari
2 EL Tomatenmark
1 Prise Kurkuma

Belag:
verschiedenes, gedämpftes Gemüse
z.B. Paprika, Fenchel, Zwiebel, Kürbis,
Spinat

schwarzer Pfeffer
50 g Parmesankäse, fein gerieben
1 EL Petersilie, fein gehackt

Variante:

Anstelle von Parmesankäse kann auch Schafs-
oder Ziegenkäse verwendet werden.

Vorbereitung:

Frühlingszwiebeln putzen, waschen und in feine Ringe schneiden. Den Backofen auf 150°C vorheizen.

Zubereitung:

1. Heißes Wasser (F) in einen Topf gießen und zusammen mit Öl (E), Kardamom (M), Ingwer (M), und Salz (W) zum Kochen bringen. Reisessig (H) und Kurkuma (F) mit einem Schneebesen unterrühren. Die Polenta (E) unter ständigem Rühren langsam einrieseln lassen. Bei geringer Hitze unter ständigem Rühren 15 - 20 Min. kochen und danach auf ein mit Öl gefettetes Blech 1 cm dick verstreichen und auskühlen lassen.

2. Das Öl (E) mit Pfeffer (M), Oregano (M), Shoyu (W), Tomatenmark (H) und Kurkuma (F) vermischen. Diese Masse auf die Polenta (E) streichen.

3. Mit Gemüse (E) belegen, Pfeffer (M), Parmesankäse (W) und Petersilie (H) darüber streuen. Im Backofen (F) ca. 10 – 15 Min. überbacken.

Gefüllte Paprika-schoten

Zutaten:

100 g Buchweizengrütze
200 ml Wasser, kochend

2 EL Öl
1 Zwiebel
200 g Champignons
2 Frühlingszwiebeln
schwarzer Pfeffer
2 EL Shoyu (Sojasauce) oder Tamari
300 g Tomaten
2 EL Tomatenmark
1/2 Bd. Petersilie
1 – 2 Zweige Thymian

4 Paprikaschoten, rot
2 EL Chiliöl
250 ml Gemüsebrühe

Vorbereitung:

Paprikaschoten waschen, am Stielansatz den Deckel abschneiden. Die Deckel beiseitelegen. Die Schoten vom Kerngehäuse und den Trennwänden befreien. Zwiebel schälen, fein hacken. Tomaten waschen und in kleine Würfel schneiden. Champignons putzen und fein würfeln. Thymian waschen, die Blättchen von den Stielen zupfen. Backofen auf 180°C vorheizen.

Zubereitung:

1. Buchweizengrütze (F) in eine Schüssel geben, mit kochendem Wasser (F) übergießen, abdecken und quellen lassen.

2. Eine Pfanne erwärmen (F), das Öl (E) erhitzen, Zwiebel (E), Champignons (E) und Frühlingszwiebeln (M) anbraten. Mit Pfeffer (M) und Shoyu (W) würzen. Tomaten (H), Tomatenmark (H), Petersilie (H) und Thymian (F) unterheben.

3. Das angebratene Gemüse unter die Buchweizengrütze (F) mischen.

4. Die Paprikaschoten (E) mit der Masse füllen, die Deckel auflegen, mit Chiliöl (E/M) bestreichen und die Schoten in eine Auflaufform setzen. Mit Gemüsebrühe (W) übergießen und im Backofen bei 180°C etwa 35 – 40 Min. garen.

Buchweizen-Basilikum-Crêpes

Zutaten:

100 g Buchweizenmehl
250 ml Sojamilch
1 Prise Kardamom
1 EL Ume Su
1 TL Zitronensaft

Öl zum Ausbacken

Füllung:
2 EL Öl
2 Frühlingszwiebeln
1 EL Shoyu (Sojasauce) oder Tamari
400 g Cocktailtomaten
1/2 Bd. Basilikum
20 g Pinienkerne, geröstet
schwarzer Pfeffer
50 g Parmesankäse, fein gerieben

Vorbereitung:

Basilikum waschen, trocken tupfen und die Blätter von den Stielen zupfen. Die Tomaten waschen und in kleine Würfel schneiden. Frühlingszwiebeln putzen, waschen und in feine Ringe schneiden. Backofen auf 80°C vorheizen.

Zubereitung:

1. Das Buchweizenmehl (F) in eine Schüssel geben. Mit Sojamilch (E) zu einem glatten Teig verrühren. Kardamom (M), Ume Su (W) und Zitronensaft (H) unterrühren. Den Teig mindestens 1/2 Stunde quellen lassen.

2. Eine beschichtete Pfanne erhitzen (F), Öl (E) zugeben und portionsweise dünn ausbacken. Die Crêpes im Backofen warm halten.

3. Das Öl (E) in die warme Pfanne geben und die Frühlingszwiebeln (M) kurz andünsten. Mit Shoyu (W) ablöschen, die Tomaten (H) und Basilikum (F) unterheben und vom Herd nehmen. Die Pinienkerne (E) zugeben und mit Pfeffer (M) abschmecken.

4. Die Crêpes damit befüllen, mit Parmesankäse (W) bestreuen und servieren.

Vorbereitung:

Die Tomaten waschen, von den Stielansätzen befreien und in 1 cm dicke Scheiben schneiden. Frühlingszwiebeln putzen, waschen, in feine Ringe schneiden. Schafskäse in feine Würfel schneiden. Basilikum waschen, die Blättchen von den Stielen zupfen. Backofen auf 80 °C vorheizen.

Panierte Tomaten

Zubereitung:

1. Die Tomatenscheiben (H) mit Rosenpaprika (F) bestreuen. Die Eier (E), mit Pfeffer (M) und Salz (W) verquirlen. Die Tomaten (H) durch die Ei-Mischung ziehen, danach im Dinkelgrieß (H) panieren. Eine Pfanne erhitzen (F), das Öl (E) zugeben und auf beiden Seiten anbraten. Im Backofen warm halten.

2. Die Frühlingszwiebeln (M) mit Ume Su (W) und Zitronensaft (H) vermischen. Die Schafskäsewürfel (F) darin marinieren.

3. Basilikumblättchen (F) unter den marinierten Schafskäse (F) mischen.

4. Gemeinsam mit den Tomaten anrichten.

Zutaten:

4 – 6 Fleischtomaten
2 Prisen Rosenpaprika
2 Eier oder 50 ml Sojasahne
schwarzer Pfeffer
Salz
80 g Dinkelgrieß
3 EL Öl
2 Frühlingszwiebeln
1 TL Ume Su
1 TL Zitronensaft
100 g Schafskäse
2 Zweige Basilikum

Zucchini mit Polentafüllung

Zutaten:

2 EL Öl
1 Zwiebel
100 g Karotten
60 g Staudensellerie
2 Zucchini (je ca. 350 g)
60 g Shiitakepilze
100 g Polenta (Maisgrieß)
schwarzer Pfeffer
1/2 TL Curry
Salz
400 ml Gemüsebrühe
1 EL Zitronensaft
1 Prise Kurkuma
1 Zweig Thymian
1 Zweig Rosmarin
20 g Butter
schwarzer Pfeffer
150 ml Gemüsebrühe
50 ml Weißwein

Vorbereitung:

Die Zwiebel schälen, fein hacken. Zucchini waschen, putzen und der Länge nach halbieren. Die Hälften aushöhlen, das ausgelöste Fruchtfleisch fein würfeln. Staudensellerie putzen, die Karotten schälen und beides in kleine Würfel schneiden. Die Shiitakepilze putzen, waschen, fein würfeln. Kräuter waschen und trocken tupfen. Die Blättchen von den Stielen zupfen, anschließend fein hacken. Backofen auf 150°C vorheizen.

Zubereitung:

1. Einen Topf erwärmen (F), das Öl (E) darin erhitzen. Zwiebel (E) glasig andünsten. Karotten (E) und Staudensellerie (E) zugeben, ca. 1 – 2 Min. anbraten. Zucchiniwürfel (E) und Shiitakepilze (E) zufügen, die Polenta (E) einrühren und leicht anrösten. Mit Pfeffer (M), Curry (M) und Salz (W) würzen.

2. Mit 400 ml Gemüsebrühe (W) ablöschen, Zitronensaft (H), Kurkuma (F), Thymian (F) und Rosmarin (F) zugeben. Kurz aufkochen lassen, danach die Polenta bei geringer Hitze weitere 20 Min. köcheln und ausquellen lassen. Dabei immer wieder umrühren. Wenn der Grieß zu sehr eindickt etwas heißes Wasser (F) unterrühren.

3. Die Zucchinihälften (E) mit der Mischung füllen und in eine Auflaufform setzen. Mit Butterflöckchen (E) belegen und mit Pfeffer (M) würzen.

4. Gemüsebrühe (W) und Weißwein (H) vermischen und in die Auflaufform gießen. Im Backofen (F) bei 180°C ca. 25 Min. backen.

Couscous mit Lamm

Zutaten:

600 g Lammkeule ohne Knochen
4 EL Öl
100 g Karotten
150 g Aubergine
100 g Zucchini
1 Zwiebel
1 TL Ingwer, frisch gerieben
1 Bd. Koriander
1 Prise Chilipulver
1 TL Kreuzkümmel
300 ml Fleischbrühe
1/2 Bd. Petersilie
1 Prise Kurkuma
1/2 TL Rosenpaprika
5 EL Sojasahne
schwarzer Pfeffer
Salz

250 g Couscous
500 ml Wasser, kochend

Variante:

Anstelle von Lamm können Sie auch Hühner-
oder Putenwürfel, Garnelen oder Fischstücke
verwenden. Als Gemüse eignen sich auch
Paprikaschoten, Kohlrabi oder Pilze.

Tipp:

• Empfohlenes Kochgeschirr: Wok-Pfanne.

Vorbereitung:

Das Lammfleisch von Fett und Sehnen
befreien, in kleine Würfel schneiden. Das
Gemüse waschen und putzen. Karotten in
Scheiben schneiden, Zucchini der Länge
nach vierteln und in Stücke schneiden. Die
Aubergine in kleine Stücke schneiden. Zwiebel schälen und fein hacken. Koriander und
Petersilie waschen, mit einem Küchentuch
trocken tupfen, Blättchen abzupfen, einige
davon zum Bestreuen beiseitelegen, den Rest
fein hacken.

Zubereitung:

1. Einen Wok erhitzen (F), das Lammfleisch (F)
im Öl (E) in zwei Portionen gut anbraten und
jeweils wieder herausnehmen. Nacheinander
die Karotten (E), Aubergine (E) und Zucchini
(E) zugeben. Etwa 2 – 3 Min. andünsten,
Zwiebel (E), Ingwer (M) sowie Koriander (M)
unterheben, mit Chilipulver (M) und Kreuzkümmel (M) würzen.

2. Die Brühe (W) angießen, Petersilie (H)
unterheben, mit Kurkuma (F) und Rosenpaprika (F) bestäuben. Das Lammfleisch (F) wieder
untermischen und alles zugedeckt bei schwacher Hitze ca. 6 – 8 Min. schmoren. Anschließend mit Sojasahne (E), Pfeffer (M) und Salz
(W) abschmecken.

3. Couscous (H) mit kochendem Wasser (F)
übergießen und zugedeckt 5 Min. quellen
lassen. In die Wok-Pfanne geben, gut durchmischen, mit Kräutern bestreuen und sofort
servieren.

Tafelspitz mit Apfelmeerrettich

Zutaten:

5 l Wasser
3 EL Zitronensaft
1 Prise Kurkuma
100 g Karotten
100 g Sellerieknolle
2 Zwiebeln
1/2 Lauchstange
1/4 TL Nelken
1/4 TL Pfefferkörner, schwarz
1 – 2 Lorbeerblätter
2 cm Ingwer am Stück
3 EL Shoyu (Sojasauce) oder Tamari
1/2 Bd. Petersilie
700 g Tafelspitz

Meerrettichsauce:
30 g Meerrettich
1 Prise Salz
3 TL Zitronensaft
20 g Maismehl
20 g Butter
60 g Apfel, fein gerieben
1 EL Senf
schwarzer Pfeffer
125 ml Gemüsebrühe
1 EL Petersilie, fein gehackt
1 Prise Kurkuma
125 ml Sahne oder Sojasahne
1 Prise Vollrohrzucker
schwarzer Pfeffer
Salz

Tipp:

• Verwenden Sie die Fleischbrühe anschließend als Grundlage für eine Suppe.

Vorbereitung:

Zwiebeln schälen und grob hacken. Sellerieknolle und Karotten schälen und grob würfeln. Lauchstange waschen und in grobe Stükke schneiden. Tafelspitz und Petersilie waschen und trocken tupfen.

Zubereitung:

1. In einem großen Topf das Wasser (W) kalt aufsetzen. Zitronensaft (H) und Kurkuma (F) zugeben. Nacheinander Karotten (E), Sellerie (E), Zwiebeln (M) sowie Lauch (M) hinzufügen. Anschließend Nelken (M), Pfeffer (M), Lorbeer (M), Ingwer (M), Shoyu (W) und Petersilie (H) dazugeben Zum Kochen bringen (F), den Tafelspitz (E) zugeben und 90 Min. in der Brühe ziehen lassen. Das Fleisch darf nicht kochen, da es sonst zäh wird. Nach der Garzeit aus der Brühe nehmen und abkühlen lassen.

2. Meerrettich (M) schälen und fein reiben, mit Salz (W) und Zitronensaft (H) vermischen, damit er nicht braun wird und beiseitestellen.

3. Einen Topf erwärmen (F) und aus dem Maismehl (E) mit der zerlassenen Butter (E) eine helle Mehlschmelze zubereiten. Den geriebenen Apfel (E) zugeben. Senf (M), Pfeffer (M) und Meerrettich (M) mit einem Schneebesen unterrühren. Mit der Brühe (W) ablöschen und einmal aufkochen. Petersilie (H) und Kurkuma (F) sowie Sahne (E) hinzufügen und mit Vollrohrzucker (E), Pfeffer (M) und Salz (W) abschmecken.

4. Abgekühlten Tafelspitz in hauchdünne Scheiben schneiden und mit der Sauce servieren.

Fleischröllchen mit Pestofüllung

Zutaten:

8 dünne Kalbsschnitzel (je 80 g)
2 Knoblauchzehen
4 EL Parmesan, fein gerieben
3 EL Pesto
2 EL Öl
3 Frühlingszwiebeln
2 EL Shoyu (Sojasauce) oder Tamari
50 ml Wasser
500 g Cocktailtomaten
1 EL Kapern
schwarzer Pfeffer
Salz
2 EL Zitronensaft
2 Zweige Basilikum
2 EL Pinienkerne, geröstet

Zahnstocher

Variante:

Anstelle von Pesto können Sie auch die Olivenpaste aus der Rezeptrubrik des Sommers verwenden.

Grundrezept für Pesto:

2 Bd. Kräuter
100 ml Olivenöl
25 g Pinienkerne, geröstet
1 Frühlingszwiebel
schwarzer Pfeffer
1 TL Ume Paste
Alle Zutaten miteinander vermischen und im Mixer fein pürieren.

Vorbereitung:

Tomaten waschen und halbieren. Knoblauchzehen schälen und fein hacken. Die Frühlingszwiebeln putzen, waschen und in feine Ringe schneiden. Basilikum waschen und von den Stielen abzupfen.

Zubereitung:

1. Die Kalbsschnitzel (E) mit einem schweren Messer flach drücken. Knoblauch (M) und Parmesan (W) wie auch Pesto (H) gleichmäßig auf dem Fleisch verteilen. Die Seiten leicht nach innen klappen und zusammenrollen. Die Fleischröllchen mit Zahnstochern fixieren.

2. Eine hohe Pfanne oder einen Wok erhitzen (F) und das Öl (E) heiß werden lassen. Die Fleischröllchen (E) darin von allen Seiten gut anbraten, anschließend herausnehmen.

3. Die Frühlingszwiebeln (M) im Öl kurz braten, mit Shoyu (W) und Wasser (W) ablöschen. Die Tomaten (H) unterrühren und kurz aufkochen. Die Kapern (F) hinzufügen, dann die Fleischröllchen (E) samt Bratensaft zugeben.

4. Die Hitze reduzieren, die Fleischröllchen zugedeckt etwa 10 Min. schmoren. Anschließend die Sauce mit Pfeffer (M) und Salz (W) abschmecken. Die Fleischröllchen mit Zitronensaft (H) beträufeln, die Basilikumblätter (F) und Pinienkerne (E) darüberstreuen, mit der Sauce servieren.

Vorbereitung:

Fleisch waschen, trocken tupfen und in mundgerechte Stücke schneiden. Paprika waschen, halbieren, vom Kerngehäuse und den Trennwänden befreien. Anschließend in gleich große Stücke schneiden (wie das Fleisch). Lauchstange putzen, waschen und in grobe Stücke schneiden.

Pikante Hühner-spieße

Zutaten:

400 g Hähnchenbrustfilet

Marinade:
2 EL Zitronensaft
1/2 TL Rosenpaprika
1 Prise Kurkuma
5 EL Olivenöl
schwarzer Pfeffer
1 EL Shoyu (Sojasauce) oder Tamari

1 Paprikaschote, rot
1 Paprikaschote, gelb
1/2 Lauchstange

8 Holzspieße

Zubereitung:

1. Für die Marinade Zitronensaft (H) in eine Schüssel geben. Rosenpaprika (F), Kurkuma (F) und Olivenöl (E) vermischen. Mit Pfeffer (M) und Shoyu (W) abschmecken, die Flei-schwürfel (H) ca. 30 Min. marinieren.

2. Im Wechsel die Fleischwürfel, Paprikawür-fel und Lauch auf die Holzspieße stecken.

3. Die Spieße in einer Pfanne mit Öl von bei-den Seiten anbraten, bei mittlerer Temperatur ca. 4 Min. anbraten und mit der restlichen Marinade garen.

Rotbarsch mit Minzsauce

Zutaten:

700 g Rotbarschfilet
4 EL Zitronensaft
1/2 TL Kurkuma
2 Prisen Rosenpaprika

1/2 Zitronenschale, abgerieben
4 EL Öl
1 TL Reissirup oder Honig
1 EL Mandeln, gemahlen
1 Bd. Pfefferminze, frisch
1 EL Ume Su
1 EL Zitronensaft

3 EL Öl
1 Zwiebel
2 Knoblauchzehen
schwarzer Pfeffer
1 EL Shoyu (Sojasauce) oder Tamari
500 g Tomaten

Variante:

Kochen Sie eine andere, ebenfalls interessante Kreation mit Rucola anstelle von Pfefferminze oder auch mit anderen gemischten Kräutern, wie z. B. Basilikum, Petersilie und Oregano.

Vorbereitung:

Fisch kalt abspülen, trocken tupfen und in mundgerechte Stücke schneiden. Zwiebel und Knoblauchzehen schälen, fein hacken. Die Tomaten mit kochendem Wasser überbrühen und häuten. Anschließend in kleine Würfel schneiden. Pfefferminze waschen, trocken tupfen, die Blättchen von den Stielen zupfen und fein hacken.

Zubereitung:

1. Fischwürfel (W) mit Zitronensaft (H) beträufeln. Mit Kurkuma (F) und Rosenpaprika (F) würzen.

2. Zitronenschale (F) mit Öl (E), Reissirup (E), Mandeln (E), Pfefferminze (M), Ume Su (W) und Zitronensaft (H) im Mixer zu einer feinen Paste verarbeiten.

3. Eine Pfanne erhitzen (F) und das Öl (E) erwärmen. Zwiebel (E) und Knoblauch (M) anbraten. Mit Pfeffer (M) und Shoyu (W) würzen, Fischwürfel (W) zugeben und 2 Min. braten. Vorsichtig wenden, damit die Fischwürfel nicht zerfallen. Die Tomaten (H) unterheben, die fertige Pfefferminzpaste zugeben und servieren.

Holz

Feuer

Erde

Metall

Wasser

Lachs in Rucola-sahne

Zutaten:

600 g Lachsfilet
2 EL Zitronensaft
1 Prise Rosenpaprika
2 EL Öl
schwarzer Pfeffer
Salz

2 EL Öl
4 Frühlingszwiebeln
schwarzer Pfeffer
Salz
150 ml Fischfond
100 g Cocktailtomaten
1 Bd. Rucola
150 ml Sahne
schwarzer Pfeffer
Salz

Variante:

Statt Rucola können Sie auch jungen Spinat, Bärlauch oder Sauerampfer verwenden.

Tipp:

• Reichen Sie als Beilage körnig gekochten Reis.

Vorbereitung:

Den Lachs (W) kalt abspülen und trocken tupfen, dann in mundgerechte Stücke schneiden, mit Zitronensaft (H) beträufeln. Aus Rosenpaprika (F), Öl (E), Pfeffer (M) und Salz (W) eine Marinade herstellen, die Lachsstücke damit bestreichen. Die Stiele am Rucola abschneiden, in kaltem Wasser waschen, trocken tupfen, dann fein hacken. Die Frühlingszwiebeln putzen, waschen und in feine Ringe schneiden. Die Cocktailtomaten waschen und achteln.

Zubereitung:

1. Eine Pfanne erhitzen (F) und das Öl (E) erwärmen. Die Frühlingszwiebeln (M) ca. 1 – 2 Min anbraten, mit Pfeffer (M) und Salz (W) würzen, mit dem Fischfond (W) ablöschen.

2. Cocktailtomaten (H) und Rucola (F) zugeben, mit Sahne (E) aufgießen. Nochmals mit Pfeffer (M) und Salz (W) abschmecken. Die Lachswürfel (W) in die Sauce geben, ca. 3 – 4 Min. ziehen lassen und sofort servieren.

Knoblauch-
garnelen

Zutaten:

6 EL Olivenöl
3 Knoblauchzehen
600 g Garnelen, roh und ungeschält
1/2 Bd. Petersilie
1 – 2 Zweige Thymian
1 – 2 Zweige Oregano
1/2 Bd. Basilikum
1 – 2 Zweige Estragon
schwarzer Pfeffer
Salz
2 EL Wasser
3 EL Weißwein
1 Zitrone

Tipp:

• Servieren Sie die Knoblauchgarnelen
  auf Holzspießen.

Vorbereitung:

Die Garnelen unter fließendem, kalten Wasser waschen und sorgsam trocken tupfen.
Knoblauchzehen schälen und erst in Scheiben, dann in feine Stifte schneiden. Die Kräuter waschen, trocken tupfen, die Blättchen
von den Stielen zupfen und fein hacken.

Zubereitung:

1. Eine Pfanne erhitzen (F) und das Öl (E)
erwärmen. Die Knoblauchstifte (M) und die
Garnelen (W) zugeben, unter Rühren etwa 2
Min. anbraten, bis diese gleichmäßig rot
gefärbt sind.

2. Nacheinander die Kräuter, Petersilie (H),
Thymian (F), Oregano (F), Basilikum (F) und
Estragon (E) zugeben, alles unter Rühren kurz
anbraten. Mit Pfeffer (M) und Salz (W) würzen,
mit Wasser (W) und Weißwein (H) ablöschen.

3. Die Garnelen mit Zitronenvierteln (H) servieren.

Olivenpaste

Zutaten:

100 g schwarze Oliven
1 – 2 Zweige Petersilie
2 EL Zitronensaft
2 Stück Dinkelzwieback
1 Prise Kurkuma
1 Prise Rosenpaprika
40 ml Olivenöl
1 – 2 Knoblauchzehen
schwarzer Pfeffer
Salz

Vorbereitung:

Petersilie waschen, mit einem Küchentuch trocken tupfen und fein hacken. Knoblauchzehen schälen und fein hacken. Die Oliven entsteinen und klein schneiden. Die Zwiebäcke grob zerkleinern.

Zubereitung:

1. Nacheinander Oliven (W), Petersilie (H), Zitronensaft (H) und Dinkelzwieback (H) in eine Schüssel geben. Kurkuma (F) und Rosenpaprika (F) zufügen, das Olivenöl (E) und den Knoblauch (M) untermischen, pürieren, mit Pfeffer (M) und Salz (W) abschmecken.

2. Die Oliven-Paste in ein Schraubglas füllen, im Kühlschrank aufbewahren, innerhalb einer Woche verzehren.

Ziegenkäse-creme

Zutaten:

150 g Sojasahne
2 EL Zitronensaft

150 g Ziegenfrischkäse
3 EL Reissirup oder Honig
1 Msp. Zimt
1 Prise Kardamom
1 Prise Salz
1 TL Zitronensaft
1 Prise Kakao

Vorbereitung:

Sojasahne mit Zitronensaft steif schlagen und kalt stellen.

Zubereitung:

1. Ziegenfrischkäse (F) mit Reissirup (E), Zimt (E), Kardamom (M) und Salz (W) in eine Rührschüssel geben. Zitronensaft (H) und Kakao (F) zufügen, dann mit dem elektr. Schneebesen verrühren.

2. Die steif geschlagene Sojasahne (E) unterheben und die Creme kühl stellen.

3. Schmeckt lecker zu Weintrauben, frischen Feigen oder Apfelchips.

Mangomousse mit Kokos

Zutaten:

1 Mango (500 g)
500 ml Kokosmilch
1/2 TL Ingwer, frisch gerieben
125 ml Wasser
2 EL Orangensaft
1 Prise Kurkuma
50 ml Sojasahne
1 Prise Kardamom
4 TL Agar-Agar
2 EL Zitronensaft

60 g Kokosflocken

Tipp:

• Beachten Sie, die Mousse bleibt etwas flüssig, denn mit Agar-Agar zubereitete Gerichte gelieren erst beim Abkühlen.

Vorbereitung:

Mango schälen, den Kern entfernen und das Fruchtfleisch in Würfel schneiden. Die Kokosflocken ohne Fett goldbraun rösten. Eine große Schüssel mit kaltem Wasser ausspülen.

Zubereitung:

1. Mango (E) mit der Kokosmilch (E), dem Ingwer (M) und Wasser (W) im Mixer zu einer glatten Masse pürieren.

2. In einen Kochtopf füllen, Orangensaft (H), Kurkuma, (F), Sojasahne (E) und Kardamom (M) zugeben. Agar-Agar (W) langsam einrieseln lassen. Zitronensaft (H) zugießen und unter Rühren zum Kochen (F) bringen.

3. Die Mousse in die Schüssel füllen und zum Gelieren mind. eine Stunde in den Kühlschrank stellen. Nach der Kühlzeit die Mousse auf eine Servierplatte stürzen und die gerösteten Kokosflocken (E) darüber verteilen.

Melonen-Carpaccio

Zutaten:

500 g Honigmelone
500 g Netzmelone
roter Pfeffer
1 Prise Salz
2 EL Balsamico
80 g Himbeeren
1 EL Grapefruitsaft
1 EL Öl
2 EL Honig
Brunnenkresse

Vorbereitung:

Die Melonen schälen, halbieren, die Kerne entfernen und in dünne Scheiben (nicht dikker als 1/2 cm) schneiden oder hobeln. Himbeeren pürieren und durch ein feines Sieb streichen. Die Brunnenkresse waschen.

Zubereitung:

1. Die Melonenscheiben (E) auf einer Platte fächerartig anrichten und mit rotem Pfeffer (M) und Salz (W) bestreuen.

2. Für das Dressing den Balsamico (H), Himbeermus (H), Grapefruitsaft (F), Öl (E) und Honig (E) verrühren.

3. Die Himbeer-Vinaigrette über die Melonen träufeln, das Melonen-Carpaccio mit Brunnenkresse dekorieren.

Rote Grütze

Zutaten:

1/2 l Traubensaft, rot
1/2 TL Zimt
4 EL Vollrohrzucker
1 Prise Kardamom
1 Prise Salz
2 EL Zitronensaft
500 g Beeren, gemischt
1 TL Zitronenschale, fein gehackt
1 Prise Kakao
100 g Kirschen
2 EL Speisestärke, aufgelöst

Vorbereitung:

Die Beeren und Kirschen (außer Himbeeren) waschen und abtropfen lassen. Die Kirschen entstielen und entsteinen.

Zubereitung:

1. Einen Topf erwärmen (F) und den Traubensaft (E) mit Zimt (E) und Vollrohrzucker (E) aufkochen lassen. Kardamom (M), Salz (W) und Zitronensaft (H) unterrühren.

2. Die Beeren (H), Zitronenschale (F), Kakao (F) sowie Kirschen (E) zugeben. Die aufgelöste Speisestärke (E) langsam zugießen und 2 Min. kochen. Die Grütze vor dem Servieren mindestens eine Stunde auskühlen lassen.

Holz

Feuer

Erde

Metall

Wasser

Kokosparfait

Zutaten:

200 ml Kokosmilch, ungesüßt
75 g Vollrohrzucker
4 Eigelb
1 Päck. Vanillezucker
1 Prise Kardamom
1 Prise Salz
1 EL Limettensaft
1/2 Limettenschale, abgerieben
250 ml Sahne oder Sojasahne
50 g Kokosflocken

Tipp:

- Sojasahne lässt sich steif schlagen, wenn frischer Zitronensaft (ca. 2 EL auf 200 ml) zugefügt wird.

Zubereitung:

1. Einen Topf erwärmen (F) und Kokosmilch (E) mit Vollrohrzucker (E) aufkochen.

2. Eigelb (E) und Vanillezucker (E) in einer Schüssel gut verrühren. In ein heißes Wasserbad stellen, unter Rühren die heiße Kokosmilch (E) zufügen. Die Masse leicht cremig schlagen und Kardamom (M), Salz (W), Limettensaft (H) sowie Limettenschale (F) unterrühren. In eine Schüssel umfüllen und im kalten Wasserbad unter Rühren auskühlen lassen.

3. Die Sahne (E) steif schlagen. Zusammen mit Kokosflocken (E) unter die abgekühlte Kokosmilch (E) ziehen.

4. Eine kleine Kastenform mit Frischhaltefolie auslegen und die Kokosmasse einfüllen. Etwa 4 – 6 Std. einfrieren. Das Parfait kurz vor dem Servieren aus der Form stürzen, in Scheiben schneiden und servieren.

Mascarpone-creme

Zutaten:

250 g Mascarpone
1/2 Zitronenschale, gerieben
200 ml Sojasahne oder Sahne
50 g Vollrohrzucker
1 Prise Kardamom
1 Prise Salz
50 g Joghurt
1 TL Zitronensaft

2 EL Kakao
50 g Pistazien, gehackt

Zubereitung:

1. Mascarpone (H), Zitronenschale (F), Sahne (E) und Vollrohrzucker (E) mit dem elektr. Schneebesen verrühren. Kardamom (M) und Salz (W) zufügen. Joghurt (H) und Zitronensaft (H) unterrühren und die Masse halbieren.

2. In den einen Teil der Crememasse den Kakao (F) unterrühren – unter die zweite Creme 40 g Pistazien (E) unterheben.

3. Die beiden Crememassen schichtweise in Dessertgläser einfüllen und kühl stellen.

4. Vor dem Servieren mit den restlichen Pistazien dekorieren.

Zucchiniröllchen

Zutaten:

1 l Wasser, kochend
2 Zucchini

Marinade:
6 EL Olivenöl
1 Knoblauchzehe
1 EL Ume Su
1 EL Balsamico
1 EL Zitronensaft
1 Prise Kurkuma
2 Zweige Basilikum

schwarzer Pfeffer
20 g Parmesankäse, fein gerieben

Holzspieße

Vorbereitung:

Zucchini waschen, in dünne Streifen schneiden. Knoblauchzehe schälen, fein hacken. Basilikum waschen, in feine Streifen schneiden.

Zubereitung:

1. Im kochenden Wasser (F) die Zucchinischeiben (E) kurz blanchieren, abtropfen und erkalten lassen.

2. Für die Marinade das Olivenöl (E) mit dem Knoblauch (M) vermischen. Ume Su (W), Balsamico (H) und Zitronensaft (H) unterrühren. Kurkuma (F) und Basilikum (F) zufügen, gut vermischen. Die Zucchinistreifen (E) flach ausbreiten, mit Marinade bestreichen und aufrollen. Die Zucchiniröllchen (E) mit Pfeffer (M) und Parmesankäse (W) bestreuen, mit Holzspießchen als Fingerfood servieren.

Parma-Rucola-Röllchen

Zutaten:

150 g Rucola

Marinade:
4 EL Olivenöl
schwarzer Pfeffer
1 EL Ume Su
1 EL Balsamico

20 g Pinienkerne, geröstet
1 Frühlingszwiebel
150 g Parmaschinken
20 g Parmesankäse, fein gerieben
1 TL Zitronensaft

Holzspieße

Vorbereitung:

Rucola waschen, trocken schütteln, die Stiele abschneiden. Frühlingszwiebel putzen, waschen und in feine Ringe schneiden.

Zubereitung:

1. Für die Marinade Olivenöl (E), Pfeffer (M), Ume Su (W) und Balsamico (H) vermischen. Die Rucolablätter (F), Pinienkerne (E) und Frühlingszwiebelringe (M) zugeben.

2. Die Schinkenscheiben (W) nebeneinander ausbreiten, mit Parmesankäse (W) bestreuen und mit Zitronensaft (H) beträufeln. Rucola (F) in daumendicke Bündel zusammenfassen und auf jede Scheibe ein Bündel legen. Die Scheiben zusammenrollen und mit einem Holzspieß zusammenstecken.

Tortilla mit Lachscreme

Zutaten:

Tortilla-Teig:
150 g Dinkelmehl
1 Prise Kurkuma
40 g Butter
schwarzer Pfeffer
Salz
50 – 80 ml Wasser

Zutaten für die Füllung:
200 g Lachs, geräuchert
100 g Crème fraîche
150 g saure Sahne
1 Prise Rosenpaprika
50 g Sahne
1/2 Bd. Dill
schwarzer Pfeffer
Salz
2 EL Zitronensaft

Öl zum Ausbacken

Vorbereitung:

Dill waschen, mit einem Küchentuch trocken tupfen und fein hacken. Lachs in feine Streifen schneiden. Butter in einem Topf zerlassen.

Zubereitung:

1. Für den Tortillateig das Dinkelmehl (H) mit Kurkuma (F) in eine Schüssel geben. Butter (E), Pfeffer (M) und Salz (W) hinzufügen und mit Wasser (W) zu einem glatten Teig verkneten. Den Teig 10 Min. ruhen lassen.

2. Für die Füllung die Lachsstreifen (W) mit Crème fraîche (H) und saurer Sahne (H) vermischen. Rosenpaprika (F), Sahne (E) und Dill (M) zufügen und untermischen. Mit Pfeffer (M), Salz (W) und Zitronensaft (H) abschmekken.

3. Den Teig in 4 gleich große Stücke teilen und auf einer bemehlten Fläche zu Fladen von etwa 20 cm Durchmesser ausrollen. Die Tortillas nacheinander in einer heißen Pfanne im Öl ausbacken und abkühlen lassen.

4. Zwei Tortillas mit der Füllung bestreichen und die anderen beiden Tortillas darauf legen. Wie einen Kuchen aufschneiden und die Stücke auf einer Platte anrichten.

Sesam-Hackbällchen

Zutaten:

500 g Rinderhackfleisch
1 Ei
30 g Erdnussbutter
50 g Erdnüsse
50 g Sesam
2 Knoblauchzehen
1 TL Ingwer, frisch gerieben
schwarzer Pfeffer
Salz
1 EL Zitronensaft
1/2 Bd. Petersilie
1 Prise Rosenpaprika
1 Prise Kurkuma

Öl zum Anbraten

Vorbereitung:

Knoblauchzehen schälen und fein hacken. Petersilie waschen, mit einem Küchentuch trocken tupfen und fein hacken. Erdnüsse grob zerhacken.

Zubereitung:

1. Das Rinderhackfleisch (E) mit Ei (E), Erdnussbutter (E), Erdnüssen (E), und Sesam (E) vermischen. Knoblauch (M), Ingwer (M), Pfeffer (M) und Salz (W) zufügen und gut durchkneten. Zitronensaft (H), Petersilie (H), Rosenpaprika (F) und Kurkuma (F) zugeben, gut untermischen.

2. Den Hackfleischteig zu walnussgroßen Bällchen formen und im heißen Fett ausbakken.

Inhalt

Inhalt

Holz Feuer Erde Metall Wasser

Apfel-Curry-Suppe

Zutaten:

2 EL Öl
1 Zwiebel
400 g Äpfel
400 ml Sojamilch
schwarzer Pfeffer
1/2 TL Curry
1/2 TL Ingwer, frisch gerieben
600 ml Gemüsebrühe
1 EL Shoyu (Sojasauce) oder Tamari
2 EL Zitronensaft
1 Prise Kurkuma
1 TL Kuzu oder Speisestärke, aufgelöst
1/2 Bd. Schnittlauch

Tipp:

• Nährender und sättigender wird diese Suppe wenn als Einlage noch Getreide wie z. B. Hirse verwendet wird.

Vorbereitung:

Zwiebel schälen und fein hacken. Die Äpfel waschen, vierteln, Kerngehäuse entfernen und würfeln. Schnittlauch waschen, mit einem Küchentuch trocken tupfen und in feine Ringe schneiden.

Zubereitung:

1. Einen Topf erwärmen (F), Öl (E) darin erhitzen. Die Zwiebel (E) und Apfelwürfel (E) zugeben und etwa 2 – 3 Min. andünsten. Mit Sojamilch (E) ablöschen, mit Pfeffer (M), Curry (M) und Ingwer (M) würzen. Die Gemüsebrühe (W) unterrühren, die Suppe 10 Min. köcheln.

2. Shoyu (W) und Zitronensaft (H) zufügen, Kurkuma (F) unterrühren. Die Suppe pürieren und das aufgelöste Kuzu (E) langsam einrühren, nochmals kurz aufkochen.

3. Mit Schnittlauch (M) bestreuen und servieren.

Tofu-Rührei mit Tomaten

Zutaten:

2 EL Öl
1 Zwiebel
2 Frühlingszwiebeln
schwarzer Pfeffer
Salz
1 EL Shoyu (Sojasauce) oder Tamari
2 Tomaten
1/2 Bd. Basilikum
1/2 TL Kurkuma
400 g Tofu, natur
100 ml Sojasahne

Vorbereitung:

Basilikum waschen, mit einem Küchentuch trocken tupfen und fein hacken. Tomaten waschen, in feine Würfel schneiden. Zwiebel schälen und fein würfeln. Tofu mit einer Gabel zerbröseln. Frühlingszwiebeln waschen und in feine Ringe schneiden.

Zubereitung:

1. Eine Pfanne erwärmen (F), das Öl (E) erhitzen, Zwiebel (E) glasig dünsten.

2. Frühlingszwiebeln (M) zugeben, mit Pfeffer (M) und Salz (W) würzen. Shoyu (W) und Tomatenwürfel (H) zufügen. Basilikum (F) und Kurkuma (F) unterrühren.

3. Tofubrösel (E) und Sojasahne (E) unterheben. Unter ständigem Rühren ca. 4 Min. andünsten. Mit Pfeffer (M) und Salz (W) abschmecken.

Kokosbrot

Zutaten:

375 g Dinkelmehl Type 1050
1 Päck. Weinstein-Backpulver
1 Msp. Kurkuma
1/2 TL Vollrohrzucker
140 g Kokosflocken
1 Prise Kardamom
1/2 TL Salz
250 ml Wasser
1 TL Zitronensaft

Raps- oder Sonnenblumenöl

Zubereitung:

1. Dinkelmehl (H) und Weinstein-Backpulver (H) in eine Rührschüssel geben. Kurkuma (F), Vollrohrzucker (E) und Kokosflocken (E) zugeben. Mit Kardamom (M) und Salz (W) würzen. Wasser (W) und Zitronensaft (H) untermischen, zu einem glatten Teig kneten.

2. Den Teig in 16 Portionen teilen. Mit bemehlten Händen kleine Kugeln formen und diese zu Fladen flach drücken.

3. Eine Pfanne erwärmen (F) und im heißem Öl (E) etwa 2 Min. von beiden Seiten goldbraun ausbacken.

Süßer Polentabrei

Zutaten:

1 l Wasser, heiß
1 EL Sesamöl
1/2 TL Kardamom
1/2 TL Ingwer, frisch gerieben
1 Prise Salz
3 EL Zitronensaft
1 Msp. Kurkuma
200 g Polenta (Maisgrieß)
50 ml Sojasahne oder Sahne
20 g Rosinen
3 EL Reissirup oder Honig
1/2 TL Zimt
1 TL Tahin
30 g Pinienkerne, geröstet

Tipp:

• Der abgekühlte Polentabrei lässt sich am nächsten Morgen aus der Schale stürzen, und mit etwas Sojamilch verrührt, erneut erwärmen.

Zubereitung:

1. Heißes Wasser (F) in einen Topf gießen und zusammen mit Sesamöl (E), Kardamom (M), Ingwer (M), und Salz (W) zum Kochen bringen. Zitronensaft (H) und Kurkuma (F) mit einem Schneebesen unterrühren. Die Polenta (E) unter ständigem Rühren langsam einrieseln lassen. Bei geringer Hitze unter ständigem Rühren 15 – 20 Min. kochen.

2. Herd ausschalten und den Polentabrei weitere 5 Min. quellen lassen. Dabei immer wieder umrühren.

3. Die Sojasahne (E) unterrühren und den Brei mit Rosinen (E), Reissirup (E), Zimt (E) und Tahin (E) verfeinern. Die Pinienkerne (E) untermischen, in Schalen füllen und warm servieren.

Überbackene Polenta

Zutaten:

1 l Wasser, heiß
1 EL Öl
1/2 TL Kardamom
1/2 TL Ingwer, frisch gerieben
1 Prise Salz
1 EL Reisessig (Genmai Su)
1 Msp. Kurkuma
200 g Polenta (Maisgrieß)

2 EL Öl
1 Zucchini
2 Frühlingszwiebeln
2 EL Shoyu (Sojasauce) oder Tamari
1 EL Zitronensaft
1/2 Bd. Rucola
schwarzer Pfeffer
Parmesankäse
2 EL Petersilie, fein gehackt

Tipp:

- Polenta lässt sich sehr gut für einige Tage vorkochen. Die Schnitten halten sich im Kühlschrank gut 2 – 3 Tage. Dadurch verkürzt sich die tägliche Zubereitungszeit.
- Die Polenta kann z. B. auch mit Obst, Zimt und Vanillezucker als süße Variante belegt werden.

Vorbereitung:

Frühlingszwiebeln putzen, waschen und in feine Ringe schneiden. Rucola waschen und fein hacken. Den Backofen auf 150°C vorheizen. Zucchini waschen, putzen und in feine Würfel schneiden.

Zubereitung:

1. Heißes Wasser (F) in einen Topf gießen und zusammen mit Öl (E), Kardamom (M), Ingwer (M), und Salz (W) zum Kochen bringen. Reisessig (H) und Kurkuma (F) mit einem Schneebesen unterrühren. Die Polenta (E) unter ständigem Rühren langsam einrieseln lassen. Bei geringer Hitze 15 – 20 Min. kochen und danach auf ein mit Öl gefettetes Blech 1 cm dick verstreichen und auskühlen lassen.

2. Die Polenta in ca. 7 x 10 cm große Rechtecke schneiden und auf ein Backblech legen.

3. Eine Pfanne erwärmen (F), das Öl (E) darin erhitzen, die Zucchini (E) und Frühlingszwiebeln (M) andünsten. Mit Shoyu (W) und Zitronensaft (H) ablöschen. Rucola (F) unterheben und erkalten lassen.

4. Die Polentastücke (E) mit dem gedünsteten Gemüse belegen und mit Pfeffer (M), Parmesankäse (W) und Petersilie (H) bestreuen. Im Backofen (F) ca. 8 – 10 Min. überbacken.

Tomatensuppe

Zutaten:

150 g Tofu, natur
2 EL Öl
schwarzer Pfeffer
Salz
1 EL Petersilie, fein gehackt
1/2 TL Rosmarin, getrocknet
1/2 TL Thymian, getrocknet

2 EL Öl
2 Zwiebeln
2 Knoblauchzehen
schwarzer Pfeffer
Salz
1,2 kg Tomaten
1 Zweig Oregano
200 g Karotten
1 Prise Curry
2 EL Shoyu (Sojasauce) oder Tamari
850 ml Gemüsebrühe
2 EL Sauerrahm
1 Zweig Basilikum

Vorbereitung:

Tofu-Croutons:

Tofu (E) in kleine Würfel schneiden, mit 2 EL Öl (E), Pfeffer (M), Salz (W), Petersilie (H), Rosmarin (F) und Thymian (F) marinieren. In einer Pfanne goldgelb anbraten und beiseitestellen.

Zwiebeln und Knoblauchzehen schälen, fein hacken. Tomaten waschen, in feine Würfel schneiden. Karotten schälen und fein würfeln. Oregano waschen, mit einem Küchentuch trocken tupfen und fein hacken. Frühlingszwiebeln putzen, waschen und in feine Ringe schneiden. Basilikum waschen und die Blättchen vom Stiel zupfen.

Zubereitung:

1. Einen Topf erwärmen (F) und 2 EL Öl (E) erhitzen. Zwiebeln (E) und Knoblauch (M) glasig andünsten.

2. Mit Pfeffer (M) und Salz (W) würzen. Die Tomaten (H) und Oregano (F) zugeben. Karotten (E) unterheben, mit Curry (M) und Shoyu (W) würzen.

3. Mit Gemüsebrühe (W) ablöschen und ca. 25 – 30 Min kochen lassen.

4. Anschließend Sauerrahm (H) zugeben und die Tomatensuppe pürieren.

5. Mit Basilikum (F) und Tofuwürfel (E) bestreuen und servieren.

Pilzsuppe

Zutaten:

3 EL Öl
1 Zwiebel
1 Knoblauchzehe
schwarzer Pfeffer
Salz
10 g Dinkelmehl
30 g Grünkern, fein gemahlen
500 ml Wasser, heiß

2 EL Öl
100 g Champignons
100 g Shiitakepilze
100 g Austernpilze
2 Frühlingszwiebeln
schwarzer Pfeffer
2 EL Shoyu (Sojasauce) oder Tamari
150 ml Gemüsebrühe
4 EL Weißwein
1 EL Zitronensaft
1 EL Petersilie, fein gehackt
100 g Sauerrahm oder Crème fraîche

Variante:

Anstelle von Sauerrahm/Crème fraîche kann auch Sahne oder Sojasahne verwendet werden. Um im Kreislauf der Elemente zu bleiben, müssen Sie dann bei der Zubereitung zuvor etwas aus dem Feuer-Element zugeben.

Tipp:

• Sie können die Suppe auch ohne Weißwein, nur mit Zitronensaft zubereiten.

Vorbereitung:

Zwiebel und Knoblauchzehe schälen, fein hacken. Pilze putzen, waschen und in feine Würfel schneiden.

Zubereitung:

1. Einen Kochtopf erwärmen (F) und das Öl (E) darin erhitzen. Zwiebel (E), und Knoblauch (M) zugeben und glasig anbraten. Mit Pfeffer (M) und Salz (W) würzen. Dinkelmehl (H) und Grünkern (H) einrühren. Das heiße Wasser (F) langsam zugeben und mit dem Mehl klumpenfrei verrühren. Die Suppe ca. 10 Min. köcheln lassen.

2. Eine Pfanne erwärmen (F), das Öl (E) darin erhitzen, die Pilze (E) und Frühlingszwiebeln (M) anbraten. Mit Pfeffer (M) würzen und mit Shoyu (W) ablöschen. Die Gemüsebrühe (W), Wein (H) und Zitronensaft (H) unterrühren, kurz aufkochen lassen und die Petersilie (H) zugeben.

3. Die Pilzmischung unter die Suppe rühren, gut vermischen und servieren.

4. Sauerrahm (H) unterrühren und servieren.

Blumenkohl-suppe

Zutaten:

2 EL Öl
1 Zwiebel
1 Blumenkohl
1 Prise Muskatnuss
schwarzer Pfeffer
1/4 TL Curry
Salz
1 l Gemüsebrühe
50 ml Weißwein
1/4 TL Kurkuma
100 ml Sojasahne oder Sahne
1 Frühlingszwiebel

Vorbereitung:

Zwiebel schälen, fein hacken. Blumenkohl putzen, waschen und in kleine Röschen teilen. Den Strunk in kleine Würfel schneiden. Frühlingszwiebel waschen und in feine Ringe schneiden.

Zubereitung:

1. Einen Topf erwärmen (F) und das Öl (E) darin erhitzen. Zwiebel (E) glasig andünsten. Die Blumenkohlröschen samt Strunk (E) zugeben, mit Muskatnuss (M), Pfeffer (M), Curry (M) und Salz (W) würzen.

2. Mit Gemüsebrühe (W) und Weißwein (H) ablöschen und Kurkuma (F) unterrühren. Anschließend ca. 20 Min. köcheln lassen, bis der Blumenkohl (E) weich ist, dann pürieren. Sahne (E) zugeben und mit Frühlingszwiebelringen (M) bestreut servieren.

Brokkolicreme-suppe

Zutaten:

2 EL Öl
1 Zwiebel
500 g Brokkoli
schwarzer Pfeffer
Salz
1 l Gemüsebrühe
2 EL Shoyu (Sojasauce) oder Tamari
50 g Frischkäse
50 g Schafskäse
20 g Mandelblättchen, geröstet

Vorbereitung:

Zwiebel schälen, fein hacken. Brokkoli putzen, waschen, in kleine Röschen teilen. Stiele schälen, in kleine Stücke schneiden.

Zubereitung:

1. Einen Topf erwärmen (F) und das Öl (E) erhitzen. Zwiebel (E) glasig andünsten. Die Brokkoliröschen samt Stiele (E) zugeben, mit Pfeffer (M), und Salz (W) würzen.

2. Mit Gemüsebrühe (W) und Shoyu (W) ablöschen und ca. 15 Min. köcheln lassen. Frischkäse (H) und Schafskäse (F) unterrühren, danach die Suppe pürieren. In Suppentassen anrichten, mit Mandelblättchen (E) bestreut servieren.

Couscoussalat

Zutaten:

500 ml Wasser, kochend
2 EL Olivenöl
schwarzer Pfeffer
1 EL Suppengemüse aus dem Glas
200 g Couscous
3 EL Zitronensaft
3 Tomaten
100 g Schafskäse
3 EL Olivenöl
3 Frühlingszwiebeln
1/2 Bd. Dill
schwarzer Pfeffer
Salz

Variante:

Anstelle von Couscous kann auch Bulgur verwendet werden. Die frischen Tomaten können durch getrocknete, in Öl eingelegte Tomaten ersetzt werden.

Tipp:

- Das „Suppengemüse aus dem Glas" ist im Spätsommer unter der Rezeptrubrik „Eingemachtes" zu finden.

Vorbereitung:

Frühlingszwiebeln putzen, waschen und in feine Ringe schneiden. Tomaten waschen, fein würfeln. Dill waschen, mit einem Küchentuch trocken tupfen und fein hacken. Schafskäse in feine Würfel schneiden.

Zubereitung:

1. In kochendes Wasser (F) das Olivenöl (E) zugeben und etwas Pfeffer (M) unterrühren. Das Suppengemüse (W) darin auflösen und unter ständigem Rühren Couscous (H) einstreuen, ca. 20 Min. ausquellen lassen. Anschließend in eine Salatschüssel umfüllen.

2. Zitronensaft (H) unter den Couscous (H) rühren. Tomaten (H) und Schafskäse (F) untermengen. Das Olivenöl (E), die Frühlingszwiebeln (M) und Dill (M) zugeben. Bei Bedarf mit Pfeffer (M) und Salz (W) abschmecken.

Kichererbsen-salat

Zutaten:

125 g Kichererbsen, getrocknet
600 ml Einweichwasser
600 ml Kochwasser

1/2 Bd. Petersilie
1/2 Bd. Rucola
150 g Champignons
1 Frühlingszwiebel
1/2 Bd. Radieschen

Marinade:
1 EL Ume Su
4 EL Balsamico
1 Prise Rosenpaprika
6 EL Olivenöl
schwarzer Pfeffer

Tipp:

• Sie können auch Kichererbsen aus dem Glas verwenden. Dann entfällt die Einweichzeit und die Zubereitung geht sehr schnell.

Vorbereitung:

Die Kichererbsen werden am Vortag eingeweicht. Am nächsten Tag wird das Einweichwasser weggeschüttet.

Verwenden Sie zum Kochen frisches Wasser. Die Kichererbsen ca. 60 Min. bei mittlerer Hitze kochen, bis sie weich sind. Die Frühlingszwiebel putzen, waschen und in feine Ringe schneiden. Radieschen und Champignons waschen und in feine Scheiben schneiden. Petersilie waschen, mit einem Küchentuch trocken tupfen und fein hacken. Rucola waschen, die Stiele abschneiden und fein hacken.

Zubereitung:

1. Kichererbsen (W) in eine Schüssel geben. Petersilie (H), Rucola (F), Champignons (E), Frühlingszwiebel (M) und Radieschen (M) unterheben.

2. Für die Marinade Ume Su (W), Balsamico (H), Rosenpaprika (F), Olivenöl (E) und Pfeffer (M) miteinander vermischen.

3. Die Marinade unter den Salat mischen und ca. 10 Min. durchziehen lassen.

Pfifferlingsalat mit Tofucroutons

Zutaten:

200 g Tofu, natur

Tofu-Marinade:
1 EL Öl
schwarzer Pfeffer
1 EL Shoyu (Sojasauce) oder Tamari
1 EL Reisessig (Genmai Su)
1 Prise Kurkuma

2 EL Öl
200 g Pfifferlinge
1 Paprikaschote, rot
1 Frühlingszwiebel
1 EL Shoyu (Sojasauce) oder Tamari
1 EL Zitronensaft
schwarzer Pfeffer
Salz

Dressing:
2 EL Balsamico
1 Prise Rosenpaprika
1 Prise Kurkuma
4 EL Öl
1 TL Agaven- oder Apfeldicksaft
1 TL Senf
schwarzer Pfeffer
Salz
1 TL Zitronensaft

1 Kopfsalat

Vorbereitung:

Kopfsalat waschen, in mundgerechte Stücke zupfen und trocken schütteln. Paprikaschote waschen, halbieren, vom Kerngehäuse und den Trennwänden befreien und fein würfeln. Pilze waschen und in feine Streifen schneiden.

Zubereitung:

1. Tofu (E) in 1 cm große Würfel schneiden. Eine Marinade herstellen aus: Öl (E), Pfeffer (M), Shoyu (W), Reisessig (H) und Kurkuma (F), die Tofuwürfel darin 10 Min. marinieren.

2. Eine Pfanne erwärmen (F) und das Öl (E) darin erhitzen. Pfifferlinge (E), Paprikawürfel (E) und die Frühlingszwiebel (M) kurz anbraten. Mit Shoyu (W) und Zitronensaft (H) ablöschen, aus der Pfanne nehmen und beiseitestellen.

3. Die Pfanne nochmals erwärmen (F) und die marinierten Tofuwürfel (E) darin anbraten. Mit Pfeffer (M) und Salz (W) würzen.

4. Für das Dressing den Balsamico (H) mit Rosenpaprika (F), Kurkuma (F) und Öl (E) vermischen. Dicksaft (E) und Senf (M) unterrühren. Mit Pfeffer (M), Salz (W) und Zitronensaft (H) abschmecken.

5. Den Kopfsalat (F) auf einer Platte anrichten, mit dem Dressing beträufeln und die Tofuwürfel (E) und Pilze (E) darüber verteilen.

Kohlrabi-Carpaccio

Zutaten:

300 g Kohlrabi
1 EL Apfel- oder Agavendicksaft
3 EL Olivenöl
1 TL Senf
Kräutersalz
2 EL Reisessig (Genmai Su)
1 EL Petersilie, fein gehackt
1 Prise Kurkuma
30 g Pinienkerne, geröstet
bunter Pfeffer
20 g Parmesankäse, fein gerieben

Tipp:

• Servieren Sie dazu Grissini, die mit Parma- oder Serrano-Schinken umwickelt sind.

Vorbereitung:

Kohlrabi schälen, halbieren und in hauchdünne Scheiben schneiden.

Zubereitung:

1. Die Kohlrabischeiben (E) auf einer Platte fächerartig anrichten.

2. Für das Dressing Dicksaft (E), Olivenöl (E), Senf (M), Kräutersalz (W) und Reisessig (H) vermischen. Petersilie (H) und Kurkuma (F) unterrühren.

3. Die Kohlrabischeiben (E) mit dem Dressing beträufeln. Pinienkerne (E) darüber verteilen, mit Pfeffer (M) würzen und mit Parmesankäse (W) bestreuen.

Gratinierte Rote Bete

Vorbereitung:

Rote Bete waschen und Blätter über dem Ansatz abschneiden. Thymian waschen, mit einem Küchentuch trocken tupfen und die Blättchen von den Stielen zupfen. Sonnenblumenkerne grob hacken.

Zutaten:

2 l Wasser, kochend
750 g Rote Bete

4 EL Olivenöl
1/2 TL Ingwer, fein gerieben
Salz
1 EL Shoyu (Sojasauce) oder Tamari
1 EL Petersilie, fein gehackt
2 EL Zitronensaft
1 – 2 Zweige Thymian
20 g Sonnenblumenkerne
3 – 4 EL Vollkornbrösel
schwarzer Pfeffer

150 ml Gemüsebrühe

Zubereitung:

1. Rote Bete (F) in kochendem Wasser (F) etwa 20 – 25 Min. weich kochen, die Schale von den Knollen pellen und vierteln.

2. Olivenöl (E), Ingwer (M), Salz (W) und Shoyu (W) in eine Schüssel geben. Petersilie (H) zufügen, Zitronensaft (H) und Thymian (F) unterrühren. Die Vollkornbrösel (E) untermischen und die Rote Bete (F) mit der Masse bestreichen.

3. Rote Bete (F) in eine Auflaufform setzen, mit Sonnenblumenkernen (E) bestreuen, danach mit Pfeffer (M) würzen.

4. Die Gemüsebrühe (W) in die Auflaufform gießen und im Backofen bei 180°C etwa 12 – 15 Min. überbacken.

Tipp:

- Bei der Verwendung von vorgegarter Rote Bete kann die Zubereitungszeit wesentlich verkürzt werden.

Kürbis mit Maronen

Zutaten:

1 EL Rapskernöl
1,2 kg Hokkaido-Kürbis
300 g Äpfel
200 g Maronen, vakuumverpackt
1/2 TL Ingwer, frisch gerieben
1 EL Ume Paste
50 ml Wasser
1 EL Shoyu (Sojasauce) oder Tamari
1 TL Reisessig (Genmai Su)
1 Prise Kurkuma
1 TL Agaven- oder Apfeldicksaft
schwarzer Pfeffer
Salz
1/2 Bd. Petersilie

Tipp:

- Empfohlenes Kochgeschirr: Große Hochrandpfanne oder eine Wok-Pfanne.
- Harmoniert sehr gut mit Hirse oder eignet sich als Beilage zu Bratlingen.

Vorbereitung:

Kürbis halbieren, Kerne und Innenfasern entfernen. Das Fruchtfleisch samt Schale in kleine Würfel schneiden. Die Äpfel waschen, vierteln, die Kerngehäuse entfernen und ebenfalls würfeln. Die Maronen in halbe Stücke schneiden. Petersilie waschen, mit einem Küchentuch trocken tupfen und fein hacken.

Zubereitung:

1. Eine Pfanne erwärmen (F), das Öl (E) darin erhitzen und die Kürbisstücke (E) etwa 2 – 3 Min. anbraten. Apfelwürfel (E) und Maronen (E) unterheben. Ingwer (M) und Ume Paste (W) untermischen, mit Wasser (W) ablöschen. Etwa 8 Min. dünsten, dabei immer wieder umrühren, bis die Kürbisstücke bissfest sind.

2. Mit Shoyu (W), Reisessig (H), Kurkuma (F) und Dicksaft (E) abschmecken. Mit Pfeffer (M) und Salz (W) würzen, mit Petersilie (H) bestreut servieren.

Holz Feuer Erde Metall Wasser

Austernpilz-Burger

Zutaten:

100 g Buchweizengrütze
250 ml Wasser, kochend

250 g Austernpilze
150 g Birne
50 g Vollkornbrösel
200 g Tofu, natur
1 TL Senf
schwarzer Pfeffer
1 Prise Muskatnuss
1/2 TL Curry
1 Frühlingszwiebel
2 EL Shoyu (Sojasauce) oder Tamari
1/2 Bd. Petersilie

Öl zum Anbraten

Tipp:

• Dazu harmoniert sehr gut die „Würzige Pflaumensauce" aus der Rezeptrubrik „Eingemachtes" aus diesem Kapitel.

Vorbereitung:

Buchweizengrütze mit heißem Wasser übergießen und quellen lassen. Pilze putzen, waschen und in feine Würfel schneiden. Frühlingszwiebel waschen, putzen und in feine Ringe schneiden. Tofu mit einer Gabel zerbröseln. Petersilie waschen, mit einem Küchentuch trocken tupfen und fein hacken. Die Birne waschen und vierteln. Die Kerngehäuse entfernen und ebenfalls fein würfeln.

Zubereitung:

1. Austernpilze (E), Birnenwürfel (E), Vollkornbrösel (E) und Tofu (E) in einer Schüssel vermischen. Mit Senf (M), Pfeffer (M), Muskatnuss (M) und Curry (M) würzen. Frühlingszwiebelringe (M) unter die Masse mischen. Shoyu (W) und Petersilie (H) zugeben, unter die Buchweizengrütze (F) mischen.

2. Die Masse zu Bratlingen formen und im heißen Öl (E) ausbacken.

Vorbereitung:

Die Pilze waschen und in feine Würfel schneiden. Zwiebel und Knoblauchzehe schälen und fein hacken. Petersilie und Thymian waschen, mit einem Küchentuch trocken tupfen. Die Thymianblättchen von den Stielen zupfen. Petersilie und Thymian fein hacken.

Zubereitung:

Polentaschnitten

1. Heißes Wasser (F) in einen Topf gießen und zusammen mit Öl (E), Kardamom (M), Ingwer (M), und Salz (W) zum Kochen bringen. Reisessig (H) und Kurkuma (F) mit einem Schneebesen unterrühren. Die Polenta (E) unter ständigem Rühren langsam einrieseln lassen. Bei geringer Hitze unter ständigem Rühren 15 – 20 Min. kochen und danach auf ein mit Öl gefettetes Blech 1 cm dick verstreichen und auskühlen lassen.

Zutaten:

1 l Wasser, heiß
1 EL Öl
1/2 TL Kardamom
1/2 TL Ingwer, frisch gerieben
1 TL Salz
1 EL Reisessig (Genmai Su)
1 Msp. Kurkuma
200 g Polenta (Maisgrieß)

2 EL Öl
250 g Shiitakepilze
1 Zwiebel
1 Knoblauchzehe
1 Prise Muskatnuss
schwarzer Pfeffer
1 EL Shoyu (Sojasauce) oder Tamari
1/2 Bd. Petersilie
1 – 2 Zweige Thymian

50 ml Sojasahne oder Sahne
schwarzer Pfeffer
Salz
50 g Vollkorn-Weizenbrösel
1 Prise Rosenpaprika
4 EL Öl

2. Eine Pfanne erwärmen (F), das Öl (E) darin erhitzen (E), die Shiitakepilze (E), Zwiebel (E) und Knoblauch (M) andünsten. Mit Muskatnuss (M), Pfeffer (M) und Shoyu (W) würzen. Petersilie (H) und Thymian (F) unterrühren, erkalten lassen.

3. Die Polenta in ca. 7 x 10 cm große Rechtecke schneiden. Die Hälfte davon mit der Pilzmasse belegen, mit einem anderen Stück belegen und leicht andrücken.

4. Die Sojasahne (E) mit Pfeffer (M) und Salz (W) in einem tiefen Teller vermischen. Die Vollkorn-Weizenbrösel (H) in einen zweiten Teller geben und mit Rosenpaprika (F) vermischen.

5. Zum Panieren die Polentaschnitten in die Sahne tauchen, anschließend in den Vollkorn-Weizenbröseln wenden. Im heißen Öl von beiden Seiten goldbraun anbraten.

Gemüse aus dem Wok

Zutaten:

1 EL Öl
500 g Hokkaido-Kürbis
2 Zwiebeln, rot
1/2 Paprikaschote, rot
50 g Zuckerschoten
50 g Maronen, vakuumverpackt
100 g Chinakohl
100 g Austernpilze
1 Frühlingszwiebel
1/2 TL Ingwer, frisch gerieben
100 ml Gemüsebrühe
1 EL Shoyu (Sojasauce) oder Tamari
1 TL Reisessig (Genmai Su)
1 Prise Kurkuma
1 TL Agaven- oder Apfeldicksaft
schwarzer Pfeffer
Salz
1/2 Bd. Petersilie

Tipp:

- Empfohlenes Kochgeschirr:
  Eine Wok-Pfanne.

Vorbereitung:

Kerne und Innenfasern vom Kürbis entfernen, das Fruchtfleisch samt Schale in kleine Würfel schneiden. Die Zwiebeln schälen, halbieren, in feine Streifen schneiden. Zuckerschoten waschen und die Stielansätze entfernen. Chinakohl waschen und in Streifen schneiden. Paprikaschote waschen, vom Kerngehäuse und den Trennwänden befreien und in Würfel schneiden. Frühlingszwiebel putzen, waschen und in feine Ringe schneiden. Austernpilze putzen und in Streifen schneiden. Die Maronen halbieren. Petersilie waschen, mit einem Küchentuch trocken tupfen und fein hacken.

Zubereitung:

1. Wok-Pfanne erwärmen (F), das Öl (E) darin erhitzen, die Kürbisstücke (E) ca. 2 – 3 Min. anbraten. Die Zwiebeln (E), Paprikawürfel (E) und Zuckerschoten (E) unterheben, unter ständigem Rühren ca. 5 Min. braten. Maronen (E), Chinakohl (E), Austernpilze (E) und Frühlingszwiebelringe (M) zugeben. Ingwer (M) untermischen und mit Gemüsebrühe (W) ablöschen. Etwa 5 Min. dünsten, dabei immer wieder umrühren, bis das Gemüse bissfest ist.

2. Mit Shoyu (W), Reisessig (H), Kurkuma (F) und Dicksaft (E) abschmecken. Mit Pfeffer (M) und Salz (W) würzen, mit Petersilie (H) bestreut servieren.

Süßkartoffeln mit Lauch und Pilzen

Zutaten:

2 EL Öl
2 Zwiebeln
500 g Süßkartoffeln
1 Lauchstange
schwarzer Pfeffer
Salz
100 ml Gemüsebrühe
2 EL Limetten- oder Zitronensaft
1 Prise Kurkuma
200 g Shiitakepilze
1 – 2 Zweige Koriander
1 EL Shoyu (Sojasauce) oder Tamari
200 g Cocktailtomaten

Tipp:

- Empfohlenes Kochgeschirr: Wok-Pfanne.
- Servieren Sie als Beilage Reis oder Hirse.

Vorbereitung:

Süßkartoffeln schälen, erst in Scheiben, dann in Stifte schneiden. Lauchstange putzen, waschen und in feine Ringe schneiden. Zwiebeln schälen, halbieren und feine Streifen schneiden. Die Tomaten waschen und halbieren. Die Pilze putzen, waschen und in feine Streifen schneiden. Koriander waschen und die Blättchen von den Stielen zupfen.

Zubereitung:

1. Wok-Pfanne erwärmen (F) und das Öl (E) darin erhitzen. Die Zwiebeln (E), Süßkartoffeln (E) und die Lauchringe (M) etwa 3 – 4 Min. anbraten. Mit Pfeffer (M) und Salz (W) würzen.

2. Gemüsebrühe (W) zugießen, mit Limettensaft (H) beträufeln. Mit Kurkuma (F) bestäuben, die Shiitakepilze (E) unterheben und zugedeckt etwa 2 Min. garen, bis die Süßkartoffeln weich sind.

3. Die Korianderblätter (M) zugeben, Shoyu (W) und Tomaten (H) unterheben und sofort servieren.

Lammfleisch-röllchen

Zutaten:

Füllung:
1 EL Öl
100 g Karotten
2 Frühlingszwiebeln
schwarzer Pfeffer
Salz
1/2 Bd. Petersilie
100 g Pastinaken

8 Lammschnitzel (je 80 g)

Würzmischung:
2 EL Öl
schwarzer Pfeffer
Salz
1 TL Zitronensaft
1 Msp. Rosenpaprika
1/2 TL Rosmarin, getrocknet

2 EL Öl
2 Knoblauchzehen
1 EL Shoyu (Sojasauce) oder Tamari
100 ml Gemüsebrühe
3 EL Tomatenmark
150 ml Rotwein

Zahnstocher

Tipp:

• Servieren Sie als Beilage Ofenkartoffeln, Quinoa, Hirse oder Reis.

Vorbereitung:

Die Frühlingszwiebeln putzen, waschen und in feine Ringe schneiden. Karotten und Pastinaken putzen, schälen und fein raspeln. Knoblauchzehen schälen und fein hacken.

Zubereitung:

1. Eine Pfanne erwärmen (F) und das Öl (E) darin erhitzen. Karotten (E) und Frühlingszwiebeln (M) 1 – 2 Min. anbraten, mit Pfeffer (M) und Salz (W) würzen. Petersilie (H) und Pastinaken (F) zugeben, kurz mitbraten und abkühlen lassen.

2. Die Lammschnitzel (F) mit einem schweren Messer flach drücken. Die Zutaten für die Würzmischung der Reihe nach miteinander vermischen und die Lammschnitzel damit bestreichen. Das abgekühlte Gemüse auf den Lammschnitzeln verteilen, aufrollen und mit Zahnstochern fixieren.

3. Eine hohe, beschichtete Pfanne erhitzen (F), die Lammfleischröllchen (F) in Öl (E) von allen Seiten gut anbraten.

4. Knoblauch (M) zugeben, kurz mitbraten, mit Shoyu (W) und Gemüsebrühe (W) ablöschen. Tomatenmark (H) unterrühren und aufkochen. Rotwein (F) hinzufügen, die Lammfleischröllchen zugedeckt bei schwacher Hitze etwa 40 Min. weich kochen. Die Lammfleischröllchen dabei immer wieder mit Sauce beträufeln und evtl. Rotwein (F) nachgießen.

Rindfleisch mit Paprika

Zutaten:

600 g Rindsrouladen
1 TL Speisestärke
schwarzer Pfeffer
Salz
2 EL Zitronensaft
3 EL Öl
2 Zwiebeln
1 Paprikaschote, rot
1 Paprikaschote, gelb
1/2 TL Ingwer, frisch gerieben
schwarzer Pfeffer
Salz
125 ml Gemüsebrühe
1 EL Tomatenmark
1 Prise Rosenpaprika
1 TL Vollrohrzucker
1/2 TL Sambal Olek
3 EL Shoyu (Sojasauce) oder Tamari
1/2 Bd. Petersilie

Tipp:

- Empfohlenes Kochgeschirr: Wok-Pfanne.
- Als Beilage eignet sich Reis, Hirse, Couscous oder Quinoa.

Vorbereitung:

Paprikaschoten waschen, halbieren, vom Kerngehäuse und den Trennwänden befreien und in feine Streifen schneiden. Zwiebeln schälen, halbieren und in feine Streifen schneiden. Petersilie waschen, mit einem Küchentuch trocken tupfen und fein hacken.

Zubereitung:

1. Das Rindfleisch (E) in feine Streifen schneiden und mit Speisestärke vermischen. Mit Pfeffer (M) und Salz (W) würzen und mit Zitronensaft (H) beträufeln.

2. Eine Wok-Pfanne erwärmen (F) und das Öl (E) erhitzen. Zwiebeln (E) und Paprika (E) unter Rühren etwa 3 Min. braten, herausnehmen und beiseitestellen. Das Rindfleisch (E) zugeben und kräftig anbraten. Anschließend das Gemüse wieder untermischen.

3. Ingwer (M) unterrühren, mit Pfeffer (M) und Salz (W) würzen. Gemüsebrühe (W) und das Tomatenmark (H) zugeben, mit Rosenpaprika (F) bestreuen. Vollrohrzucker (E), Sambal Olek (M) und Shoyu (W) unterrühren. Mit Petersilie bestreuen und servieren.

Vorbereitung:

Karotten schälen und in Würfel schneiden. Zwiebeln und Knoblauchzehen schälen, fein hacken. Lauchstange und Sellerieknolle waschen. Lauchstange in Ringe, Sellerieknolle in Würfel schneiden.

Tomaten heiß überbrühen, häuten und vierteln. Kräuter waschen, mit einem Küchentuch trocken tupfen und fein hacken.

Osso Buco

Zubereitung:

1. Die Kalbshaxenscheiben (E) pfeffern (M) und salzen (W) und in Mehl (H) wenden. Einen großen, flachen Topf erwärmen (F) und das Öl (E) erhitzen. Das Fleisch (E) darin von beiden Seiten braun anbraten, herausnehmen und beiseitestellen. Den Backofen auf 150°C vorheizen.

2. Die Karotten-, Zwiebel- und Selleriewürfel (E) im Bratensatz des Topfes kurz anbraten. Lauch (M) und Knoblauch (M) zugeben. Mit Shoyu (W), Wasser (W) und Weißwein (H) ablöschen. Die Tomatenwürfel (H) sowie die gehackten Kräuter (F) unterrühren.

Zutaten:

4 Scheiben Kalbshaxen (1500 g)
schwarzer Pfeffer
Salz
3 EL Weizen- oder Dinkelmehl
4 EL Olivenöl
150 g Karotten
2 Zwiebeln
150 g Sellerieknolle
1 Lauchstange
2 Knoblauchzehen
2 EL Shoyu (Sojasauce) oder Tamari
350 ml Wasser
125 ml Weißwein, trocken
400 g Tomaten
2 Zweige Rosmarin
2 Zweige Thymian
2 Zweige Oregano

3. Die angebratenen Kalbshaxenscheiben (E) wieder in den Topf zum Gemüse geben und zugedeckt im Ofen 120 Min. bei 180°C garen. Zwischendurch umrühren und die Haxenstücke wenden. Anschließend ohne Deckel weitere 25 Min. garen.

4. Das Fleisch aus dem Topf nehmen, auf einer Platte anrichten und mit dem Gemüse und Fond überziehen.

Tipp:

• Servieren Sie dazu Reis. Eine traditionell italienische Beilage sind in Olivenöl geschwenkte Spaghetti mit geriebenem Parmesankäse, oder Polenta.

Pute in Teriyaki-Sauce

Zutaten:

3 EL Öl
700 g Putenbrust
5 EL Sake (Reiswein)
5 EL Mirin (Kochwein)
8 EL Shoyu (Sojasauce) oder Tamari
1 TL Reisessig (Genmai Su)
1 Prise Kurkuma
1 EL Vollrohrzucker
schwarzer Pfeffer
200 g Rettich, weiß
1 EL Ume Su
1 – 2 Zweige Petersilie
1 Prise Rosenpaprika
1 EL Sesamsamen, schwarz

Variante:

Anstelle von Rettich kann auch Kohlrabi verwendet werden.

Vorbereitung:

Petersilie waschen, mit einem Küchentuch trocken tupfen und fein hacken. Rettich schälen, in feine Scheiben schneiden. Die Scheiben aufeinander legen, danach in 1 cm breite Streifen schneiden. Putenbrust kalt abspülen, trocken tupfen und in mundgerechte Stücke schneiden.

Eine Pfanne erhitzen und die Sesamsamen darin ohne Fett etwa 1 Min. rösten, dann beiseitestellen.

Eine Pfanne erwärmen und 1 EL Öl zugeben. Die Rettichstreifen unter ständigem Rühren etwa 2 Min. braten, aus der Pfanne nehmen und beiseitestellen.

Zubereitung:

1. Eine Pfanne erwärmen (F) und 2 EL Öl (E) darin erhitzen. Die Putenwürfel (M) etwa 2 Min. anbraten. Die beiden Reisweine Sake (M) und Mirin (M) sowie Shoyu (W) und Reisessig (H) zugeben. Mit Kurkuma (F) bestäuben, Vollrohrzucker (E) unterrühren, mit Pfeffer (M) würzen. Bei schwacher Hitze weitere 2 Min. garen.

2. Rettichstreifen (M) mit Ume Su (W) beträufeln und auf einer Platte anrichten. Mit Petersilie (H) bestreuen, danach mit Rosenpaprika (F) bestäuben. Die Sesamkörner (E) darüber streuen und die Putenwürfel (M) auf dem Rettich anrichten.

Thunfisch mit Auberginen

Zutaten:

2 EL Öl
1 Zwiebel, rot
2 Knoblauchzehen
schwarzer Pfeffer
Salz
600 g Thunfischfilet
1 EL Zitronensaft
1 Prise Rosenpaprika
1/2 Bd. Thymian
500 g Auberginen
2 EL Öl
schwarzer Pfeffer
1/2 TL Kreuzkümmel
2 EL Shoyu (Sojasauce) oder Tamari
100 ml Wasser
2 EL Tomatenmark
125 ml Weißwein
1 Msp. Kurkuma
1 TL Vollrohrzucker
schwarzer Pfeffer
Salz
1 EL Zitronensaft
1/2 Bd. Petersilie
1 Granatapfel

Tipp:

• Empfohlenes Kochgeschirr: Wok-Pfanne.

Vorbereitung:

Thunfisch kalt abspülen, trocken tupfen und in mundgerechte Stücke schneiden. Zwiebel und Knoblauchzehen schälen und fein hacken. Auberginen waschen, putzen und in kleine Würfel schneiden; mit etwas Salz bestreuen und kurz ziehen lassen. Thymian und Petersilie waschen, trocken tupfen und die Blättchen fein hacken. Kreuzkümmel im Mörser fein zerkleinern. Granatapfel halbieren und die Kerne herauslösen.

Zubereitung:

1. Eine Wok-Pfanne erwärmen (F) und das Öl (E) darin erhitzen. Zwiebel (E) und Knoblauch (M) glasig anbraten. Mit Pfeffer (M) und Salz (W) würzen, den Fisch (W) zugeben. Rundherum anbraten, mit Zitronensaft (H) beträufeln, mit Rosenpaprika (F) bestäuben und wieder herausnehmen und beiseitestellen.

2. Thymian (F) und Auberginen (E) in Öl (E) kurz anbraten. Mit Pfeffer (M) und Kreuzkümmel (M) würzen, mit Shoyu (W) und Wasser (W) ablöschen. Tomatenmark (H) und Weißwein (H) unterrühren. Mit Kurkuma (F), Vollrohrzucker (E), Pfeffer (M) und Salz (W) abschmecken.

3. Die Fischwürfel (W) zur Sauce geben und mit Zitronensaft (H) beträufeln. Mit Petersilie (H) und Granatapfelkernen (F) bestreut servieren.

Seelachs mit Tomaten

Zutaten:

3 EL Öl
1 Zwiebel, rot
2 Knoblauchzehen
schwarzer Pfeffer
Salz
700 g Seelachsfilet
400 g Kirschtomaten
1 Bd. Basilikum
1 – 2 Zweige Thymian
1 – 2 Zweige Estragon
1 Prise Chilipulver
schwarzer Pfeffer
2 EL Shoyu (Sojasauce) oder Tamari
Salz

Variante:

Anstelle von Seelachs können Sie auch andere Fischsorten verwenden, z.B. Schwertfisch, Seeteufel oder Thunfisch.

Vorbereitung:

Seelachs kalt abspülen und trocken tupfen, danach in mundgerechte Stücke schneiden. Zwiebel schälen und in feine Würfel schneiden. Knoblauchzehen schälen und fein hacken. Tomaten waschen und vierteln. Basilikum waschen, die Blättchen von den Stielen zupfen, und in Streifen schneiden. Thymian waschen, und die Blättchen abstreifen. Estragon waschen, fein hacken.

Zubereitung:

1. Eine Pfanne erwärmen (F) und das Öl (E) darin erhitzen. Zwiebel (E) und Knoblauch (M) glasig anbraten. Mit Pfeffer (M) und Salz (W) würzen, den Fisch (W) zugeben.

2. Tomaten (H), Basilikum (F), Thymian (F) und Estragon (E) zufügen. Unter vorsichtigem Wenden etwa 4 Min. braten. Mit Chilipulver (M), Pfeffer (M), Shoyu (W) und Salz (W) abschmecken.

Fisch-Gemüse-Spieße

Zutaten:

400 g Fischfilet (z.B. Rotbarsch, Seelachs)
2 EL Zitronensaft

Marinade:
1 EL Reisessig (Genmai Su)
1 – 2 Zweige Thymian
1 Prise Rosenpaprika
1 Prise Kurkuma
4 EL Olivenöl
schwarzer Pfeffer
Salz

8 Kumquats (Mini-Orangen)
1 Karambole (Sternfrucht)
1/2 Paprikaschote, rot
2 Frühlingszwiebeln

8 Holzspieße

Variante:

Es eignen sich auch Gemüsesorten wie z. B. Cocktailtomaten, Zucchinischeiben und Zwiebeln. Auch Ananas und Garnelen harmonieren gut dazu.

Tipp:

- Die Spieße können auch in einer Pfanne mit etwas Öl von beiden Seiten angebraten und bei mittlerer Temperatur ca. 4 Min. mit der restlichen Marinade gedünstet werden.
- Reichen Sie als Beilage körnig gekochten Reis oder Knoblauchbrot.

Vorbereitung:

Die Fischfilets kalt abspülen, trocken tupfen und mit Zitronensaft beträufeln. Anschließend in große Würfel schneiden. Thymian waschen, trocken schütteln, Blättchen von den Stielen zupfen und fein hacken. Frühlingszwiebeln putzen, waschen und in 2 cm lange Stücke schneiden. Kumquats waschen und halbieren. Karambole waschen und in Scheiben schneiden. Paprikaschote waschen, Kerngehäuse und Trennwände entfernen und in feine, längliche Streifen schneiden.

Zubereitung:

1. Für die Marinade Reisessig (H) und Thymian (F) in eine Schüssel geben. Rosenpaprika (F) und Kurkuma (F) zugeben, mit Olivenöl (E) vermischen. Mit Pfeffer (M) und Salz (W) abschmecken, die Fischfiletwürfel (W) darin ca. 20 Min. marinieren.

2. Abwechselnd Fischfiletwürfel und Obst oder Gemüse auf die Holzspieße stecken.

3. Auf den Grillrost legen und von beiden Seiten etwa 4 - 5 Min. grillen. Dabei mehrmals umdrehen und mit der übrigen Marinade bestreichen.

Holz Feuer Erde Metall Wasser

Paprika-Tofu-Aufstrich

Zutaten:

400 g Tofu, natur
1 Paprikaschote, rot
100 ml Olivenöl
schwarzer Pfeffer
1 Beet Kresse
1 EL Ume Paste
1/2 Bd. Petersilie
1 Prise Kurkuma
1 Prise Rosenpaprika

Vorbereitung:

Paprikaschote waschen, halbieren, vom Kerngehäuse und den Trennwänden befreien und mit dem Tofu 10 Min. dämpfen. Tofu mit einer Gabel zerbröseln. Die Haut der Paprikaschote abziehen und fein würfeln. Petersilie waschen, mit einem Küchentuch trocken tupfen und fein hacken. Kresse mit einer Schere vom Beet abschneiden.

Zubereitung:

1. Tofu (E), Paprika (E) und Öl (E) in eine Schüssel geben. Mit Pfeffer (M) würzen, Kresse (M) u. Ume Paste (W) zugeben. Petersilie (H), Kurkuma (F), Rosenpaprika (F) untermischen, pürieren.

2. Den Aufstrich in ein Schraubglas füllen, im Kühlschrank aufbewahren und innerhalb einer Woche aufbrauchen.

Kichererbsen-Aufstrich

Zutaten:

125 g Kichererbsen, aus dem Glas
80 ml Wasser
1 EL Ume Paste
3 EL Zitronensaft
2 Zweige Thymian
1 Prise Kurkuma
1 Prise Rosenpaprika
2 EL Tahin
40 ml Olivenöl
2 Frühlingszwiebeln
schwarzer Pfeffer
Salz

Vorbereitung:

Frühlingszwiebeln waschen und in feine Ringe schneiden. Thymian waschen, die Blättchen von den Stielen zupfen.

Zubereitung:

1. Die Kichererbsen (W) unter Zugabe von 80 ml Wasser (W) pürieren. Nacheinander Ume Paste (W), Zitronensaft (H), Thymian (F), Kurkuma (F), Rosenpaprika (F) und Tahin (E) zugeben. Das Olivenöl (E) und die Frühlingszwiebeln (M) unterrühren, mit Pfeffer (M) und Salz (W) abschmecken.

2. Den Aufstrich in ein Schraubglas füllen, im Kühlschrank aufbewahren und innerhalb einer Woche aufbrauchen.

Feigen al forno

Zutaten:

8 Feigen, frisch
10 g Butter oder Öl

2 EL Zitronensaft
1 Prise Kakao
2 EL Cognac
2 TL Vanillezucker
4 EL Sojasahne oder Sahne
25 g Haselnüsse, gemahlen
25 g Mandeln, gemahlen
25 g Pistazien, gehackt
1 Prise Zimt
1 Prise Kardamom
1 Prise Salz

Variante:

Wenn Sie keinen Alkohol verwenden möchten, können Sie den Cognac einfach weglassen.

Tipp:

• Als Beilage eignet sich die Zimtsahne, deren Zubereitung Sie im Rezept „Überbackene Ananas" in diesem Kapitel finden.

Vorbereitung:

Backofen auf 220°C vorheizen. Feigen waschen, trocknen und die Stielansätze abschneiden. Über Kreuz einschneiden, so dass der Boden noch zusammenhängt. Eine Auflaufform mit Butter oder Öl ausstreichen und die Feigen in die Auflaufform setzen.

Zubereitung:

1. Zitronensaft (H), Kakao (F) und Cognac (F) in eine Schüssel geben, mit Vanillezucker (E) und Sahne (E) verrühren.

2. Gemahlene Haselnüsse (E) und Mandeln (E) unterheben. Einige der gehackten Pistazien für die Dekoration aufbewahren. Die restlichen Pistazien (E) zugeben, mit Zimt (E), Kardamom (M) und Salz (W) würzen.

3. Die Masse auf den Feigen verteilen. Im Backofen auf der mittleren Schiene ca. 10 Min. bei 225°C überbacken.

4. Die „Feigen al forno" auf Dessertteller setzen. Den Saft in der Auflaufform auffangen und über den Feigen verteilen.

Apfelküchlein

Zutaten:

50 ml Öl
2 EL Vollrohrzucker
1 Prise Kardamom
100 ml Hafermilch
1 Prise Salz
100 ml Mineralwasser mit Kohlensäure
5 EL Dinkelmehl
1 Msp. Weinstein-Backpulver

Öl zum Ausbacken

4 Äpfel (800 g)

3 EL Vollrohrzucker
1 TL Zimt

Vorbereitung:

Die Äpfel schälen, mit einem Apfelausstecher entkernen und in 1 cm dicke Ringe schneiden. Vollrohrzucker und Zimt vermischen und beiseitestellen.

Zubereitung:

1. Für den Teig Öl (E), den Vollrohrzucker (E), Kardamom (M), Hafermilch (M) und Salz (W) mit einem Schneebesen verrühren. Mineralwasser (W), Dinkelmehl (H) und Weinstein-Backpulver (H) zufügen. Das Ganze zu einem klumpenfreien Teig vermischen.

2. Eine Pfanne erwärmen (F) und das Öl (E) darin erhitzen. Die Apfelringe (E) in den Teig tauchen und portionsweise im heißen Öl (E) ausbacken. In noch warmem Zustand in der Zucker-Zimt-Mischung wenden.

Fruchtspieße auf Weincreme

Vorbereitung:

Die Schale der unbehandelten Zitrone waschen und fein hacken. Kiwi, Mango und Grapefruit schälen und in Scheiben schneiden. Karambole, Weintrauben und Kumquats können mit Schale gegessen werden, diese waschen und trocknen. Früchte abwechselnd auf Holz-Spieße stecken.

Zutaten:

2 Kiwis
1 Mango
1 Grapefruit
1 Karambole (Sternfrucht)
60 g rote Weintrauben
60 g Kumquats (Mini-Orangen)

Holzspieße

400 ml Reismilch
1 Prise Kardamom
1 Prise Salz
3 EL Zitronensaft
100 ml Weißwein
Schale einer unbehandelten Zitrone
3 EL Vollrohrzucker
25 g Speisestärke
1 Eigelb
1 Eiweiß

Zubereitung:

1. Reismilch (M) mit Kardamom (M), Salz (W), Zitronensaft (H) und Weißwein (H) zum Kochen (F) bringen. Zitronenschale (F) und Vollrohrzucker (E) einrühren, das aufgelöste Stärkemehl (E) langsam unterrühren. Einmal aufkochen, danach vom Herd nehmen. Das Eigelb (E) unterheben und in eine kalt ausgespülte Schüssel füllen.

2. Eiweiß (E) steif schlagen und unter die Weincreme rühren.

3. Die Schüssel in kaltes Wasser stellen und die Weincreme abkühlen lassen. Dabei mehrmals umrühren, damit sich keine Haut bildet.

4. Die Weincreme auf Tellern anrichten und mit den Fruchtspießen belegen.

Überbackene Ananas mit Zimt-sahne

Zutaten:

200 ml Sojasahne oder Sahne
3 EL Zitronensaft
1 Msp. Vanillepulver
2 Prisen Zimt

1 Ananas
1 Prise Kakao
1 TL Cognac
1 EL Butter oder Maiskeimöl
100 g Mandelsplitter
1 EL Reissirup oder Honig
1 Prise Kardamom
1 Prise Salz

Variante:

Wenn Sie keinen Alkohol verwenden möchten, können Sie den Cognac einfach weglassen.

Tipp:

• Lassen Sie sich beim Einkauf von Ihrer Nase führen. Eine reife Ananas sollte am Stielansatz aromatisch duften.

Vorbereitung:

Für die Zimtsahne die Sojasahne mit Zitronensaft, Vanille und Zimt steif schlagen, danach kalt stellen. Die Ananas in Scheiben schneiden, die Schale samt den tiefer sitzenden „Augen" abschneiden. Den harten Strunk aus der Mitte herausschneiden.

Zubereitung:

1. Die Ananasscheiben (H) in eine Auflaufform legen. Mit Kakao (F) bestäuben und mit Cognac (F) beträufeln.

2. Einen Topf erwärmen (F) und Butter oder Öl (E) erhitzen, Mandelsplitter (E) und Reissirup (E) zugeben. Kardamom (M) und Salz (W) unterrühren.

3. Die Ananasscheiben (H) mit dieser Masse bestreichen und im Backofen bei 180°C etwa 15 Min. überbacken, bis sich die Mandeln goldbraun färben.

4. Die überbackene Ananas mit Zimtsahne servieren.

Energiekugeln

Zutaten:

50 ml Orangensaft
2 EL Zitronensaft
100 ml Wasser, kochend
1/2 TL Kakao
80 g Rosinen oder Datteln
3 EL Haferflocken
1 Msp. Vanillepulver
100 g Mandeln, gemahlen
25 g Kokosflocken
30 g Sesam
1 Msp. Kardamom
1 Msp. Ingwerpulver
1 Prise Salz

50 g Kokosflocken
ca. 20 Pralinenförmchen

Variante:

Anstelle von Mandeln können Sie auch Haselnüsse verwenden.

Tipp:

- Die Kugeln sind im Kühlschrank bis zu einer Woche haltbar.

Vorbereitung:

Kokosflocken und Sesam in eine Pfanne geben und goldbraun rösten.

Zubereitung:

1. Orangen- und Zitronensaft (H) in eine Schüssel füllen. Das kochende Wasser (F) zugießen und Kakao (F) unterrühren. Die Rosinen (E) und Haferflocken (M) unterheben und 20 Min. ziehen lassen, danach pürieren.

2. Vanillepulver (E), Mandeln (E), Kokosflocken (E) und Sesam (E) untermischen. Kardamom (M), Ingwerpulver (M) und Salz (W) zugeben.

3. Das Ganze mit einem Teelöffel abstechen, mit feuchten Händen zu kleinen Kugeln formen und in Kokosflocken wenden.

4. In Pralinenförmchen setzen und kalt stellen.

Süß-saure Walnüsse

Zutaten:

50 Walnusshälften
1 l Wasser, kochend (zum Einweichen)

250 ml Reisessig (Genmai Su)
Schale einer unbehandelten Zitrone
350 g Vollrohrzucker
1/2 Zimtstange
1 Prise Kardamom
1/2 TL Ingwer, frisch gerieben
1 Prise Salz
200 ml des Einweichwassers
1 TL Zitronensaft
1 Msp. Kurkuma
50 Gewürznelken

Tipp:

- Als Beilage zu Enten-, Gänse- und Wildgerichten wie auch zu gekochtem Geflügel- oder Rindfleisch.
- Nach 1/2 Jahr Lagerzeit schmecken die Walnüsse am besten. Haltbarkeit: Bei kühler und dunkler Lagerung ca. 8 – 10 Monate.

Vorbereitung:

Die Walnüsse mit kochendem Wasser übergießen, über Nacht einweichen und die Nüsse am nächsten Tag aus dem Sud nehmen. Das Einweichwasser aufkochen. Die weichen Walnüsse 1 - 2 Mal mit einer Gabel einstechen und 5 Min. im kochenden Einweichwasser garen. Anschließend abtropfen lassen. Später werden 200 ml des Einweichwassers benötigt, der Rest kann weggeschüttet werden.

Zubereitung:

1. Reinessig (H), Zitronenschale (F) und Vollrohrzucker (E) in einen Topf geben und aufkochen. Zimtstange (E), Kardamom (M), Ingwer (M) und Salz (W) zugeben. Danach 200 ml vom Einweichwasser (W), Zitronensaft (H), und Kurkuma (F) unterrühren, das Ganze 10 Min. zu einem Sud einkochen.

2. Die Walnüsse (E) mit je einer Gewürznelke (M) spicken und in einen Keramiktopf legen. Mit dem warmen Sud übergießen und zugedeckt 1 Tag stehen lassen.

3. Den gesamten Inhalt des Keramiktopfes in einen Kochtopf füllen und die Walnüsse im Sud aufkochen. Heiß in Gläser einfüllen und sofort verschließen. Kühl und dunkel gestellt 3 - 4 Wochen durchziehen lassen.

Honig-Chili-Gurken

Zutaten:

1,5 kg Salatgurken
schwarzer Pfeffer
2 EL Salz

1/2 l Wasser
1/4 l Obstessig (Apfelessig)
3 EL Zitronensaft
2 Msp. Kurkuma
180 g Honig oder Reissirup
50 g Rosinen
1 Chilischote, rot
1 Chilischote, grün
2 EL Senfkörner
1 Ingwerscheibe pro Glas

Einmachgläser

Tipp:

- Die Honig-Chili-Gurken sind bei kühler und dunkler Lagerhaltung ungeöffnet etwa 6 Monate haltbar.
- Nach dem Öffnen im Kühlschrank aufbewahren. Möglichst innerhalb von 2 – 3 Wochen verzehren.

Vorbereitung:

Gurken schälen, längs halbieren, entkernen und in ca. 1 cm breite Streifen schneiden. Anschließend pfeffern, mit Salz vermischen und über Nacht durchziehen lassen.

Chilischoten waschen, halbieren, vom Kerngehäuse und den Trennwänden befreien und fein hacken.

Zubereitung:

1. Gurken abtropfen lassen.

2. Wasser (W) mit Obstessig (H), Zitronensaft (H), Kurkuma (F) und Honig (E) aufkochen.

3. Gurken (E) mit Rosinen (E), Chilischoten (M) und Senfkörner (M) in ein sauberes Einmachglas schichten und die Ingwerscheibe (M) zugeben.

4. Den aufgekochten Sud über die Gurken gießen, das Einmachglas verschließen und vor dem ersten Verzehr mindestens 3 Tage durchziehen lassen.

Würzige Pflaumensauce

Zutaten:

400 ml Wasser, kochend
250 g Trockenpflaumen
1/2 TL Zimt
2 EL Reissirup
1/2 TL Ingwer, frisch gerieben
1 Chilischote oder 1/2 TL Sambal Olek
3 EL Pflaumenwein oder Mirin
schwarzer Pfeffer
2 EL Shoyu (Sojasauce) oder Tamari
1 EL Zitronensaft
2 EL Petersilie, fein gehackt
1 Prise Kurkuma
1 Prise Rosenpaprika

Einmachgläser

Tipp:

- Die Sauce eignet sich sehr gut zu Wild- und Rindfleischgerichten sowie Bratlingen.
- Bei kühler und dunkler Lagerhaltung ist die Sauce 5 – 6 Monate haltbar.
- Nach dem Öffnen im Kühlschrank aufbewahren und innerhalb einer Woche verzehren.

Vorbereitung:

Die Trockenpflaumen in kochendes Wasser geben und 20 Min. einweichen, anschließend aufkochen. Chilischote waschen, halbieren, vom Kerngehäuse und den Trennwänden befreien und fein hacken.

Zubereitung:

1. Zu den weich gekochten Pflaumen (E) Zimt (E) und Reissirup (E) geben. Ingwer (M) und Chilischote (M) zufügen, mit Pflaumenwein (M), Pfeffer (M), Shoyu (W) und Zitronensaft (H) abschmecken. Petersilie (H), Kurkuma (F) und Rosenpaprika (F) unterheben und fein pürieren.

2. Die Pflaumensauce nochmals aufkochen und heiß in Einmachgläser einfüllen.

Suppengemüse aus dem Glas

Zutaten:

500 g Tomaten
1 Bd. Petersilie
1 Bd. Thymian
1 Bd. Oregano
500 g Karotten
500 g Sellerieknolle oder Staudensellerie
2 Lauchstangen
2 Zwiebeln
Salz

Einmachgläser

Tipp:

- Das Suppengemüse hält sich gekühlt 4 – 6 Monate.
- Eine gute Würzbasis für Saucen, Suppen und ersetzt den Brühwürfel.
- Zur Verarbeitung empfiehlt sich ein elektr. Fleischwolf.

Vorbereitung:

Alle Zutaten waschen und putzen. Karotten, Sellerie und Zwiebeln schälen und in kleine Würfel schneiden. Lauchstange in grobe Stücke schneiden. Kräuter waschen und die Blättchen von den Stielen zupfen.

Zubereitung:

1. Alle Zutaten durch den Fleischwolf drehen, anschließend genau abwiegen. Das ermittelte Gewicht wird durch 6 geteilt. Diese Menge wird an Salz zugegeben.

2. Das Gemisch gut verrühren und in Einmachgläser einfüllen.

Chilisauce

Zutaten:

250 ml Wasser
5 EL Reisessig (Genmai Su)
1 Prise Kurkuma
10 EL Vollrohrzucker
1 EL Sambal Olek
1/2 TL Salz

Zubereitung:

1. Wasser (W) mit Reisessig (H), Kurkuma (F) und Vollrohrzucker (E) aufkochen und 30 Min. bei schwacher Hitze köcheln lassen.

2. Sambal Olek (M) und Salz (W) zugeben und die leicht eingedickte Sauce abkühlen lassen.

Inhalt

Inhalt

Metall

Gemüsesuppe mit Quinoa

Zutaten:

80 g Quinoa
2 EL Öl
1 Zwiebel
150 g Karotten
1/2 Lauchstange
schwarzer Pfeffer
2 l Kraftsuppe oder Gemüsebrühe
1 TL Reisessig (Genmai Su)
1 Prise Kurkuma
4 Shiitakepilze, getrocknet
1/2 TL Ingwer, fein gerieben
20 g Rettich, getrocknet
3 EL Shoyu (Sojasauce) oder Tamari
1 EL Petersilie, fein gehackt

Tipp:

- Für einen energievollen Start in den Tag empfiehlt sich als Grundlage die „Kraftsuppe" aus den Frühstücksideen des Rezeptteiles „Winter".
- Ersatzweise können Sie auch Gemüsebrühe verwenden.

Vorbereitung:

Pilze und Rettich etwa 30 Min. in lauwarmem Wasser einweichen. Karotten schälen und putzen, erst in dünne Scheiben, dann in feine Juliennestreifen schneiden. Die Zwiebel schälen und fein hacken. Lauchstange putzen und in 4 cm lange Stücke, dann der Länge nach in feine Juliennestreifen schneiden. Pilze und Rettich abtropfen lassen und anschließend fein hacken.

Zubereitung:

1. Einen Topf erhitzen (F), Quinoa (F) zugeben und trocken rösten. Dann das Öl (E) unterrühren und die Zwiebel (E) anbraten. Karotten (E) und Lauch (M) zugeben und kurz mitbraten. Mit Pfeffer (M) würzen und der Brühe (W) ablöschen. Reisessig (H) zugeben, mit Kurkuma (F) bestäuben. Die Shiitakepilze (E), Ingwer (M) und Rettich (M) hinzufügen.

2. Das Gemüse und Quinoa in der Brühe etwa 15 Min. garen. Shoyu (W) unterrühren und mit Petersilie (H) bestreut servieren.

Reiscongee mit roten Linsen

Zutaten:

200 g Rundkornreis
1,8 l Wasser
1/2 TL Salz
1 EL Zitronensaft
1 Msp. Kurkuma

2 EL Öl
1 Zwiebel
100 g Karotten
1/2 TL Ingwer, fein gerieben
schwarzer Pfeffer
1/2 TL Kreuzkümmel
1 Lorbeerblatt
150 g Linsen, rot
600 ml Gemüsebrühe
1 TL Miso
2 EL Wasser
1 EL Tomatenmark
1 EL Reisessig (Genmai Su)
1 Msp. Kurkuma
1 Msp. Bockshornkleesamen, gemahlen
30 ml Olivenöl
schwarzer Pfeffer
1 TL Ume Paste
1 EL Petersilie, fein gehackt

Tipp:

- Die Zubereitungszeit lässt sich wesentlich verkürzen, wenn Sie vorgekochtes Reiscongee verwenden.
- Durch Zugabe von Öl werden Hülsenfrüchte bekömmlicher. Auch die wertvollen Milchsäurebakterien in der Ume Paste sowie die Petersilie tragen zur Bekömmlichkeit bei.

Vorbereitung:

Reis waschen, bis das Wasser klar bleibt. Linsen im kalten Wasser waschen, in ein Sieb geben, gut abspülen und abtropfen lassen. Zwiebel schälen und fein hacken. Karotten putzen, schälen und fein würfeln.

Zubereitung:

1. Reis (M) mit kaltem Wasser (W) und Salz (W) in einen hohen Topf geben und aufkochen. Danach auf die kleinste Stufe zurückschalten, gut durchrühren und mit geschlossenem Deckel etwa 2 Std. köcheln, bis ein dickflüssiger Reisbrei entsteht. Zitronensaft (H) und Kurkuma (F) unterrühren.

2. Das Öl (E) in einem zweiten Topf erhitzen, die Zwiebel (E) und Karotten (E) zugeben und etwa 3 – 5 Min. andünsten. Danach Ingwer (M), Pfeffer (M), Kreuzkümmel (M) und das Lorbeerblatt (M) zugeben. Die Linsen (W) unterrühren, mit Gemüsebrühe (W) ablöschen. Zugedeckt bei kleiner Temperatur ca. 25 – 30 Min. köcheln lassen, evtl. noch etwas Gemüsebrühe (W) nachgießen.

3. Das Miso (W) in Wasser (W) auflösen und zusammen mit Tomatenmark (H) unterrühren. Mit Reisessig (H), Kurkuma (F) und Bockshornkleesamen (F) würzen.

4. Das Olivenöl (E) zugeben und mit Pfeffer (M) abschmecken. Zum Schluss das Reiscongee (M) unter die Linsen rühren und mit Ume Paste (W) abschmecken. Mit Petersilie (H) bestreut servieren.

Metall

Rührei mit Shiitakepilzen

Zutaten:

2 EL Öl
2 Zwiebeln
1 Lauchstange
schwarzer Pfeffer
Salz
1/2 Bd. Petersilie
1/2 TL Kurkuma
200 g Shiitakepilze, frisch
4 Eier

Tipp:

• Als Beilage zu dem Rührei empfiehlt sich Hirse oder Quinoa.

Vorbereitung:

Die Eier in einer Schüssel verquirlen. Lauchstange waschen, und in feine Ringe schneiden. Petersilie waschen, mit einem Küchentuch trocken tupfen und fein hacken. Shiitakepilze putzen, waschen und in feine Scheiben schneiden. Zwiebeln schälen und fein hacken.

Zubereitung:

1. Eine Pfanne erwärmen (F), das Öl (E) darin erhitzen und die Zwiebeln (E) glasig andünsten.

2. Lauchringe (M) zugeben, mit Pfeffer (M) und Salz (W) würzen. Petersilie (H) unterrühren und mit Kurkuma (F) bestäuben. Die Shiitakepilze (E) zugeben und 1 – 2 Min. mitbraten. Die verquirlten Eier (E) darüber gießen und bei kleiner Hitze stocken lassen. Mit einem Holzschaber das gestockte Rührei vom Pfannenboden lösen, wenden und in kleine Stücke teilen. Nochmals mit Pfeffer (M) und Salz (W) abschmecken.

Metall

Reiscongee mit Birnen

Zutaten:

200 g Rundkornreis
1,8 l Wasser
1/2 TL Salz

2 EL Zitronensaft
1 Msp. Kakao
200 ml Traubensaft
1 Prise Zimt
1 Prise Kardamom
1 Prise Salz
20 ml Orangensaft
250 g Birnen
8 Walnusshälften

Variante:

Das Grundrezept „Reiscongee" lässt sich ganz unterschiedlich verfeinern, von süß bis pikant z. B. mit Kompott, gedünstetem Gemüse, Kräutern, Nüssen und Samen.

Tipp:

• Die Zubereitungszeit lässt sich verkürzen, wenn Sie vorgekochtes Reiscongee verwenden.

Vorbereitung:

Reis waschen, bis das Wasser klar bleibt. Die Walnusshälften in einer Pfanne ohne Zugabe von Fett trocken rösten, anschließend grob hacken und beiseitestellen. Die Birnen waschen, halbieren, schälen, die Kerngehäuse entfernen und in Würfel schneiden.

Zubereitung:

1. Reis (M) mit kaltem Wasser (W) und Salz (W) in einen hohen Topf geben und aufkochen. Dann auf die kleinste Stufe zurückschalten, gut durchrühren und mit geschlossenem Deckel etwa 2 Std. köcheln, bis ein dickflüssiger Reisbrei entsteht.

2. Zitronensaft (H), Kakao (F) und Traubensaft (E) in einem Topf verrühren. Zimt (E), Kardamom (M) und Salz (W) zugeben. Orangensaft (H) unterrühren und aufkochen (F). Die Birnen (E) zugeben und bei geringer Hitze in 8 – 10 Min. weich kochen. Die Walnüsse (E) unterheben und mit Reiscongee servieren.

Haferflocken-Birnen-Porridge

Zutaten:

100 ml Wasser, kochend
250 g Birnen
400 ml Hafermilch
100 g Haferflocken
1 Msp. Kardamom
1 Prise Salz
1 TL Zitronensaft
1 EL Kakao
150 ml Wasser, heiß
10 Walnusshälften
1/2 TL Ingwer, frisch gerieben
1 TL Ume Su
2 EL Sauerkirschkonfitüre

Variante:

Alternativ kann Reis- oder Sojamilch verwendet werden. Es ist möglich das Müsli mit Dinkelflocken und Äpfeln abzuwandeln. Anstelle von Walnüssen eignen sich ebenso Maronen.

Vorbereitung:

Die Birnen waschen und vierteln. Das Kerngehäuse entfernen und in Würfel schneiden. Die Walnusshälften grob hacken.

Zubereitung:

1. Kochendes Wasser (F) und Birnenwürfel (E) in einen Topf geben. Hafermilch (M), Haferflocken (M), Kardamom (M) und Salz (W) zugeben. Zitronensaft (H) und Kakao (F) unterrühren. Auf kleinster Stufe köcheln, evtl. heißes Wasser (F) nachgießen.

2. Die gehackten Walnüsse (E) und Ingwer (M) unterheben. Anschließend Ume Su (W) mit Sauerkirschkonfitüre (H) unterrühren und servieren.

Metall

Zwiebelsuppe

Zutaten:

6 EL Öl
5 Zwiebeln
1 EL Hirse- oder Maismehl
1 Prise Muskatnuss
schwarzer Pfeffer
1 Prise Curry
700 ml Gemüsebrühe
200 ml Weißwein
1/2 TL Kurkuma
1/2 TL Fenchelsamen
1/2 TL Kreuzkümmel
schwarzer Pfeffer
1 EL Shoyu (Sojasauce) oder Tamari

Vorbereitung:

Zwiebeln schälen und in dünne Ringe schneiden. Fenchelsamen und Kreuzkümmel im Mörser fein zerkleinern.

Zubereitung:

1. Einen Topf erwärmen (F) und das Öl (E) darin erhitzen. Die Zwiebelringe (E) ca. 15 Min. bei geringer Hitze andünsten. Das Hirsemehl (E) darüber stäuben, mit Muskatnuss (M), Pfeffer (M) und Curry (M) würzen.

2. Unter Rühren die Gemüsebrühe (W) und Weißwein (H) zugießen, Kurkuma (F) hinzufügen. Danach Fenchelsamen (E) und Kreuzkümmel (M) zugeben, mit Pfeffer (M) und Shoyu (W) abschmecken.

Grießsuppe mit Lauch

Zutaten:

1 Scheibe Vollkorntoast
1 EL Butter oder Maiskeimöl

3 EL Dinkelgrieß
2 EL Öl
1 Zwiebel
2 Knoblauchzehen
2 Lauchstangen
1 l Gemüsebrühe
1 EL Shoyu (Sojasauce) oder Tamari
1 TL Zitronensaft
1 Prise Kurkuma

Vorbereitung:

Zwiebel und Knoblauchzehen schälen, fein hacken. Lauchstange waschen, putzen und in Ringe schneiden. Toast in Würfel schneiden. Butter/Maiskeimöl in einer Pfanne erwärmen und die Brotwürfel darin anrösten.

Zubereitung:

1. Dinkelgrieß (H) in einem Kochtopf erwärmen (F) und trocken rösten. Das Öl (E) langsam zufügen. Zwiebel (E), Knoblauch (M) sowie Lauchringe (M) zugeben und 2 Min. andünsten.

2. Mit Gemüsebrühe (W) ablöschen, Shoyu (W), Zitronensaft (H) und Kurkuma (F) unterrühren, 8 Min. köcheln lassen.

3. Die Suppe mit Brotwürfel bestreuen und servieren.

Süßkartoffel-Kokos-Suppe

Zutaten:

2 EL Öl
2 Zwiebeln
2 Knoblauchzehen
1 Chilischote, frisch
schwarzer Pfeffer
1/2 TL Curry
1 l Gemüsebrühe
2 EL Shoyu (Sojasauce) oder Tamari
1 EL Zitronensaft
1 Prise Kurkuma
450 g Süßkartoffeln
200 ml Kokosmilch

30 g Kürbiskerne, geröstet
2 Frühlingszwiebeln

Variante:

Es gibt Kokosmilch in Dosen oder Kokoscreme fertig zu kaufen. Die Mühe des Selbermachens lohnt sich dennoch – probieren Sie es einfach aus!

Herstellung von Kokosmilch:

500 g Kokosflocken
750 ml kochendes Wasser

Die Kokosflocken in einem Topf geben und mit kochendem Wasser übergießen. Kurz aufkochen, mit einem Pürierstab durcharbeiten und durch ein feines Sieb streichen.

Vorbereitung:

Zwiebeln und Knoblauchzehen schälen, fein hacken. Chilischote waschen, putzen, längs aufschneiden, entkernen und ebenfalls fein hacken. Süßkartoffeln schälen und in kleine Würfel schneiden. Frühlingszwiebeln putzen, waschen und in feine Ringe schneiden.

Zubereitung:

1. Einen Topf erwärmen (F) und das Öl (E) darin erhitzen. Zwiebeln (E) und Knoblauch (M) glasig anbraten. Chili (M), Pfeffer (M) und Curry (M) zugeben.

2. Mit Gemüsebrühe (W) ablöschen, Shoyu (W), Zitronensaft (H) und Kurkuma (F) unterrühren. Süßkartoffeln (E) und Kokosmilch (E) dazugeben, aufkochen und weitere 5 - 6 Min. köcheln lassen, bis die Süßkartoffeln gar sind.

3. Die Suppe pürieren und mit Kürbiskernen (E) und Frühlingszwiebelringen (M) dekorieren.

Metall

Kokos-Chili-Suppe

Zutaten:

200 ml Kokosmilch
1 Chilischote, frisch
1 TL Ingwer, frisch gerieben
schwarzer Pfeffer
1 Stange Zitronengras
Salz
600 ml Gemüsebrühe
3 EL Zitronensaft
10 Cocktailtomaten
1 Prise Kurkuma
200 g Champignons
2 Frühlingszwiebeln

Tipp:

• Vor dem Servieren das Zitronengras
  entfernen.

Vorbereitung:

Frühlingszwiebeln waschen und in feine Ringe schneiden. Chilischote waschen, halbieren, vom Kerngehäuse und den Trennwänden befreien und fein hacken. Zitronengras waschen und in grobe Stücke schneiden. Champignons putzen und vierteln. Cocktailtomaten waschen, halbieren und die Stielansätze entfernen.

Zubereitung:

1. Einen Topf erwärmen (F) und die Kokosmilch (E) zugeben. Chilischote (M), Ingwer (M), Pfeffer (M), Zitronengras (M) und Salz (W) unterrühren. Die Gemüsebrühe (W) und Zitronensaft (H) hinzufügen und aufkochen (F) lassen.

2. Cocktailtomaten (H), Kurkuma (F) und Champignons (E) zugeben und 5 Min. bei schwacher Hitze garen.

3. In Suppentassen füllen, mit Frühlingszwiebelringen (M) bestreut servieren.

Metall

Rettichsalat

Zutaten:

1 großer Rettich, weiß (600 g)
4 EL Ume Su
1/2 TL Zitronensaft
1 Prise Rosenpaprika
1 EL Öl
schwarzer Pfeffer

Variante:

Der Salat kann auch mit dem schwarzen Win-
terrettich oder Radieschen zubereitet werden.

Vorbereitung:

Rettich schälen und fein raspeln.

Zubereitung:

1. Rettich (M) in eine Schüssel geben, mit Ume
Su (W) übergießen, 10 Min. ziehen lassen.

2. Für das Dressing den Zitronensaft (H) mit
Rosenpaprika (F), Öl (E) und Pfeffer (M) vermischen, über den Rettich (M) gießen. Gut durchmischen und nochmals 10 Min. ziehen lassen.

Rote Bete Salat

Zutaten:

800 g Rote Bete
2 l Wasser, kochend
30 g Pinienkerne, geröstet
2 Frühlingszwiebeln

Marinade:
1 EL Ume Su
1 EL Balsamico
1 Prise Kurkuma
4 EL Olivenöl
1 TL Agaven- oder Apfeldicksaft
schwarzer Pfeffer
Salz

Tipp:

• Rote Bete immer in der Schale kochen.
Auch die Garprobe sollte erst zum Ende
der Kochzeit mit einem spitzen Messer
durchgeführt werden, da die Knollen
sonst ausbluten und ihre intensive
Farbe verlieren.

Vorbereitung:

Rote Bete waschen und die Blätter über dem
Ansatz abschneiden. Frühlingszwiebeln putzen, waschen, danach in feine Ringe schneiden.

Zubereitung:

1. Die Rote Bete (F) in kochendem Wasser (F)
je nach Knollengröße etwa 15 – 20 Min.
weich kochen. Anschließend die Schale von
den Knollen pellen, abkühlen lassen, in
Scheiben schneiden und in eine Schüssel
geben. Die gerösteten Pinienkerne (E) und
Frühlingszwiebelringe (M) zugeben.

2. Für die Marinade Ume Su (W), Balsamico
(H), Kurkuma (F), Olivenöl (E) und Dicksaft (E)
vermischen, mit Pfeffer (M) und Salz (W)
abschmecken. Die Marinade unter den Salat
mischen und mind. 15 Min. durchziehen lassen.

Kartoffel-Carpaccio

Zutaten:

700 g Kartoffeln
2 Frühlingszwiebeln

Dressing:
1 EL Ume Su
2 EL Reisessig (Genmai Su)
1 EL Zitronensaft
1/2 Bd. Petersilie
1 Prise Kurkuma
1 Prise Rosenpaprika
6 EL Olivenöl
1 TL Agaven- oder Apfeldicksaft

schwarzer Pfeffer
20 g Parmesankäse, fein gerieben
1 EL Petersilie, fein gehackt

Vorbereitung:

Kartoffeln schälen, längs in dünne Scheiben schneiden und über Dampf weich garen. Backofen auf 80°C vorheizen. Die Frühlingszwiebeln putzen, waschen, danach in feine Ringe schneiden. Petersilie waschen, mit einem Küchentuch trocken tupfen und fein hacken.

Zubereitung:

1. Kartoffelscheiber (E) sorgfältig auf einer Platte ziegelförmig anrichten, mit den Frühlingszwiebelringen (M) bestreuen.

2. Für das Dressing zuerst Ume Su (W), Reisessig (H) und Zitronensaft (H) in eine Schüssel geben. Petersilie (H) zufügen, Kurkuma (F), Rosenpaprika (F), Olivenöl (E) und Dicksaft (E) unterrühren.

3. Die Kartoffelscheiben (E) mit dem Dressing beträufeln und anschließend pfeffern (M). Danach mit Parmesankäse (W) bestreuen und 10 Min. im Backofen überbacken. Mit Petersilie (H) bestreut servieren.

Metall

Süßkartoffelsalat

Zutaten:

100 ml Sojasahne
4 EL Olivenöl
1 EL Agavendicksaft
schwarzer Pfeffer
1/2 TL Senf
Salz
4 Gewürzgurken
50 ml Gurkensud
1 Prise Kurkuma
1,5 kg Süßkartoffeln
1 Zwiebel, rot
2 Frühlingszwiebeln

Tipp:

- Damit die Süßkartoffeln nicht zerfallen, sollten sie gut abgekühlt sein, bevor der Salat vorsichtig vermischt wird.

Vorbereitung:

Süßkartoffeln schälen, in dünne Scheiben schneiden und 15 Min. dämpfen. Frühlingszwiebeln putzen, waschen und in feine Ringe schneiden. Zwiebel schälen und fein hacken. Gewürzgurken in feine Ringe schneiden.

Zubereitung:

1. Für das Dressing Sojasahne (E) mit Öl (E), Agavendicksaft (E), Pfeffer (M), Senf (M) und Salz (W) vermischen. Gewürzgurken (H), Gurkensud (H) und Kurkuma (F) untermischen.

2. Süßkartoffeln (E) in eine Salatschüssel geben. Die Zwiebelwürfel (M) und Frühlingszwiebeln (M) zugeben.

3. Mit dem Dressing übergießen und kurz durchmischen.

Fenchelsalat mit Datteln

Zutaten:

50 g Datteln
6 EL Olivenöl
schwarzer Pfeffer
Salz
6 EL Wasser
4 EL Zitronensaft
1 Prise Rosenpaprika
8 Salatblätter (Radicchio oder Chicorée)
400 g Fenchelknollen
150 g Apfel
10 Walnusshälften

Vorbereitung:

Fenchel waschen, putzen, die Knollen halbieren und ca. 20 Min. dämpfen. Anschließend in feine Streifen schneiden. Datteln halbieren, entsteinen und in feine Würfel schneiden. Apfel waschen und vierteln. Das Kerngehäuse entfernen und in kleine Würfel schneiden. Die Salatblätter waschen, trocken schleudern. Die Walnusshälften grob hacken und beiseitestellen.

Zubereitung:

1. Für das Dressing ein Drittel der Datteln (E) mit Olivenöl (E), Pfeffer (M), Salz (W) und Wasser (W) vermischen. Zitronensaft (H) und Rosenpaprika (F) unterrühren und pürieren.

2. Die Salatblätter (F) auf Tellern anrichten.

3. Fenchelstreifen (E) und Apfelstücke (E) mit dem Dressing vermischen und auf den Salatblättern verteilen. Die restlichen Dattelwürfel (E) und die gehackten Walnüsse (E) darüber streuen.

Kürbis-Frittata

Zutaten:

150 g Dinkelmehl
1 Prise Kurkuma
1/2 TL Vollrohrzucker
1 Prise Kardamom
1 Prise Salz
125 ml Wasser
1 Päck. Weinstein-Backpulver
1 Prise Rosenpaprika
250 g Kürbis, fein geraspelt
1/2 TL Sambal Olek

300 ml Öl zum Frittieren

Tipp:

- Empfohlenes Kochgeschirr: Wok-Pfanne zum Frittieren.
- Servieren Sie dazu die „Chilisauce" aus der Rezeptrubrik „Eingemachtes", die im Spätsommer zu finden ist.

Vorbereitung:

Den Backofen auf 70°C vorheizen.

Zubereitung:

1. Dinkelmehl (H) m t Kurkuma (F), Vollrohrzucker (E), Kardamom (M) und Salz (W) vermischen. Wasser (W) zufügen und zu einem geschmeidigen Teig verkneten.

2. Je nach Konsisterz entweder noch etwas Wasser (W) oder Dinkelmehl (H) hinzufügen.

3. Das Weinstein-Backpulver (H) und Rosenpaprika (F) unterrühren. Die Kürbisraspel (E) und Sambal Olek (M) zugeben.

4. Das Öl im Wok erhitzen, mit zwei Teelöffeln kleine Nocken aus der Masse stechen. Diese portionsweise im heißen Öl ca. 3 – 4 Min. goldbraun frittieren. Mit einem Schaumlöffel herausheben und auf Küchenpapier abtropfen lassen. Die bereits fertigen Frittata im Backofen bei 70°C warm halten.

Metall

Blumenkohl mit Erdnüssen

Zutaten:

3 EL Öl
50 g Erdnusskerne, grob zerhackt
800 g Blumenkohl
1 Lauchstange
100 ml Wasser
Sauce:
4 EL Shoyu (Sojasauce) oder Tamari
3 EL Reisessig (Genmai Su)
1 Prise Kurkuma
1 EL Vollrohrzucker
1 TL Kuzu, aufgelöst (Speisestärke)
3 EL Mirin
1 Msp. Sambal Olek
1 EL Zitronensaft
1 Prise Rosenpaprika
schwarzer Pfeffer
Salz

Vorbereitung:

Blumenkohl putzen, waschen und in kleine Röschen teilen. Lauchstange waschen, in Streifen schneiden. Die Zutaten für die Sauce der Reihe nach miteinander vermischen.

Zubereitung:

1. Eine Pfanne erwärmen (F) und 1 EL Öl (E) darin erhitzen. Erdnüsse (E) 1 Min. anbraten, herausnehmen und beiseitestellen.

2. Das restliche Öl (E) zugeben, Blumenkohl (E) unter ständigem Rühren 4 – 5 Min. braten. Lauch (M) hinzufügen, kurz mitbraten und mit Wasser (W) ablöschen.

3. Die Sauce unterrühren, kurz aufkochen lassen. Zitronensaft (H) und Rosenpaprika (F) zugeben, die Erdnüsse (E) unterheben, mit Pfeffer (M) und Salz (W) abschmecken.

Ofenkartoffeln mit Gomasio

Zutaten:

1 kg Kartoffeln
4 EL Olivenöl
schwarzer Pfeffer
2 EL Shoyu (Sojasauce) oder Tamari
1 TL Zitronensaft
2 – 3 Zweige Thymian
1 Prise Kurkuma
1 Prise Rosenpaprika
1 EL Gomasio (Sesam-Salz-Gemisch)

Vorbereitung:

Backofen auf 180°C vorheizen. Kartoffeln waschen, längs halbieren, mit der Schnittfläche nach unten auf ein mit Backpapier ausgelegtes Blech legen. Thymian waschen und die Blättchen von den Stielen zupfen.

Zubereitung:

1. Die Kartoffeln (E) im Backofen bei 180°C etwa 20 – 25 Min. backen.

2. Für die Marinade das Olivenöl (E), Pfeffer (M), Shoyu (W), Zitronensaft (H), Thymian (F), Kurkuma (F) und Rosenpaprika (F) vermischen. Kartoffeln nach der Garzeit umdrehen, mit der Marinade bestreichen und nochmals 5 Min. überbacken, mit Gomasio bestreuen.

Aprikosen-Seitan-Gulasch

Zutaten:

Marinade:
1 EL Reisessig (Genmai Su)
1 EL Tomatenmark
1 Prise Rosenpaprika
1 Prise Kurkuma
1 Zweig Thymian
3 El Öl
1 Prise Zimt
schwarzer Pfeffer
1/2 TL Ingwer, frisch gerieben
2 EL Shoyu (Sojasauce) oder Tamari

1 kg Seitan, fein geschnetzelt

2 EL Öl
2 Zwiebeln
100 g Karotten
1 Lauchstange
2 EL Shoyu (Sojasauce)
1 EL Reisessig (Genmai Su)
1,2 l Wasser, heiß
100 ml Rotwein
100 g Aprikosen, getrocknet
2 Lorbeerblätter
1 EL Ume Paste

Tipp:

- Empfohlenes Kochgeschirr: Wok-Pfanne oder ein großer Kochtopf.
- Servieren Sie als Beilage Reis, Hirse oder Quinoa.

Vorbereitung:

Aprikosen in heißem Wasser 15 Min. einweichen, anschließend in kleine Stücke schneiden. Thymian waschen, mit einem Küchentuch trocken tupfen, die Blättchen von den Stielen zupfen und fein hacken. Karotten schälen und in Würfel schneiden. Lauchstange putzen, waschen und in feine Ringe schneiden. Zwiebeln schälen und in Würfel schneiden.

Zubereitung:

1. Für die Marinade Reisessig (H) und Tomatenmark (H) vermischen. Rosenpaprika (F), Kurkuma (F) sowie Thymian (F) zugeben. Das Öl (E) unterrühren, mit Zimt (E), Pfeffer (M), Ingwer (M) und Shoyu (W) abschmecken. Das Seitan-Geschnetzelte (H) untermischen und mind. 15 Min. marinieren.

2. Wok-Pfanne erwärmen (F), das Öl (E) darin erhitzen, Zwiebeln (E) und Karotten (E) kurz anbraten. Lauch (M) zugeben und mit Shoyu (W) ablöschen. Das marinierte Seitan-Geschnetzelte (H) unterrühren, Reisessig (H), heißes Wasser (F) und Rotwein (F) zugießen, danach aufkochen (F).

3. Aprikosenstücke (E) unterrühren, Lorbeerblätter (M) hinzufügen und mit geschlossenem Deckel bei schwacher Hitze 30 Min. köcheln. Ab und zu überprüfen ob noch genügend Flüssigkeit vorhanden ist und evtl. Wasser (W) nachgießen. Zum Schluss Ume Paste (W) unterrühren.

Metall

Backkürbis mit Schafskäse

Zutaten:

1,2 kg Moschus-Speisekürbis
2 Frühlingszwiebeln
1 TL Shoyu (Sojasauce) oder Tamari
1 TL Zitronensaft
200 g Schafskäse
1 EL Kürbiskerne
schwarzer Pfeffer
Salz
1/2 Bd. Petersilie
1 Prise Rosenpaprika
1 Prise Kurkuma
2 EL Olivenöl

Variante:

Dieses Gericht kann auch mit Hokkaido-Kürbis zubereitet werden.

Vorbereitung:

Kürbis schälen, Kerne und Innenfasern entfernen, halbieren und 10 Min. dämpfen. Petersilie waschen, mit einem Küchentuch trocken tupfen, fein hacken. Schafskäse in Würfel schneiden. Frühlingszwiebeln putzen, waschen und in feine Ringe schneiden. Die Kürbiskerne grob zerhacken. Backofen auf 180°C vorheizen.

Zubereitung:

1. Die Kürbishälften (E) in eine Auflaufform legen.

2. Frühlingszwiebeln (M) in eine Schüssel geben, mit Shoyu (W) und Zitronensaft (H) beträufeln. Schafskäse (F) unterrühren, die Kürbiskerne (E) zugeben und mit Pfeffer (M) und Salz (W) würzen. Petersilie (H) unterheben, mit Rosenpaprika (F) und Kurkuma (F) abschmecken und das Olivenöl (E) unterrühren.

3. Die Kürbishälften (E) mit der Masse befüllen und im Backofen ca. 25 – 30 Min. bei 180°C überbacken.

Metall

Kaninchen in Sherrysauce

Zutaten:

1 Kaninchen
(etwa 1,5 kg in 8 Teile zerlegt)
schwarzer Pfeffer
Salz
3 EL Zitronensaft
1/2 TL Rosenpaprika
4 EL Öl
1 Lauchstange
4 Knoblauchzehen
250 ml Sherry
50 ml Wasser
2 EL Oliven, schwarz
1 TL Tomatenmark
1 Prise Kurkuma
50 g Mandeln, geröstet
schwarzer Pfeffer
Salz

1 Bd. Petersilie

Variante:

Dieses Rezept lässt sich auch mit Hühnerfleisch abwandeln. Anstatt Sherry eignet sich auch Portwein oder Marsala.

Tipp:

- Kaninchen und Geflügel sollten immer gut durchgegart werden. Um das festzustellen, sticht man mit einem spitzen Messer in die dickste Stelle eines Fleischstückes. Nach kurzer Zeit tritt Saft aus. Sobald der Fleischsaft klar ist, ist das Fleisch gar und kann serviert werden.
- Empfohlenes Kochgeschirr: Wok-Pfanne.

Vorbereitung:

Das Kaninchen kalt abspülen und trocken tupfen. Petersilie waschen, mit einem Küchentuch trocken tupfen und fein hacken. Knoblauchzehen schälen und vierteln. Lauchstange putzen, waschen und in Ringe schneiden.

Zubereitung:

1. Das Kaninchenfleisch (M) mit Pfeffer (M) und Salz (W) würzen. Mit Zitronensaft (H) beträufeln und mit Rosenpaprika (F) bestäuben. Wok-Pfanne erwärmen (F) und das Öl (E) darin erhitzen. Das Kaninchenfleisch (M) darin rundherum anbraten, wieder herausnehmen und beiseitestellen.

2. Lauch (M) und Knoblauch (M) im verbliebenen Fett anbraten. Mit Sherry (M) ablöschen und das Kaninchenfleisch (M) wieder zugeben. Wasser (W) unterrühren, die Oliven (W) hinzufügen. Tomatenmark (H) zugeben, mit Kurkuma (F) bestäuben, die gerösteten Mandeln (E) untermischen und zugedeckt bei kleiner Hitze etwa 40 Min. schmoren.

3. Die Sauce mit Pfeffer (M) und Salz (W) abschmecken, das Kaninchenfleisch mit der Petersilie (H) bestreut servieren.

Kalbsbraten mit Rosmarin

Zutaten:

Würzmarinade:
150 ml Öl
schwarzer Pfeffer
Salz
2 EL Zitronensaft
1/2 TL Rosenpaprika

1 kg Kalbsschulter
2 Karotten
2 Stangen Staudensellerie
3 Zwiebeln, rot
2 Knoblauchzehen
2 Scheiben Ingwer, 1 cm dick
300 ml Kalbsfond
2 EL Shoyu (Sojasauce) oder Tamari
500 ml Weißwein
4 Zweige Rosmarin

Tipp:

- Als Beilage eignen sich Ofenkartoffeln oder Süßkartoffel-Knusperecken.
- Servieren Sie z. B. bittere Blattsalate dazu. Auch der Rotkraut-, Fenchel- oder Rosenkohlsalat sind eine ideale Beilage.
- Empfohlenes Kochgeschirr: Ofenfeste Kasserolle.

Vorbereitung:

Das Kalbfleisch waschen und trocken tupfen. Zwiebeln und Karotten schälen, in Würfel schneiden. Knoblauchzehen schälen und fein hacken. Staudensellerie waschen, die Fäden entfernen und in Scheiben schneiden. Rosmarin waschen, die Nadeln abstreifen. Backofen auf 200°C vorheizen.

Zubereitung:

1. Für die Würzmarinade das Öl (E) mit Pfeffer (M), Salz (W), Zitronensaft (H) und Rosenpaprika (F) vermischen.

2. Kalbfleisch (E) mit der Würzmarinade einstreichen, in eine ofenfeste Kasserolle legen und mit der restlichen Marinade begießen. Karotten (E), Staudensellerie (E) und Zwiebeln (M) um den Braten legen. Den Knoblauch (M) und die Ingwerscheiben (M) zugeben. Kalbsfond (W), Shoyu (W) und Weißwein (H) zugießen, mit Rosmarinnadeln (F) bestreuen.

3. Die Hitze im Backofen auf 170°C reduzieren, den Kalbsbraten etwa 45 – 50 Min. im Backofen schmoren. Dabei immer wieder mit dem Bratensaft übergießen. Falls die Flüssigkeit verdampft ist, noch etwas Fond, Wasser oder Wein nachgießen.

Scharfe Hack-fleischpfanne

Zutaten:

3 EL Öl
500 g Rinderhackfleisch
5 Stangen Staudensellerie
2 Paprikaschoten, mittelgroß
1 – 2 Chilischoten
2 Knoblauchzehen
1 Prise Kreuzkümmel
schwarzer Pfeffer
Salz
250 ml Fleischbrühe
2 TL Tomatenmark
1 Prise Rosenpaprika

200 g Sauerrahm
1 Bd. Petersilie

Variante:

Bei Zugabe von Bohnen, kann das Gericht zu „Chili con carne" abgewandelt werden.

Tipp:

• Servieren Sie dazu Kartoffelpüree, Reis, Polenta oder Tortillachips.

Vorbereitung:

Paprika- und Chilischoten waschen, halbieren, vom Kerngehäuse und den Trennwänden befreien, in feine Würfel schneiden. Staudensellerie waschen, die Fäden entfernen, in schmale Scheiben schneiden. Knoblauchzehen schälen und fein hacken. Petersilie waschen, mit einem Küchentuch trocken tupfen, fein hacken und mit dem Sauerrahm zu einer Kräuter-Sauce verrühren.

Zubereitung:

1. Eine Pfanne erwärmen (F), das Öl (E) darin erhitzen. Rinderhackfleisch (E) zugeben und unter ständigem Rühren bei starker Hitze anbraten, bis es hellbraun und krümelig ist. Staudensellerie (E) und Paprika (E) hinzufügen, kurz mitbraten

2. Chilischote (M) und Knoblauch (M) unterrühren, mit Kreuzkümmel, (M) Pfeffer (M) und Salz (W) würzen. Die Fleischbrühe (W) und das Tomatenmark (H) zugeben, mit Rosenpaprika (F) bestreuen und zugedeckt bei mittlerer Hitze etwa 5 Min. schmoren lassen.

3. Die Hackfleischpfanne mit der Kräuter-Sauce servieren.

Vorbereitung:

Rindergulasch von Fettstücken und Sehnen befreien, in etwa 2 cm große Würfel schneiden. Zwiebeln und Karotten schälen und in würfeln. Knoblauchzehen schälen und fein hacken. Staudensellerie waschen, von den Fäden befreien und in schmale Scheiben schneiden. Petersilie waschen, mit einem Küchentuch trocken tupfen und fein hacken.

Rotweingulasch mit Zwiebeln

Zutaten:

2 EL Öl
700 g Rindergulasch
100 g Karotten
1 Stange Staudensellerie
3 Zwiebeln, rot
2 Knoblauchzehen
2 EL Shoyu (Sojasauce) oder Tamari
1 EL Dinkelmehl
1 Prise Rosenpaprika
750 ml trockener Rotwein
Pfefferkörner, rot
Salz
evtl. etwas Wasser
1 TL Zitronensaft

1 Bd. Petersilie

Tipp:

- Empfohlenes Kochgeschirr: Wok-Pfanne.
- Als Beilage eignen sich Reis und Blatt-salate.

Zubereitung:

1. Wok erwärmen (F) und das Öl (E) darin erhitzen. Das Rindergulasch (E) portionsweise darin anbraten, wieder herausnehmen und beiseitestellen.

2. Karotten (E), Staudensellerie (E), Zwiebeln (M) und Knoblauch (M) etwa 3 Min. anbraten und mit Shoyu (W) ablöschen. Das Dinkelmehl (H) und Rosenpaprika (F) darüberstäuben, kurz anschwitzen. Wein (F) zugießen und aufkochen (F) lassen. Das Rindergulasch (E) wieder untermischen. Die Pfefferkörner (M) zugeben, mit Salz (W) würzen. Anschließend etwa 1,5 Std. bei schwacher Hitze schmoren, bis das Fleisch gar ist. Ab und zu umrühren und bei Bedarf noch etwas Wasser (W) nachgießen.

3. Das Rindergulasch mit Zitronensaft (H) beträufeln und mit gehackter Petersilie (H) servieren.

Fischfilet in Kokosmilch

Zutaten:

Würzpaste:
3 Zwiebeln
1/2 TL Salz
2 EL Petersilie, fein gehackt
1 Prise Rosenpaprika
2 EL Öl
1/2 TL Sambal Olek

700 g Fischfilet
2 EL Zitronensaft

2 EL Öl
50 ml Wasser
1 TL Reisessig (Genmai Su)
1 Prise Kurkuma
375 ml Kokosmilch
2 Stangen Zitronengras

Tipp:

- Vor dem Servieren das Zitronengras aus der Sauce entfernen.
- Servieren Sie dazu körnig gekochten Reis.

Vorbereitung:

Fischfilet kalt abspülen und trocken tupfen. Zwiebeln schälen und fein hacken. Zitronengras waschen und in grobe Stücke schneiden.

Zubereitung:

1. Für die Würzpaste die Zwiebeln (M) mit Salz (W), Petersilie (H), Rosenpaprika (F), Öl (E) und Sambal Olek (M) im Mixer zu einer feinen Paste verarbeiten.

2. Die Fischfilets (W) mit Zitronensaft (H) beträufeln.

3. Eine Pfanne erwärmen (F) und das Öl (E) darin erhitzen. Die Würzpaste (M) bei niedriger Temperatur etwa 2 Min. anbraten, dann mit Wasser (W) ablöschen. Danach Reisessig (H) und Kurkuma (F) untermischen. Die Kokosmilch (E) zugießen und das Zitronengras (M) zufügen.

4. Den Fisch (W) in die Sauce geben und etwa 5 Min. offen köcheln lassen, bis er gar ist. Die genaue Kochzeit richtet sich nach der Dicke der Fischfilets.

Metall

Fisch im Wirsingmantel

Zutaten:

600 g Fischfilets nach Wahl
(Rotbarsch, Kabeljau, Seelachs etc.)
3 EL Zitronensaft
2 Prisen Rosenpaprika
2 Prisen Kurkuma
12 Wirsingblätter
schwarzer Pfeffer
40 g Parmesankäse, fein gerieben
400 ml Wasser

Tipp:

- Empfohlenes Kochgeschirr: Wok-Pfanne mit Bambus-Dampfkorb.
- Servieren Sie dazu eine Senf- oder Kräutersauce sowie Kartoffeln, Reis oder Hirse.

Vorbereitung:

Fischfilets kalt abspülen, trocken tupfen und jedes Filet in 4 Teile schneiden. Die Wirsingblätter waschen, dicke Blattrippen abschneiden, in heißem Wasser kurz blanchieren und beiseitestellen.

Zubereitung:

1. Fischfilets (W) mit Zitronensaft (H) beträufeln. Mit Rosenpaprika (F) und Kurkuma (F) würzen, danach in die Wirsingblätter (E) einwickeln. Anschließend nebeneinander in den Bambus-Dampfkorb legen. Mit Pfeffer (M) würzen und Parmesankäse (W) darüber streuen.

2. Das Wasser (W) im Wok erhitzen und den Dampfkorb in den Wok setzen. Zugedeckt etwa 12 – 15 Min. dämpfen.

Metall

Seelachs Bordelaise

Zutaten:

700 g Seelachsfilets
2 EL Zitronensaft
1 Prise Kurkuma
1 Prise Rosenpaprika
2 EL Öl
schwarzer Pfeffer
1 EL Shoyu (Sojasauce) oder Tamari

1/2 Bd. Petersilie
1 – 2 Zweige Rosmarin
1 – 2 Zweige Thymian
140 g Butter, weich
100 g Vollkornbrösel
2 Frühlingszwiebeln
1 TL Senf
schwarzer Pfeffer
Salz

Tipp:

• Empfohlenes Kochgeschirr:
Eine feuerfeste Auflaufform.

Vorbereitung:

Kräuter waschen, mit einem Küchentuch trocken tupfen, die Blättchen von den Stielen zupfen und fein hacken. Frühlingszwiebeln waschen und in feine Ringe schneiden. Backofen auf 180°C vorheizen.

Seelachsfilets (W) kalt abspülen, trocken tupfen und mit Zitronensaft (H) beträufeln. Aus Kurkuma (F), Rosenpaprika (F), Öl (E), Pfeffer (M) und Shoyu (W) eine Marinade herstellen. Die Seelachsfilets damit bestreichen und 15 Min. marinieren.

Zubereitung:

1. Die marinierten Seelachsfilets (W) in eine Auflaufform legen.

2. Für die Bordelaise-Kruste die Petersilie (H) mit Rosmarin (F) und Thymian (F) unter die weiche Butter (E) mischen. Vollkornbrösel (E) und Frühlingszwiebeln (M) unterrühren, mit Senf (M), Pfeffer (M) und Salz (W) würzen. Die Seelachsfilets (W) damit bestreichen.

3. Die Auflaufform in den Backofen (F) stellen und die Seelachsfilets etwa 12 – 15 Min. goldbraun überbacken.

Apfel-Birnen-Chutney

Zutaten:

4 EL Zitronensaft
1 Prise Rosenpaprika
450 g Äpfel
250 g Birnen
2 EL Reissirup oder Honig
1 Chilischote, frisch
1 TL Ingwer, frisch gerieben
1 TL Ume Su

Vorbereitung:

Die Chilischote waschen, putzen, längs aufschneiden, entkernen und fein hacken. Die Äpfel und Birnen waschen, vierteln, die Kerngehäuse entfernen und das Obst in Würfel schneiden.

Zubereitung:

1. Zitronensaft (H) mit Rosenpaprika (F) vermischen und die Apfel- (E) und Birnenwürfel (E) unterheben.

2. Obst (E) zusammen mit Reissirup (E), Chilischote (M), Ingwer (M) und Ume Su (W) fein pürieren.

Radieschen-Meerrettich-Dip

Zutaten:

1 Bd. Radieschen
1 EL Ume Su
1/2 TL Zitronensaft
6 EL Frischkäse
1 Prise Rosenpaprika
6 EL Soja-/Reissahne
1 TL Meerrettich
1/2 Bd. Schnittlauch

Vorbereitung:

Radieschen putzen, waschen und fein raspeln. Schnittlauch waschen und in feine Röllchen schneiden.

Zubereitung:

1. Radieschenraspel (M) in eine Schüssel geben, Ume Su (W) zufügen und 5 Min. durchziehen lassen.

2. Zitronensaft (H), Frischkäse (H) und Rosenpaprika (F) zugeben. Die Sojasahne (E) unterrühren, mit Meerrettich (M) würzen. Mit Schnittlauch (M) bestreuen und kühl stellen.

Metall

Kürbiscreme

Zutaten:

500 ml Apfelsaft, naturtrüb
1 EL Zitronensaft
1 TL Kakao
1 Prise Kurkuma
1,2 kg Speisekürbis
80 g Rosinen
1/2 TL Zimt
1 EL Tahin oder Mandelmus
1 – 2 EL Reissirup oder Honig
1 Prise Muskatnuss
1 Msp. Nelkenpulver
1 Prise Kardamom
1 Prise Salz
30 g Pinienkerne, geröstet

Vorbereitung:

Kürbis schälen, Kerne und Innenfasern entfernen. Das Fruchtfleisch in kleine Würfel schneiden.

Variante:

Anstelle von Rosinen können nach Belieben auch andere Trockenfrüchte wie z. B. Aprikosen, Datteln oder Feigen verwendet werden.

Zubereitung:

1. Apfelsaft (H) in einen Kochtopf geben, Zitronensaft (H) zufügen und erwärmen (F). Kakao (F) und Kurkuma (F) unterrühren, die Kürbiswürfel (E) zugeben und weich kochen.

2. Die Rosinen (E) unterheben, Zimt (E), Tahin (E) und Reissirup (E) zufügen. Mit Muskatnuss (M), Nelkenpulver (M), Kardamom (M) und Salz (W) würzen, anschließend pürieren.

3. Die Creme in Dessertgläser oder Schalen füllen, abkühlen lassen und mit gerösteten Pinienkernen bestreut servieren.

Tipp:

• Servieren Sie als Beilage die „Kürbiskernflorentiner", deren Rezept Sie in diesem Kapitel finden.

Birnen im Ingwersud

Zutaten:

5 EL Zitronensaft
1 EL Kakao
1/2 l Traubensaft
1/2 TL Zimt
1 Prise Kardamom
1/2 TL Ingwer, frisch gerieben
1 Prise Salz
5 EL Orangensaft
400 g Birnen
1 TL Kuzu oder Speisestärke, aufgelöst
12 Walnusshälften

Variante:

Anstelle von Birnen können z. B. Pflaumen oder Quitten verwendet werden.

Tipp:

• Servieren Sie die Birnen als Beilage zu einem Grieß- oder Hirsebrei.

Vorbereitung:

Birnen waschen, halbieren, schälen, die Kerngehäuse entfernen und in große Würfel schneiden. Die Walnusshälften grob hacken.

Zubereitung:

1. Zitronensaft (H) mit Kakao (F) verrühren und mit Traubensaft (E) in einem Topf aufkochen. Zimt (E), Kardamom (M), Ingwer (M), Salz (W) und Orangensaft (H) zugeben. Die Birnen (E) bei geringer Hitze in 8 – 10 Min. weich kochen.

2. Das aufgelöste Kuzu (E) langsam einrühren, nochmals kurz aufkochen. Vom Herd nehmen und abkühlen lassen.

3. In Dessertschalen anrichten, und mit gehackten Walnüssen bestreut servieren.

Metall

Dattel-Mandel-Creme

Zutaten:

200 ml Soja-Sahne
3 EL Zitronensaft

1 l Sojamilch
100 g Hirsemehl
1/2 TL Vanillepulver
1 Prise Kardamom
1 Prise Ingwerpulver
1 Prise Salz
1 EL Zitronensaft
1 Prise Kakao
150 g Datteln
1 EL Mandelmus
1 – 2 EL Reissirup
6 – 8 Pfefferminzblätter, frisch

Variante:

Anstelle von Sojamilch kann Reis-, Hafer-
oder Kokosmilch verwendet werden. Als
Ersatz für das Hirsemehl eignet sich z.B. auch
Dinkel- oder Weizengrieß. Das Vanillepulver
kann durch Vanillezucker ersetzt werden.

Vorbereitung:

Datteln halbieren, entsteinen und 8 Hälften
beiseitelegen. Die restlichen Datteln in feine
Würfel schneiden. Sojasahne mit Zitronensaft steif schlagen und kalt stellen.

Zubereitung:

1. Sojamilch (E) in einen Kochtopf geben und
unter Rühren das Hirsemehl (E) langsam einrieseln lassen. Vanillepulver (E), Kardamom
(M), Ingwerpulver (M), Salz (W), Zitronensaft
(H) und Kakao (F) zugeben. Unter ständigem
Rühren aufkochen (F) und so lange köcheln
lassen, bis die Creme eindickt.

2. Die Creme aus dem Kochtopf in eine
Schüssel umfüllen. Die klein geschnittenen
Datteln (E) und das Mandelmus (E) unterheben, bei Bedarf mit Reissirup (E) abschmecken.
Sobald die Creme abgekühlt ist, die steif
geschlagene Sojasahne (E) vorsichtig unterheben.

3. Die Creme in Dessertgläser füllen und mit
Dattelhälften (E) und Pfefferminzblättern (M)
garnieren.

Metall

Apfelschnee

Zutaten:

200 ml Sojasahne oder Sahne
3 EL Zitronensaft
1 EL Vanillezucker
1 Msp. Zimt

2 EL Öl
750 g Äpfel
1 Msp. Kardamom
1 Prise Salz
100 ml Wasser
1 EL Zitronensaft
1 Msp. Kurkuma
6 – 8 Blätter Pfefferminze, frisch

Vorbereitung:

Die Äpfel waschen und vierteln. Die Kerngehäuse entfernen und in kleine Würfel schneiden. Sahne mit 3 EL Zitronensaft steif schlagen. Vanillezucker und Zimt unterheben und kalt stellen.

Zubereitung:

1. Einen Topf erwärmen (F) und das Öl (E) darin erhitzen. Die Apfelwürfel (E) zugeben und andünsten. Kardamom (M) und Salz (W) zufügen, mit Wasser (W) ablöschen. Zitronensaft (H) und Kurkuma (F) unterrühren und die Apfelwürfel (E) weich kochen.

2. Anschließend pürieren und abkühlen lassen. Die steif geschlagene Sojasahne (E) unterheben.

3. Den Apfelschnee in Dessertgläser füllen und kalt stellen. Mit Pfefferminzblättern (M) garnieren.

Hirsebrei mit Apfelkompott

Zutaten:

1 l Sojamilch
100 g Hirsemehl
1/2 TL Vanillepulver
1 Prise Kardamom
1 Prise Salz
1 EL Zitronensaft
1 Prise Kakao
2 – 3 EL Reissirup

2 EL Öl
750 Äpfel
1 Msp. Kardamom
1 Prise Salz
100 ml Wasser
1 EL Zitronensaft
1 Msp. Kurkuma
4 EL Vollrohrzucker

Tipp:

- Kochen Sie möglichst mehrere Portionen Apfelkompott auf Vorrat, dann ist das Frühstück schneller zubereitet.
- Eignet sich auch für andere Obstsorten.
- Heiß in Einmachgläser gefüllt ist der Kompott bei kühler, dunkler Lagerung 4 – 6 Wochen haltbar.

Vorbereitung:

Die Äpfel waschen und vierteln. Die Kerngehäuse entfernen und in kleine Würfel schneiden.

Zubereitung:

1. Sojamilch (E) in einen Kochtopf geben, unter Rühren das Hirsemehl (E) langsam einrieseln lassen. Vanillepulver (E), Kardamom (M), Salz (W), Zitronensaft (H) und Kakao (F) zugeben. Unter ständigem Rühren aufkochen (F) und so lange köcheln lassen, bis der Hirsebrei (E) eindickt. Mit Reissirup (E) süßen, anschließend in Dessertschalen füllen.

2. In einem zweiten Topf das Öl (E) erwärmen, die Apfelwürfel (E) zugeben und andünsten. Kardamom (M) und Salz (W) zufügen, dann mit Wasser (W) ablöschen. Zitronensaft (H), Kurkuma (F) und Vollrohrzucker (E) unterrühren, die Apfelwürfel weich kochen. Anschließend abkühlen lassen und pürieren.

3. Das Apfelkompott zum Hirsebrei servieren.

Metall

211

Seelentröster

Zutaten:

180 g Butter, weich
100 g Vollrohrzucker
1 Ei
1/2 TL Zimt
Mark von 2 Vanilleschoten
200 g Kürbis
1 Prise Kardamom
1/2 TL Salz
260 g Dinkelmehl
2 TL Weinstein-Backpulver
30 g Kakao

Variante:

Echte Schokofans bestreichen die Kekse nach dem Backen mit Zartbitter-Kuvertüre.

Zubereitung Kürbispüree:

Kürbis schälen und in Würfel schneiden. Auf ein mit Backpapier ausgelegtes Backblech legen und bei 150 °C im Backofen etwa 40 Min. backen, bis die Kürbisstücke weich sind. Auskühlen lassen und zu Mus pürieren.

Zubereitung:

1. Butter (E) und Vollrohrzucker (E) in einer Rührschüssel schaumig schlagen. Das Ei (E) unterrühren. Zimt (E), Vanillemark (E), und Kürbispüree (E) untermischen. Mit Kardamom (M) und Salz (W) würzen.

2. Dinkelmehl (H), Weinstein-Backpulver (H) und Kakao (F) sorgfältig unterrühren.

3. Jeweils einen Esslöffel Teig auf ein mit Backpapier ausgelegtes Backblech geben. Die Kekse bei 160°C etwa 20 - 25 Min. backen.

Kürbiskern-florentiner

Zutaten:

125 g Butter
60 g Reissirup
150 ml Sojasahne oder Sahne
150 g Vollrohrzucker
1 Prise Ingwerpulver
1 Prise Kardamom
1 EL Wasser
1 Prise Salz
1 TL Zitronensaft
1/2 TL Kakao
175 g Mandelblättchen
120 g Kürbiskerne

150 g Bitterschokolade

Tipp:

• Servieren Sie die Kürbiskernflorentiner als Beilage zur Kürbiscreme.

Zubereitung:

1. Butter (E), Reissirup (E), Sahne (E) und Vollrohrzucker (E) in einen Kochtopf geben, erhitzen und unter ständigem Rühren 5 Min. köcheln.

2. Ingwerpulver (M) und Kardamom (M) zugeben. Wasser (W), Salz (W), Zitronensaft (H) und Kakao (F) unterrühren. Die Mandelblättchen (E) und Kürbiskerne (E) unterheben, die Masse weitere 5 Min. köcheln.

3. Anschließend auf ein mit Backpapier belegtes Blech streichen. Auf der mittleren Schiene in ca. 12 Min. bei 200°C backen und auf dem Blech auskühlen lassen.

4. Die erkaltete Masse auf die Küchen-Arbeitsplatte stürzen und das Backpapier abziehen. Die Schokolade im Wasserbad schmelzen. Die glatte Seite der Masse damit bestreichen und abkühlen lassen.

5. Mit einem scharfen Messer in 4 x 2 cm große Stücke schneiden.

Metall

Birnenkuchen

Zutaten:

etwas Butter zum Ausfetten des Kuchenblechs

Grundrezept Mürbteig:
250 g Dinkelmehl
1/2 unbehandelte Zitronenschale
1 Ei
40 g Vollrohrzucker
125 g Butterwürfel, gekühlt
1/2 TL Zimt
1 Prise Kardamom
1 Prise Salz

300 ml Wasser
4 EL Zitronensaft
1 Prise Kurkuma
600 g Birnen

Rahmguss:
400 ml Sojasahne oder Sahne
75 g Stärkemehl
1 Prise Kardamom
1 Prise Salz
1 EL Zitronensaft
1 Prise Kurkuma
4 EL Reissirup
1 Ei

2 EL Reissirup

Vorbereitung:

Eine Kuchenform (28 cm Durchmesser) mit Butter ausfetten. Den Backofen auf 180°C vorheizen.

Zubereitung:

1. Dinkelmehl (H) und Zitronenschale (F) in eine Schüssel geben. Das Ei (E), Vollrohrzucker (E) und die Butterwürfel (E) hinzufügen. Zimt (E), Kardamom (M) und Salz (W) zugeben, anschließend gut durchkneten.

2. Den Teig in die Kuchenform eindrücken. Mit einer Gabel mehrmals einstechen und 15 Min. kühl stellen.

3. Wasser (W) in einen Topf füllen, Zitronensaft (H) und Kurkuma (F) hinzufügen, leicht erwärmen (F). Die Birnen (E) schälen, halbieren, die Kerngehäuse entfernen und in den Topf geben.

4. Für den Guss die Sahne (E), Stärkemehl (E), Kardamom (M), Salz (W), Zitronensaft (H) und Kurkuma (F) mit dem Pürierstab vermischen. Den Reissirup (E) und das Ei (E) unterrühren.

5. Birnenhälften abtropfen lassen.

6. Den Kuchenboden mit den Birnenhälften belegen und den Sahneguss darübergießen. Im Backofen bei 180°C etwa 35 – 40 Min. backen. Den Kuchen aus dem Ofen nehmen und die Birnenhälften mit Reissirup bestreichen.

Inhalt

Inhalt

Holz Feuer Erde Metall

Wasser

Kraftsuppe

Zutaten:

5 l Wasser
3 EL Zitronensaft
1 Prise Kurkuma
300 g Pastinaken
1 kg Rindfleisch mit Knochen
300 g Karotten
200 g Sellerieknolle
50 g Shiitakepilze, getrocknet
2 Zwiebeln
1 Lauchstange
2 – 3 Lorbeerblätter
2 cm Ingwer am Stück
50 g Rettich, getrocknet
2 Streifen Wakame (Algen)
1/2 Bd. Petersilie

Variante:

Nach Belieben kann Rind-, Lammfleisch oder Huhn verwendet werden. Für die vegetarische Variante verwenden Sie anstelle von Fleisch einfach Adukibohnen und Algen.

Tipp:

- Je länger die Brühe gekocht hat, umso erwärmender und nährender wirkt sie energetisch.
- Die Kraftsuppe ist nach dem Abkühlen etwa 3 – 4 Tage im Kühlschrank haltbar. Sie können diese durch Aufkochen und heißes Einfüllen in Gläser ca. 4 Monate haltbar machen. Sie sollten die Gläser dann kühl und dunkel lagern.
- Die Brühe wird heiß getrunken, dazu mit Shoyu oder Tamari verfeinert oder dient als Basis für Suppen.

Vorbereitung:

Zwiebeln schälen und grob hacken. Sellerieknolle, Pastinaken und Karotten schälen und grob würfeln. Lauchstange waschen und in grobe Stücke schneiden. Petersilie waschen.

Zubereitung:

1. In einem großen Topf das Wasser (W) kalt aufsetzen. Zitronensaft (H) und Kurkuma (F) zugeben. Nacheinander Pastinaken (F), Rindfleisch (E), Karotten (E), Sellerieknolle (E), Shiitakepilze (E), Zwiebeln (M) und Lauch (M) hinzufügen. Danach die Lorbeerblätter (M), Ingwer (M) und Rettich (M) sowie Algen (W) und Petersilie (H) zugeben. Alles zusammen aufkochen (F), anschließend 2 – 6 Std. köcheln lassen.

2. Falls das Fleisch anderweitig verwendet werden soll, muss es nach ca. 2 Std. aus der Brühe genommen werden.

3. Nach Ende der Kochzeit die Brühe durch ein Sieb gießen und alle Zutaten wegschütten.

Risotto

Zutaten:

2 EL Öl
1 Zwiebel
100 g Risottoreis
350 ml Gemüsebrühe
1 EL Zitronensaft

1 EL Öl
100 g Karotten
1/2 Lauchstange
schwarzer Pfeffer
1 EL Shoyu (Sojasauce) oder Tamari
1 EL Zitronensaft
1 Prise Kurkuma
1 Prise Rosenpaprika
2 EL Soja-/Reissahne
schwarzer Pfeffer
30 g Parmesankäse, fein gerieben

Variante:

Risotto kann mit verschiedenen Kräutern - je nach Saison, mit Pilzen und anderem Gemüse abgewandelt und in vielerlei Kombinationen zubereitet werden.

Tipp:

• Mit vorgekochtem Risottoreis verkürzen Sie die Zubereitungszeit und starten dann direkt beim zweiten Zubereitungspunkt.

Vorbereitung:

Reis waschen, bis das Wasser klar bleibt. Zwiebel schälen und fein hacken. Karotten schälen, putzen und in feine Würfel schneiden. Lauchstange putzen, waschen und in feine Ringe schneiden.

Zubereitung:

1. Einen Topf erwärmen (F), das Öl (E) zugeben und die Zwiebel (M) glasig anbraten. Risottoreis (M) zufügen, unter Rühren kurz mitbraten und die Hälfte der Gemüsebrühe (W) zugießen. Das Risotto einmal aufkochen lassen. Auf niedriger Temperatur unter gelegentlichem Rühren in ca. 20 Min. ausquellen lassen. Nach und nach immer nur so viel Gemüsebrühe zufügen, dass der Risottoreis feucht bleibt. Zum Schluss Zitronensaft (H) unterrühren.

2. Einen zweiten Topf erwärmen (F) und das Öl (E) darin erhitzen. Die Karottenwürfel (E) und Lauchringe (M) andünsten. Risottoreis (M) unterheben, mit Pfeffer (M), Shoyu (W), Zitronensaft (H), Kurkuma (F) und Rosenpaprika (F) abschmecken. Sahne (E) zugeben, mit Pfeffer (M) abschmecken und Parmesankäse (W) unterrühren.

Reismüsli

Zutaten:

1 l Reismilch
80 g Rundkornreis
1 Prise Salz
1 EL Zitronensaft
1 Prise Kurkuma
1 Vanilleschote

3 EL Reissirup oder Honig
12 Walnusshälften
1 Prise Zimt
50 ml Soja-/Reissahne

Variante:

Das Müsli lässt sich durch Zugabe von Trockenfrüchten wie z.B. Rosinen, Datteln etc. ergänzen. Garnieren Sie zum Abschluss etwas Konfitüre als Deko. Hierfür eignen sich z. B. Sauerkirsch- oder Preiselbeere.

Vorbereitung:

Reis waschen, bis das Wasser klar bleibt. Walnüsse grob zerhacken. Die Vanilleschote der Länge nach aufschneiden und beiseitestellen.

Zubereitung:

1. Die Reismilch (M) in einen Topf geben, Rundkornreis (M) unterrühren. Salz (W), Zitronensaft (H) und Kurkuma (F) zugeben, zum Kochen bringen. Die aufgeschnittene Vanilleschote (E) zufügen. Anschließend die Hitze reduzieren und 20 Min. köcheln lassen.

2. Die Vanilleschote (E) herausnehmen, den Reissirup (E) und die Walnüsse (E) unterrühren. Zimt (E) und Sojasahne (E) hinzufügen, in Schalen füllen und servieren.

Buchweizen-pfannkuchen

Zutaten:

100 g Buchweizenmehl
250 ml Sojamilch
1 Prise Kardamom
1 EL Ume Su
1 TL Zitronensaft

Öl zum Ausbacken

Varianten:

Zu den Pfannkuchen serviert man Apfelkompott, Marmelade oder auch einen herzhaften Aufstrich.

Zubereitung:

1. Für den Teig das Buchweizenmehl (F) in eine Schüssel geben, mit Sojamilch (E) zu einem glatten Teig verrühren. Kardamom (M), Ume Su (W) und Zitronensaft (H) unterrühren. Den Teig mind. 1/2 Std. quellen lassen.

2. Eine beschichtete Pfanne erhitzen (F), Öl (E) zugeben und Pfannkuchen dünn ausbacken.

Porridge mit Apfel

Zutaten:

500 ml Wasser, kochend
8 Trockenpflaumen
100 g Haferflocken
1 Msp. Kardamom
1 Prise Salz
500 g Äpfel, säuerlich
3 EL Zitronensaft
1/2 TL Kakao
1 Prise Zimt
1 – 2 EL Apfeldicksaft
10 Walnusshälften
30 ml Sojasahne oder Sahne

Vorbereitung:

Die Äpfel waschen und vierteln. Das Kerngehäuse entfernen, fein raspeln und sofort mit 1 EL Zitronensaft beträufeln. Die Trockenpflaumen in feine Streifen schneiden. Die Walnusshälften grob hacken.

Zubereitung:

1. Kochendes Wasser (F) und Trockenpflaumen (E) in einen Topf geben. Haferflocken (M) zugeben und auf kleiner Stufe ca. 15 Min. quellen lassen.

2. Mit Kardamom (M) und Salz (W) würzen. Danach die Apfelraspel (H) und den restlichen Zitronensaft (H) zugeben. Kakao (F) und Zimt (E) zufügen, mit Apfeldicksaft (E) abschmecken. Die gehackten Walnüsse (E) untermischen, vor dem Servieren mit Sahne (E) begießen.

Kartoffelsuppe mit Lauch

Zutaten:

2 EL Öl
1 Zwiebel
500 g Kartoffeln
50 g Sellerieknolle
50 g Karotten
1/2 TL Ingwer, frisch gerieben
1 Lauchstange
schwarzer Pfeffer
1 Prise Muskatnuss
1 Prise Majoran, getrocknet
1/2 TL Kreuzkümmel
Salz
1 EL Shoyu (Sojasauce) oder Tamari
800 ml Gemüsebrühe
100 ml Weißwein
1 Prise Kurkuma
50 ml Sahne oder Sojasahne

Tipp:

• Die Kartoffelsuppe wird noch cremiger, wenn Sie nach dem Kochen püriert wird.

Vorbereitung:

Zwiebel schälen und würfeln. Kartoffeln schälen, abwaschen und in feine Würfel schneiden. Sellerieknolle und Karotten ebenfalls schälen und würfeln. Lauchstange waschen, putzen und in dünne Ringe schneiden. Einige Lauchringe für die spätere Garnitur beiseitestellen. Kreuzkümmel im Mörser fein zerkleinern.

Zubereitung:

1. Einen Topf erwärmen (F) und das Öl (E) darin erhitzen. Zwiebel (E) glasig andünsten. Danach Kartoffeln (E), Sellerieknolle (E), Karotten (E), Ingwer (M) und Lauch (M) zugeben. Mit Pfeffer (M), Muskatnuss (M), Majoran (M), Kreuzkümmel (M) und Salz (W) würzen. Das Gemüse etwa 3 – 4 Min. andünsten.

2. Shoyu (W) hinzufügen und mit Gemüsebrühe (W) ablöschen. Weißwein (H) unterrühren und mit Kurkuma (F) bestäuben. Die Suppe ca. 20 Min. köcheln lassen, bis das Gemüse weich ist.

3. Die Sahne (E) in die heiße, nicht mehr kochende Suppe einrühren und mit Lauchringen (M) garnieren.

Holz   Feuer   Erde   Metall   Wasser

Selleriesuppe

Zutaten:

2 EL Öl
2 Zwiebeln
1 EL Hirsemehl
schwarzer Pfeffer
1/2 TL Curry
1 Prise Muskatnuss
1 EL Shoyu (Sojasauce) oder Tamari
1 l Gemüsebrühe
100 ml Weißwein
1 Prise Kurkuma
500 g Sellerieknolle
1 Eigelb
100 ml Sahne oder Sojasahne

2 Frühlingszwiebeln

Variante:

Anstelle von Sellerie können Sie die Suppe auch mit Pastinaken zubereiten.

Vorbereitung:

Zwiebeln schälen und fein hacken. Sellerieknolle schälen und in Würfel schneiden. Frühlingszwiebeln putzen, waschen und in feine Ringe schneiden.

Zubereitung:

1. Einen Topf erwärmen (F) und das Öl (E) darin erhitzen. Zwiebeln (E) glasig andünsten. Das Hirsemehl (E) langsam einrühren, mit Pfeffer (M), Curry (M) und Muskatnuss (M) würzen.

2. Shoyu (W) zufügen, mit Gemüsebrühe (W) ablöschen. Weißwein (H) und Kurkuma (F) unterrühren. Sellerieknolle (E) zugeben und ca. 20 Min. köcheln lassen. Danach die Suppe pürieren.

3. Das Eigelb (E) mit der Sahne (E) verquirlen und in die heiße, nicht mehr kochende Suppe kräftig einrühren. Die Suppe mit Frühlingszwiebelringen (M) dekorieren.

Rote-Linsen-Suppe

Zutaten:

2 EL Öl
1 Zwiebel
80 g Karotten
1/2 TL Ingwer, fein gerieben
schwarzer Pfeffer
1/2 TL Kreuzkümmel
1 Lorbeerblatt
100 g Linsen, rot
800 ml Gemüsebrühe
1 TL Miso
4 EL Wasser
1 EL Tomatenmark
1 EL Reisessig (Genmai Su)
1 Msp. Kurkuma
1 Msp. Bockshornkleesamen, gemahlen
30 ml Olivenöl
50 ml Soja-/Reissahne
schwarzer Pfeffer
1 TL Ume Paste
1 EL Petersilie, fein gehackt

Vorbereitung:

Linsen im kalten Wasser waschen. Zwiebel schälen und fein hacken. Karotten putzen, schälen und fein würfeln. Kreuzkümmel im Mörser fein zerkleinern.

Zubereitung:

1. Einen Topf erhitzen (F), das Öl (E) erwärmen, die Zwiebel- (E) und Karottenwürfel (E) zugeben und etwa 3 Min. andünsten. Danach Ingwer (M), Pfeffer (M), Kreuzkümmel (M) und das Lorbeerblatt (M) zugeben. Die Linsen (W) unterrühren und mit Gemüsebrühe (W) ablöschen. Zugedeckt bei kleiner Temperatur ca. 25 – 30 Min. köcheln lassen. Bei Bedarf noch etwas Gemüsebrühe (W) zugeben.

2. Das Miso (W) in Wasser (W) auflösen und zusammen mit Tomatenmark (H) unterrühren. Mit Reisessig (H), Kurkuma (F) und Bockshornkleesamen (F) würzen. Das Lorbeerblatt entfernen.

3. Olivenöl (E) und Sojasahne (E) unterrühren. Mit Pfeffer (M) abschmecken und Ume Paste (W) zugeben. Die Suppe bei Bedarf pürieren und mit Petersilie (H) bestreuen.

Kürbiscreme-suppe

Zutaten:

2 EL Öl
2 Zwiebeln
1 Hokkaido-Kürbis (1,2 kg)
schwarzer Pfeffer
1/2 TL Curry
1 Prise Muskatnuss
1 EL Shoyu (Sojasauce)
1 l Gemüsebrühe
1 EL Reisessig (Genmai Su)
1/2 TL Kurkuma
100 ml Sahne oder Sojasahne

20 g Kürbiskerne, geröstet
2 Frühlingszwiebeln

Variante:

Anstelle von Frühlingszwiebeln können Sie
auch Lauch verwenden.

Vorbereitung:

Zwiebeln schälen und fein hacken. Den Kürbis aushöhlen und das Fruchtfleisch in kleine
Würfel schneiden. Frühlingszwiebeln putzen, waschen und in feine Ringe schneiden.

Zubereitung:

1. Einen Topf erwärmen (F) und das Öl (E) dar-
in erhitzen. Zwiebeln (E) glasig andünsten.
Die Kürbiswürfel (E) zugeben und mit Pfeffer
(M), Curry (M) und Muskatnuss (M) würzen.

2. Shoyu (W) zufügen und mit Gemüsebrühe
(W) ablöschen. Reisessig (H) und Kurkuma (F)
unterrühren, ca. 20 Min. köcheln lassen, bis
der Kürbis weich ist. Anschließend die Suppe
pürieren.

3. Die Sahne (E) zugeben und die Suppe mit
den Kürbiskernen (E) und Frühlingszwiebelringen (M) dekorieren.

Feldsalat mit Walnüssen

Zutaten:

1 Granatapfel
400 g Feldsalat
12 Walnusshälften
1 Frühlingszwiebel

Marinade:
1 EL Ume Su
2 EL Balsamico
2 EL Granatapfelsaft
1 Prise Rosenpaprika
4 EL Öl
1 TL Agaven- oder Apfeldicksaft
schwarzer Pfeffer
Salz

Chicoréesalat mit Feigen

Zutaten:

2 Chicorée
3 Feigen, frisch
12 Walnusshälften
2 Frühlingszwiebeln

Marinade:
2 EL Ume Su
2 EL Balsamico
1 Prise Rosenpaprika oder Kurkuma
6 EL Öl
1 TL Agaven- oder Apfeldicksaft
schwarzer Pfeffer
Salz

Vorbereitung:

Feldsalat putzen, waschen und trocken schütteln. Granatapfel halbieren, die roten Fruchtkerne herauslösen und den Saft auffangen. Die weißen Trennhäute des Granatapfels entfernen. Frühlingszwiebel putzen, waschen und in feine Ringe schneiden. Walnüsse grob hacken.

Zubereitung:

1. Granatapfelkerne (H) mit dem Feldsalat (F) auf einer Platte anrichten, die Walnüsse (E) und Frühlingszwiebelringe (M) darüber verteilen.

2. Für die Marinade Ume Su (W), Balsamico (H), Granatapfelsaft (H), Rosenpaprika (F), Öl (E) und Dicksaft (E) vermischen. Mit Pfeffer (M) und Salz (W) abschmecken. Die Marinade über dem Salat verteilen.

Vorbereitung:

Chicorée waschen, trocken schütteln und in Streifen schneiden. Walnusshälften grob hacken. Getrocknete Feigen in heißem Wasser 5 Min. einweichen, oder frische Feigen waschen, die Stielansätze abschneiden, halbieren und in Scheiben schneiden. Frühlingszwiebeln putzen, waschen und in feine Ringe schneiden.

Zubereitung:

1. Chicorée (F) auf einer Platte anrichten, mit Feigen (E), Walnüssen (E) und Frühlingszwiebeln (M) belegen.

2. Für die Marinade Ume Su (W), Balsamico (H), Rosenpaprika (F), Öl (E) und Dicksaft (E) vermischen, mit Pfeffer (M) und Salz (W) abschmecken. Die Marinade über dem Salat verteilen.

Rotkrautsalat mit Datteln

Zutaten:

800 g Rotkohl
100 g Datteln
2 Frühlingszwiebeln
1 EL Ume Su
1 EL Zitronensaft
1 Zweig Thymian
1 Zweig Rosmarin

Marinade:
8 EL Olivenöl
1 EL Agaven- oder Apfeldicksaft
4 EL Senf
schwarzer Pfeffer
1 EL Shoyu (Sojasauce) oder Tamari
1 EL Balsamico
1 Prise Kurkuma
1 Prise Rosenpaprika

Vorbereitung:

Datteln halbieren, entsteinen und in feine Würfel schneiden. Rotkohl putzen, halbieren, vom Strunk befreien, fein hobeln und 20 Min. dämpfen. Frühlingszwiebeln putzen, waschen und in feine Ringe schneiden. Kräuter waschen und die Blättchen von den Stielen zupfen, danach fein hacken.

Zubereitung:

1. Gedämpftes Rotkraut (E) in eine Schüssel geben und kurz auskühlen lassen. Datteln (E) und Frühlingszwiebelringe (M) unterheben. Mit Ume Su (W) und Zitronensaft (H) beträufeln, Thymian (F) und Rosmarin (F) untermischen.

2. Für die Marinade Olivenöl (E), Dicksaft (E), Senf (M), schwarzer Pfeffer (M), Shoyu (W), Balsamico (H), Kurkuma (F) und Rosenpaprika (F) miteinander vermischen.

3. Die Marinade unter den Salat mischen und mind. 1/2 Std. durchziehen lassen.

Karotten-Sauer-kraut-Salat

Zutaten:

400 g Sauerkraut
1 Prise Rosenpaprika
1 Prise Kurkuma
100 g Rosinen
100 g Mandelstifte, geröstet
400 g Karotten
2 EL Öl
4 EL Apfel- oder Agavendicksaft
schwarzer Pfeffer
Salz

Variante:

Anstelle von Rosinen können Sie auch Datteln verwenden.

Tipp:

- Frisch gehackte Chilischote verleiht dem Salat mehr Schärfe.
- Der Salat wird bekömmlicher, wenn die Karotten zuvor gedämpft oder kurz blanchiert werden.

Vorbereitung:

Karotten putzen, schälen und fein raspeln.

Zubereitung:

1. Sauerkraut (H) in eine Schüssel geben, mit Rosenpaprika (F) und Kurkuma (F) bestäuben. Rosinen (E) und Mandelstifte (E) zugeben, die Karottenraspel (E) unterheben.

2. Öl (E) und Dicksaft (E) zufügen, mit Pfeffer (M) und Salz (W) abschmecken. Gut durchmischen und mind. 20 Min. durchziehen lassen.

Rosenkohlsalat

Zutaten:

1 kg Rosenkohl
2 l Wasser, kochend
20 g Sonnenblumenkerne, geröstet
2 Frühlingszwiebeln

Marinade:
1 EL Ume Su
1 EL Zitronensaft
1 Prise Kurkuma
1 Prise Rosenpaprika
4 EL Sonnenblumenöl
1 TL Agaven- oder Apfeldicksaft
schwarzer Pfeffer
Salz

Variante:

Anstelle von Sonnenblumenkernen können Sie auch Pinienkerne verwenden.

Vorbereitung:

Rosenkohl waschen, beim Putzen zunächst den Strunk abschneiden, anschließend die äußeren beschädigten oder verschmutzten Blätter entfernen. Danach am Strunk kreuzweise einschneiden. Frühlingszwiebeln putzen, waschen und in feine Ringe schneiden.

Zubereitung:

1. Rosenkohl (F) in kochendem Wasser (F) ca. 20 Min. weich kochen und in eine Schüssel geben.

2. Die gerösteten Sonnenblumenkerne (E) und Frühlingszwiebeln (M) zugeben.

3. Für die Marinade Ume Su (W), Zitronensaft (H), Kurkuma (F), Rosenpaprika (F), Sonnenblumenöl (E) und Dicksaft (E) vermischen, mit Pfeffer (M) und Salz (W) abschmecken. Die Marinade unter den Salat mischen, mind. 15 Min. durchziehen lassen.

Lauchgratin

Vorbereitung:

Von den Lauchstangen die grünen Teile und den Wurzelansatz entfernen (den grünen Teil z. B. für eine Suppe verwenden). Die Lauchstangen gründlich abwaschen und alle 2 cm schräg einschneiden. Backofen auf 180 °C vorheizen.

Zubereitung:

1. Die Lauchstangen (M) in einen großen Topf geben, Wasser (W) einfüllen. Den Reisessig (H) zufügen, zum Kochen (F) bringen. Die Lauchstangen etwa 15 Min. garen.

2. Rosenpaprika (F) mit dem Ei (E) verquirlen und in einen tiefen Teller geben.

3. In einem zweiten tiefen Teller den Pfeffer (M) mit Salz (W) und Dinkelmehl (H) vermischen.

4. Die Lauchstangen zuerst in der Ei-, danach in der Mehlmischung panieren.

5. Eine Pfanne erwärmen (F) und das Öl (E) erhitzen. Die Lauchstangen darin goldbraun anbraten und in eine Gratinform legen.

6. Für die Bechamelsauce die Butter (E) in einem Topf zerlassen. Das Maismehl (E) hinzufügen und unter ständigem Rühren auf niedriger Stufe kurz anschwitzen. Mit Muskatnuss (M) und Pfeffer (M) würzen. Anschließend mit der Hafermilch (M) langsam ablöschen. Die Gemüsebrühe (W), Weißwein (H) und Kurkuma (F) unterrühren, kurz aufkochen (F) und über die Lauchstangen gießen.

7. Das Lauchgratin bei 200°C im Backofen ca. 20 Min. überbacken.

Zutaten:

1,5 kg Lauchstangen
2 l Wasser
1 EL Reisessig (Genmai Su)

2 Prisen Rosenpaprika
1 Ei oder 50 ml Sojasahne

schwarzer Pfeffer
Salz
3 EL Dinkelmehl

2 EL Öl

Bechamelsauce:
50 g Butter
2 EL Maismehl
1 Msp. Muskatnuss
schwarzer Pfeffer
100 ml Hafermilch
50 ml Gemüsebrühe
3 EL Weißwein
1 Msp. Kurkuma

Variante:

Anstelle von Hafermilch kann auch Reismilch verwendet werden.

Holz Feuer Erde Metall Wasser

Holz

Feuer

Erde

Metall

Wasser

Chicorée überbacken

Zutaten:

1 TL Essig
1 l Wasser, kochend
2 Chicorée
1 Prise Rosenpaprika
2 EL Öl
2 EL Vollkornbrösel
schwarzer Pfeffer
50 g Parmesankäse, fein gerieben
1 TL Zitronensaft

Variante:

Bestreichen Sie die Chicoréehälften vor dem Überbacken mit Pesto.

Tipp:

• Die Chicoréehälften lassen sich bei diesem Rezept als Abwandlung auch mit Serrano-Schinken umwickeln!

Vorbereitung:

Chicorée putzen, waschen, halbieren und den Strunk herausschneiden. Parmesankäse fein reiben. Backofen auf 150°C vorheizen.

Zubereitung:

1. In einen Topf Essig (H) und heißes Wasser (F) einfüllen und die Chicoréehälften (F) 2 – 3 Min. blanchieren, herausnehmen und gut abtropfen lassen.

2. Chicoréehälften (F) in eine Auflaufform legen und mit Rosenpaprika (F) bestreuen. Anschließend mit Öl (E) beträufeln und die Vollkornbrösel (E) darüber verteilen.

3. Mit Pfeffer (M) würzen und Parmesankäse (W) darüber streuen. Mit Zitronensaft (H) beträufeln, im Backofen (F) bei 180°C etwa 15 – 18 Min. überbacken.

Schwarzwurzeln in Limonensauce

Zutaten:

1 Prise Salz
6 EL Limonensaft
(ersatzweise Zitronensaft)
100 ml Wasser, heiß
500 g Schwarzwurzeln

20 g Butter oder Maiskeimöl
20 g Hirse- oder Maismehl
125 ml Sojamilch
4 EL Sojasahne
1 Msp. Muskatnuss
schwarzer Pfeffer
Salz
4 EL Weißwein
4 EL Limonensaft
125 ml Kochbrühe

Vorbereitung:

Salz, Limonensaft und Wasser miteinander vermischen und beiseitestellen. Schwarzwurzeln unter fließendem Wasser schälen, in kleine Stücke schneiden und sofort in das Salz-Limonen-Wassergemisch legen.

Zubereitung:

1. Die Schwarzwurzeln mit dem Salz-Limonen-Wassergemisch in einem Topf erhitzen und 10 – 12 Min. bei mittlerer Temperatur garen, danach beiseitestellen.

2. In einem zweiten Topf die Butter (E) auslassen, mit Mehl (E) verrühren und mit Sojamilch (E) ablöschen. Sahne (E) unterrühren, mit Muskatnuss (M), Pfeffer (M) und Salz (W) würzen. Weißwein (H) und Limonensaft (H) zufügen, die Sauce mit der Kochbrühe (F) verdünnen. Danach die Schwarzwurzeln (E) unter die Sauce mischen.

Süßkartoffel-Knusperecken

Zutaten:

150 ml Öl
2 EL Speisestärke
1/2 TL Sambal Olek
1 EL Shoyu (Sojasauce) oder Tamari
1 EL Zitronensaft
1 Msp. Kurkuma
1 Msp. Rosenpaprika
1,5 kg Süßkartoffeln

Vorbereitung:

Den Backofen auf 180 °C vorheizen.

Zubereitung:

1. Für die Marinade das Öl (E) mit Speisestärke (E), Sambal Olek (M), Shoyu (W) und Zitronensaft (H) vermischen. Kurkuma (F) und Rosenpaprika (F) untermischen.

2. Die Süßkartoffeln (E) schälen, halbieren und in Viertel schneiden. Anschließend in eine Auflaufform legen und mit der Marinade bestreichen. Im Backofen in etwa 35 – 40 Min. goldbraun backen.

Hirsezwiebeln

Zutaten:

2 l Wasser, kochend
1 TL Öl
8 Zwiebeln
1 Msp. Salz
1 TL Reisessig (Genmai Su)

2 EL Öl
100 g Karotten
60 g Hirse
1/2 Lauchstange
schwarzer Pfeffer
1 Msp. Muskatnuss
1/2 TL Curry
2 EL Shoyu (Sojasauce)
150 ml Gemüsebrühe
Parmesankäse, fein gerieben

Tipp:

• Lässt sich auch mit anderem Getreide zubereiten wie z. B. Bulgur, Buchweizenschrot u.v.m.

Vorbereitung:

Die Zwiebeln schälen. Karotten schälen, putzen und in feine Würfel schneiden. Lauchstange putzen, waschen und in feine Ringe schneiden. Den Backofen auf 180 °C vorheizen.

Zubereitung:

1. Das heiße Wasser (F) in einen Topf füllen, aufkochen und Öl (E) zugeben. Die Zwiebeln (M), Salz (W) und Reisessig (H) zufügen und ca. 10 Min. garen. Die Zwiebeln aus dem Kochwasser nehmen, aushöhlen und das Kochwasser wegschütten. Die ausgelösten Zwiebelstücke klein hacken und beiseitestellen.

2. Eine Pfanne erwärmen (F), Öl (E) zugeben und die Karottenwürfel (E) darin anbraten. Hirse (E) und Lauchringe (M) hinzufügen, mit Pfeffer (M), Muskatnuss (M) und Curry (M) würzen. Die ausgelösten Zwiebelstücke (M) unterrühren, mit Shoyu (W) ablöschen. Die Gemüsebrühe (W) zugießen und unter ständigem Rühren zum Kochen bringen, ca. 4 – 5 Min. köcheln lassen und beiseitestellen.

3. Die ausgehöhlten Zwiebeln mit der Gemüse-Hirse-Masse befüllen und in eine ofenfeste Form setzen. Mit Parmesankäse (W) bestreuen und im Backofen 15 - 20 Min. überbacken.

Holz Feuer Erde Metall Wasser

Wildschwein-ragout

Zutaten:

100 g Karotten
1 Stange Staudensellerie
1 Zwiebel
2 Knoblauchzehen
2 Lorbeerblätter
2 EL Ume Su
1 EL Essig
500 ml Rotwein
6 Wacholderbeeren
1 TL Fenchelsamen
800 g Wildschweinfleisch
(Schulter oder Keule)
4 EL Öl
1 Lauchstange
2 EL Shoyu (Sojasauce) oder Tamari
100 ml Wasser
2 TL Tomatenmark
2 – 3 Zweige Thymian
2 – 3 Zweige Rosmarin
2 – 3 Zweige Estragon
schwarzer Pfeffer
Salz
1 Bd. Petersilie

Variante:

Als Ersatz kann auch anderes Wildfleisch wie z.B. Hirsch oder Reh verwendet werden.

Tipp:

- In der Toskana gibt es zu diesem Ragout in der Regel gekochte Polenta. Auch Brat- oder Ofenkartoffeln eignen sich gut als Beilage.
- Empfohlenes Kochgeschirr: Ein großer Kochtopf oder eine Wok-Pfanne.

Vorbereitung:

Wildfleisch von Fettstücken und Sehnen befreien, in etwa 2 cm große Würfel schneiden. Zwiebel, Knoblauchzehen und Karotten schälen, in feine Würfel schneiden. Staudensellerie waschen, putzen und in feine Scheiben schneiden.

Wildfleisch marinieren: Karottenwürfel (E) und Selleriescheiben (E) mit Zwiebel (M), Knoblauch (M) und Lorbeerblätter (M) in eine Schüssel geben. Mit Ume Su (W), Essig (H) und Rotwein (F) übergießen. Wacholderbeeren (F) und Fenchelsamen (E) zugeben, die Fleischwürfel (M) unterheben und zugedeckt an einem kühlen Ort ca. 6 – 12 Std. marinieren.

Kräuter waschen und mit einem Küchentuch trocken tupfen. Die Blättchen von den Stielen zupfen und fein hacken. Lauchstange waschen, putzen und in feine Ringe schneiden.

Zubereitung:

1. Die Fleischwürfel aus der Marinade nehmen und trocken tupfen. Den Wok oder einen großen Kochtopf erhitzen (F), das Öl (E) zugeben. Die Fleischwürfel (M) in 3 Portionen im Öl kräftig anbraten, herausnehmen und beiseitestellen.

2. Lauchringe (M) im verbliebenen Öl andünsten, mit Shoyu (W) und Wasser (W) ablöschen. Tomatenmark (H) unterrühren, Thymian (F), Rosmarin (F) und Estragon (E) zufügen. Die Fleischwürfel (M) zugeben und die Marinade mitsamt dem Gemüse untermischen, bei schwacher Hitze etwa 1, 5 Std schmoren.

3. Mit Pfeffer (M) und Salz (W) abschmecken. Das Wildragout mit Petersilie (H) bestreuen und servieren.

Rinderfilet in Kokossauce

Zutaten:

2 EL Öl
1/2 Lauchstange
50 ml Wasser
2 EL Zitronensaft
2 Prisen Kurkuma
400 ml Kokosmilch, ungesüßt
500 g Rinderfilet
1 – 2 Chilischoten, frisch
1 Stange Zitronengras
1 TL Ingwer, frisch gerieben
2 EL Shoyu (Sojasauce) oder Tamari
100 ml Weißwein, trocken
1 Prise Bockshornkleesamenpulver
2 TL Vollrohrzucker
schwarzer Pfeffer
Salz

Tipp:

• Servieren Sie als Beilage Reis, Quinoa oder Hirse.
• Vor dem Servieren das Zitronengras entfernen.

Vorbereitung:

Das Rinderfilet in feine Streifen schneiden. Lauchstange putzen, waschen und in feine Ringe schneiden. Das Zitronengras waschen und in grobe Stücke schneiden. Chilischote waschen, halbieren, vom Kerngehäuse und den Trennwänden befreien und in fein hacken.

Zubereitung:

1. Einen Topf erwärmen (F) und das Öl (E) darin erhitzen. Lauch (M) darin anbraten, mit Wasser (W) ablöschen und den Zitronensaft (H) zugeben. Kurkuma (F) untermischen und die Hälfte der Kokosmilch (E) unterrühren. Das Ganze ca. 3 Min. offen köcheln lassen.

2. Die restliche Kokosmilch (E) und die Rinderfiletstreifen (E) hinzufügen. Die Chilischoten (M), Zitronengras (M) und Ingwer (M) zugeben. Shoyu (W) und Weißwein (H) einrühren.

3. Mit Bockshornkleesamenpulver (F), Vollrohrzucker (E), Pfeffer (M) und Salz (W) abschmecken. Alles zusammen nochmals 8 Min. köcheln lassen.

Holz Feuer Erde Metall **Wasser**

Marinierte Entenbrust

Zutaten:

2 TL Reissirup oder Honig
1/2 TL Senf
4 EL Shoyu (Sojasauce) oder Tamari

600 g Entenbrust

100 ml Wasser, heiß
6 EL Reissirup oder Honig

Tipp:

- Die würzige Pflaumensauce eignet sich sehr gut dazu. Dieses Rezept finden Sie unter der Rezeptrubrik „Eingemachtes" im Spätsommer.
- Auch eine süß-saure Sauce mit Reis harmoniert sehr gut dazu.
- Traditionell können Sie auch Kraut und Knödel servieren.

Vorbereitung:

Die Entenbrust kalt abspülen und trocken tupfen.

Zubereitung:

1. Reissirup (E) mit Senf (M) und Shoyu (W) verrühren, danach die Entenbrust (H) damit einpinseln. Zugedeckt 30 Min. marinieren.

2. Den Backofen auf 180°C vorheizen (F). Die Entenbrust mit der Hautschicht nach oben in eine Auflaufform legen.

3. Im heißen Wasser (F) den Reissirup (E) auflösen und gleichmäßig über die Entenbrust gießen. Im Backofen ca. 50 Min. garen.

Holz Feuer Erde Metall Wasser

241

Rehfleisch mit Cassissauce

Zutaten:

3 EL Öl
700 g Rehrücken oder Keule, ausgelöst
2 Frühlingszwiebeln
2 Knoblauchzehen
250 ml Wild- oder Kalbsfond
1 Orange, unbehandelt
1/2 Zitroneschale, unbehandelt
5 EL Cassis
1 EL Johannisbeergelee
1 TL Kuzu, aufgelöst
1 TL Senf
schwarzer Pfeffer
Salz
1/2 Bd. Petersilie

Variante:

Zum Rehfleisch können Sie feine Bandnudeln servieren, oder auch eine Mischung aus Reis und Wildreis.

Tipp:

- Cassis ist ein französischer Likör aus Johannisbeeren. Außer in einer Sauce, wie in diesem Rezept, passt er sehr gut zu vielen Desserts.
- Sie können den Likör auch gemischt mit Sekt oder Champagner als „Kir Royal" Ihren Gästen anbieten.
- Empfohlenes Kochgeschirr: Wok-Pfanne oder ein großer Bräter.

Vorbereitung:

Das Rehfleisch mit einem scharfen Messer in dünne Scheiben schneiden. Knoblauchzehen schälen und fein hacken. Frühlingszwiebeln waschen und in feine Ringe schneiden. Die Orange und die Zitronenhälfte abwaschen. Die Schale dünn abschneiden und in feine Streifen schneiden. Die Orange auspressen und den Saft beiseitestellen. Petersilie waschen, mit einem Küchentuch trocken tupfen und fein hacken.

Zubereitung:

1. Den Wok erhitzen (F) und das Öl (E) zugeben. Rehfleisch (M) in zwei Portionen darin jeweils 1 – 2 Min. kräftig anbraten und wieder herausnehmen. In einem Sieb über einer Schüssel beiseitestellen.

2. Frühlingszwiebeln (M) und Knoblauch (M) im Wok kurz anbraten, mit Wildfond (W) und Orangensaft (H) ablöschen, die Zitrusschalen (F) zugeben. Anschließend ca. 5 Min. bei mittlerer Hitze (F) köcheln lassen.

3. Die Sauce durch ein Sieb gießen und wieder in den Wok geben. Cassis (E) und das Johannisbeergelee (E) mit einem Schneebesen unterrühren. Danach das aufgelöste Kuzu (E) und den Senf (M) einrühren. Das Rehfleisch (M) mit dem ausgetretenen Fleischsaft wieder untermischen und gut erhitzen.

4. Mit Pfeffer (M) und Salz (W) abschmecken, mit Petersilie (H) bestreut servieren.

Indisches Fischcurry

Zutaten:

3 EL Öl
1 Zwiebel
300 g Karotten
2 Knoblauchzehen
1/2 TL Ingwer, frisch gerieben
700 g Fischfilet
2 EL Shoyu (Sojasauce) oder Tamari
2 EL Zitronensaft
1/2 TL Kurkuma
200 ml Kokosmilch
150 g Chinakohl
1 Msp. Sambal Olek
1 TL Koriander, gemahlen
schwarzer Pfeffer

Variante:

Anstelle von Kokosmilch kann auch Sojasahne verwendet werden.

Tipp:

- Die Bezeichnung Curry heißt nicht, dass ein Gericht mit Currypulver zubereitet wird. Vielmehr versteht man unter Curry eine Mischung aus verschiedenen Gewürzen. Immer dabei ist das gelbe Kurkuma, das für die typische Farbe sorgt.
- Ein Curry-Gericht kann von mild bis sehr scharf reichen.

Vorbereitung:

Fischfilets kalt abspülen, trocken tupfen und in 2 – 3 cm große Würfel schneiden. Karotten schälen, putzen und in 5 cm lange Stücke schneiden. Danach der Länge nach in Scheiben und anschließend in feine Stifte schneiden. Zwiebel und Knoblauchzehen schälen. Zwiebel halbieren und in feine Streifen schneiden, Knoblauchzehen fein hacken. Chinakohl waschen und in feine Streifen schneiden.

Zubereitung:

1. Eine Pfanne erwärmen (F), das Öl (E) darin erhitzen. Zwiebel (E), Karotten (E) und Knoblauch (M) anbraten. Ingwer (M) und die Fischwürfel (W) kurz mitbraten, dabei vorsichtig wenden, damit diese nicht zerfallen. Mit Shoyu (W) und Zitronensaft (H) ablöschen.

2. Kurkuma (F) mit der Kokosmilch (E) verrühren und hinzufügen. Bei schwacher Hitze etwa 5 Min. garen.

3. Danach die Chinakohlstreifen (E) unterheben und mit Sambal Olek (M), Koriander (M) und Pfeffer (M) abschmecken.

Holz Feuer Erde Metall Wasser

Holz

Feuer

Erde

Metall

Wasser

Fischfilets mit Chili

Zutaten:

700 g Fischfilet
3 EL Limettensaft
1 Prise Rosenpaprika
2 EL Öl
2 Knoblauchzehen
1 Chilischote, rot
1/2 TL Ingwer, frisch gerieben
50 ml Gemüsebrühe
5 EL Weißwein
2 EL Limettensaft
1/2 Limettenschale, fein gehackt
1 Prise Vollrohrzucker
schwarzer Pfeffer
Salz

Tipp:

- Servieren Sie dazu Ofenkartoffeln oder körnig gekochten Reis.

Vorbereitung:

Fischfilet kalt abspülen und trocken tupfen. Knoblauchzehen schälen und fein hacken. Chilischote waschen, halbieren, vom Kerngehäuse und den Trennwänden befreien und fein hacken.

Zubereitung:

1. Fischfilet mit Limettensaft (H) beträufeln und mit Rosenpaprika (F) würzen.

2. Eine Pfanne erwärmen (F), das Öl (E) darin erhitzen. Knoblauch (M), Chili (M), und Ingwer (M) etwa 1 Min. anbraten. Die Fischfilets (W) zugeben und von beiden Seiten kurz anbraten. Mit Gemüsebrühe (W) und Weißwein (H) ablöschen und bei schwacher Hitze garen.

3. Limettensaft (H), Limettenschale (F) und Vollrohrzucker (E) zugeben, mit Pfeffer (M) und Salz (W) abschmecken, sofort servieren.

Frittierte Fischbällchen

Zutaten:

80 g Weißbrot, trocken
1 Bd. Petersilie
1 Prise Kurkuma
2 Eier
schwarzer Pfeffer
1 TL Ingwer, frisch gerieben
1 Prise Chilipulver
500 g Fischfilet (z.B. Schellfisch, Seelachs, Kabeljau oder Rotbarsch)
4 Sardellenfilets, in Öl eingelegt
1 TL Zitronensaft
1 Prise Rosenpaprika
evtl. Vollkornbrösel

300 ml Öl zum Frittieren

4 Zitronenschnitze zum Servieren

Tipp:

- Als Beilage eignet sich ein scharfer Chili-Dip oder das „Apfel-Birnen-Chutney", deren Zubereitung Sie in der Rezeptrubrik „Dips, Aufstriche u. Chutneys" im Herbst finden.
- Empfohlenes Kochgeschirr: Wok-Pfanne zum frittieren.

Vorbereitung:

Weißbrot in dünne Scheiben schneiden, mit lauwarmem Wasser bedecken und einweichen. Fischfilet kalt abspülen, trocken tupfen und in kleine Würfel schneiden. Die Sardellenfilets mit einer Gabel zerdrücken. Petersilie waschen, mit einem Küchentuch trocken tupfen und fein hacken.

Zubereitung:

1. Das eingeweichte Weißbrot (H) ausdrücken, in kleine Stücke zerteilen und in eine Schüssel geben. Petersilie (H) untermischen, mit Kurkuma (F) bestäuben. Eier (E) zugeben, mit Pfeffer (M), Ingwer (M) und Chilipulver (M) würzen. Fischwürfel (W) und Sardellenfilets (W) unterrühren, die Masse pürieren, bis ein geschmeidiger Fischteig entsteht. Mit Zitronensaft (H) und Rosenpaprika (F) abschmecken. Wenn der Fischteig zu feucht ist, etwas Vollkornbrösel (E) untermischen.

2. Aus dem Fischteig walnussgroße Bällchen formen. Die Hände zwischendurch anfeuchten.

3. Das Öl im Wok erhitzen. Die Fischbällchen im heißen Öl 3 – 4 Min. frittieren. Mit einem Schaumlöffel herausheben und auf Küchenpapier abtropfen lassen. Die bereits fertigen Fischbällchen im Backofen bei 70°C warm halten.

4. Die Bällchen mit den Zitronenschnitzen servieren.

Zwiebelrelish

Zutaten:

2 EL Öl
300 g Zwiebeln
schwarzer Pfeffer
Salz
2 EL Shoyu (Sojasauce) oder Tamari
125 ml Weißwein
1 EL Essig
1/2 TL Rosenpaprika
1 Msp. Kurkuma

Variante:

Ingwer, Curry und Vollrohrzucker verleihen dem Zwiebelrelish zusätzlich ein orientalisches Flair.

Vorbereitung:

Zwiebeln schälen und in Würfel schneiden.

Zubereitung:

1. Eine Pfanne erwärmen (F), Öl (E) darin erhitzen und die Zwiebeln (E) andünsten.

2. Mit Pfeffer (M) und Salz (W) würzen. Shoyu (W) zugeben, mit Weißwein (H) ablöschen. Essig (H), Rosenpaprika (F) und Kurkuma (F) unterrühren.

3. Das Relish weiterköcheln lassen, bis die Flüssigkeit eingedickt ist.

Kürbis-Pastina-ken-Aufstrich

Zutaten:

300 g Pastinaken
300 g Kürbis
2 Frühlingszwiebeln
1 EL Ume Paste
1 EL Zitronensaft
1 Prise Kurkuma
1 Prise Rosenpaprika
2 EL Tahin (Sesammus)
schwarzer Pfeffer
Salz

Vorbereitung:

Kürbis schälen, Kerne und Innenfasern entfernen. Das Fruchtfleisch in kleine Würfel schneiden. Pastinaken schälen u. würfeln. Frühlingszwiebeln putzen, waschen und in feine Ringe schneiden.

Zubereitung:

1. Die Pastinaken- (F) und Kürbiswürfel (E) 10 Min. dämpfen, danach in eine Schüssel geben. Die Frühlingszwiebeln (M) zufügen. Nacheinander Ume Paste (W), Zitronensaft (H), Kurkuma (F), Rosenpaprika (F) und Tahin (E) zugeben und pürieren. Mit Pfeffer (M) und Salz (W) abschmecken.

2. Den Aufstrich in ein Schraubglas füllen, im Kühlschrank aufbewahren und innerhalb einer Woche aufbrauchen.

Holz Feuer Erde Metall Wasser

Birnen-Mandel-Creme

Zutaten:

2 EL Öl
600 g Birnen
1 Msp. Kardamom
1 Prise Salz
100 ml Wasser
1 EL Zitronensaft
1 Msp. Kakao
2 TL Mandelmus
1 Prise Zimt
1 Päck. Vanillezucker
2 TL Mandelsplitter, geröstet

Variante:

Mit geschlagener Sahne oder Sojasahne wird die Creme noch feiner.

Tipp:

- Als Beilage eignen sich die "Rotwein-birnen" sehr gut dazu. Das Rezept finden Sie auf der nächsten Seite.

Vorbereitung:

Die Birnen waschen, vierteln, die Kerngehäuse entfernen und in kleine Würfel schneiden.

Zubereitung:

1. Einen Topf erwärmen (F), das Öl (E) darin erhitzen. Die Birnenwürfel (E) zugeben und kurz andünsten. Kardamom (M) und Salz (W) zufügen, mit Wasser (W) ablöschen. Zitronensaft (H) und Kakao (F) unterrühren, die Birnenwürfel (E) darin weich kochen, anschließend pürieren.

2. Das Birnenkompott (E) etwas abkühlen lassen. Mandelmus (E) unterrühren, mit Zimt (E) und Vanillezucker (E) abschmecken.

3. Die Birnen-Mandel-Creme in Dessertgläser füllen und mit Mandelsplittern (E) bestreut servieren.

Mokkatraum

Zutaten:

500 ml Wasser
1 EL Agar-Agar
1 EL Zitronensaft
4 TL Getreidekaffee, instant
2 EL Mandelmus
1/2 TL Vanille
4 EL Reissirup
200 ml Sojasahne
1 Prise Kardamom
1 Prise Salz

2 TL Orangenmarmelade
4 Kaffeebohnen
3 TL Kokosflocken

Zubereitung:

1. Wasser (W) mit Agar-Agar (W) in einen Topf geben und gut verrühren. Zitronensaft (H) zugeben, Getreidekaffee (F) unterrühren und zum Kochen (F) bringen.

2. Danach Mandelmus (E), Vanille (E) und Reissirup (E) in die kochende Masse einrühren und weitere 5 Min. köcheln lassen.

3. Sobald die Creme etwas abgekühlt ist, die Sojasahne (E), Kardamom (M) und Salz (W) unterrühren, in Dessertgläser füllen, danach abkühlen lassen.

4. Mit Orangenmarmelade (H), Kaffeebohnen (F) und Kokosflocken (E) dekorieren.

Rotweinbirnen

Zutaten:

1/2 l Rotwein, trocken
100 g Vollrohrzucker
1/2 TL Zimt
1 Prise Kardamom
1 Prise Salz
5 EL Zitronensaft
1 Prise Kakao
460 g Birnen

Tipp:

• Bereiten Sie eine größere Menge zu, füllen die Rotweinbirnen in heiße Einmachgläser und bewahren diese bis zu 6 Mon. kühl und dunkel auf.

Vorbereitung:

Die Birnen waschen, halbieren, schälen und die Kerngehäuse entfernen.

Zubereitung:

1. Rotwein (F) und Vollrohrzucker (E) in einem Topf aufkochen. Zimt (E), Kardamom (M) und Salz (W) unterrühren. Zitronensaft (H) und Kakao (F) zugeben, die Birnen (E) bei geringer Hitze in 8 – 10 Min. weich kochen, herausnehmen und beiseitestellen.

2. Den Rotwein bei starker Hitze in ca. 10 Min. einkochen.

3. Die Birnen in dünne Scheiben schneiden, auf Dessertteller anrichten, mit dem heißen Wein beträufeln und servieren.

Bratapfel

Zutaten:

4 Äpfel
3 EL Mandelmus
3 EL Reissirup oder Honig
12 Walnusshälften
1 Prise Zimt
1 Prise Kardamom
1/2 TL Ingwer, frisch gerieben
1 Prise Salz
4 EL Zitronensaft
1/2 TL Kakao

Variante:

Anstelle von Mandelmus kann auch Tahin (Sesammus) verwendet werden.

Tipp:

- Als Beilage eignet sich eine Vanillesauce sehr gut.
- Auch andere Nüsse wie z.B. Mandeln und Haselnüsse können verwendet werden.

Vorbereitung:

Die Äpfel waschen, mit einem Apfelausstecher aushöhlen und in eine Auflaufform stellen. Die Walnusshälften grob hacken. Backofen auf 150°C vorheizen.

Zubereitung:

1. Das Mandelmus (E), den Reissirup (E), die Walnüsse (E) und Zimt (E) in eine Schüssel geben, gut vermischen. Kardamom (M), Ingwer (M), Salz (W), Zitronensaft (H) sowie Kakao (F) unterrühren und die Äpfel (E) mit dieser Masse befüllen.

2. Bei 180°C im Backofen ca. 20 – 25 Min. backen.

Pastinaken-schaum

Zutaten:

500 g Pastinaken
1 l Wasser, kochend
2 EL Öl
200 ml Sojasahne oder Sahne
1 Msp. Kardamom
1 Prise Salz
2 EL Zitronensaft
1 Msp. Kakao
1 Päck. Vanillezucker
1 Prise Zimt
roter Pfeffer
2 EL Wasser
1 EL Sauerkirschkonfitüre

Tipp:

- Als Beilage eignen sich die „Birnen in Ingwersud" sehr gut. Das Rezept finden Sie in der Rezeptrubrik „Desserts" im Herbst.

Vorbereitung:

Pastinaken schälen und in kleine Würfel schneiden.

Zubereitung:

1. Die Pastinaken (F) im kochenden Wasser (F) weich kochen. Das Öl (E) zugeben, fein pürieren und abkühlen lassen.

2. Sojasahne (E) zusammen mit Kardamom (M), Salz (W), Zitronensaft (H) und Kakao (F) steif schlagen und kalt stellen.

3. Unter die abgekühlte Pastinakencreme Vanillezucker (E) und Zimt (E) einrühren sowie die steif geschlagene Sojasahne (E) vorsichtig unterheben.

4. In Dessertgläser füllen und mit rotem Pfeffer (M) bestreuen. Wasser (W) mit der Konfitüre (H) verrühren und damit dekorieren.

Apfelkuchen

Zutaten:

etwas Butter zum Ausfetten des Kuchenblechs

Grundrezept Mürbteig:
250 g Dinkelmehl
1/2 unbehandelte Zitronenschale
1 Ei
40 g Vollrohrzucker
125 g Butterwürfel, gekühlt
1/2 TL Zimt
1 Prise Kardamom
1 Prise Salz

300 ml Wasser
4 EL Zitronensaft
1 Prise Kurkuma
500 g Äpfel

Rahmguss:
400 ml Sojasahne oder Sahne
75 g Stärkemehl
1 Prise Kardamom
1 Prise Salz
1 EL Zitronensaft
1 Prise Kurkuma
4 EL Reissirup
1 Ei

Vorbereitung:

Eine Kuchenform (28 cm Durchmesser) mit Butter ausfetten. Den Backofen auf 180°C vorheizen.

Zubereitung:

1. Dinkelmehl (H) und Zitronenschale (F) in eine Schüssel geben. Das Ei (E), Vollrohrzucker (E) und Butterwürfel (E) hinzufügen. Zimt (E), Kardamom (M) und Salz (W) zugeben, anschließend gut durchkneten.

2. Den Teig in die Kuchenform eindrücken. Mit einer Gabel mehrmals einstechen und 15 Min. kühl stellen.

3. Wasser (W) in einen Topf füllen, Zitronensaft (H) und Kurkuma (F) hinzufügen, leicht erwärmen (F). Die Äpfel (E) schälen, halbieren, die Kerngehäuse entfernen, in Scheiben schneiden und in den Topf geben.

4. Für den Guss die Sahne (E), Stärkemehl (E), Kardamom (M), Salz (W), Zitronensaft (H) und Kurkuma (F) mit dem Pürierstab vermischen. Den Reissirup (E) und das Ei (E) unterrühren.

5. Die Apfelscheiben abtropfen lassen.

6. Den Kuchenboden mit den Apfelscheiben belegen und den Sahneguss darübergießen. Im Backofen bei 180°C ca. 35 – 40 Min. backen.

Gewürzmuffins

Zutaten:

4 Eier
60 g Vollrohrzucker
125 ml Maiskeimöl
1/2 TL Zimt
1 Msp. Kardamom
1 Msp. Muskatnuss
1 Prise Salz
2 EL Zitronensaft
1 Päck. Weinstein-Backpulver
250 g Dinkelmehl
1 EL Kakao

Muffins-Papierförmchen

Variante:

Anstelle von Maiskeimöl kann auch Sonnen-blumen- oder Sojaöl verwendet werden. Es eignet hierfür auch 125 g weiche Butter.

Tipp:

• Eine sehr fruchtig-leckere Variations-möglichkeit ergibt sich, wenn in Würfel geschnittene Trockenfrüchte unter den Teig gerührt werden, z.B. Datteln oder getrocknete Aprikosen. Bei dieser Zubereitung kann im Grundteig weniger Vollrohrzucker wendet werden.

Zubereitung:

1. Die Eier (E) mit Vollrohrzucker (E) schaumig rühren. Anschließend das Öl (E) unterrühren. Zimt (E), Kardamom (M), Muskatnuss (M) und Salz (W) hinzufügen. Den Zitronensaft (H) zugeben und mit Weinstein-Backpulver (H), Dinkelmehl (H) und Kakao (F) zu einem glat-ten Teig verrühren.

2. Die Muffins-Papierförmchen auf ein Back-blech setzen. Den Teig löffelweise einfüllen. Im Backofen ca. 20 Min. bei 180°C backen.

Holz Feuer Erde Metall Wasser

Buchweizentorte

Zutaten:

4 Eier
80 g Vollrohrzucker
200 ml Maiskeimöl
1/2 TL Zimt
1 Msp. Kardamom
1 Msp. Muskatnuss
1 Msp. Nelkenpulver
1 Prise Salz
8 EL Wasser, lauwarm
2 EL Zitronensaft
1 Päck. Weinstein-Backpulver
200 g Buchweizenmehl
1 Prise Kakao
200 g Mandeln, gemahlen

1 EL Öl
1 – 2 EL Vollkornbrösel

Füllung:
100 g Preiselbeer- oder Sauerkirsch-
Konfitüre
200 g Sahne
1 Päck. Vanillezucker

Variante:

Anstelle von Maiskeimöl kann auch Sonnen-
blumen- oder Sojaöl verwendet werden. Es
eignet sich hierfür auch 125 g weiche Butter.

Vorbereitung:

Eine Tortenform (28 cm Durchmesser) mit Öl
auspinseln und mit Vollkornbrösel bestreuen.
Sahne mit Vanillezucker steif schlagen.

Zubereitung:

1. Die Eier (E) mit Vollrohrzucker (E) schaumig
rühren. Anschließend das Öl (E) unterrühren.
Zimt (E), Kardamom (M), Muskatnuss (M),
Nelkenpulver (M) und Salz (W) hinzufügen.
Wasser (W) und Zitronensaft (H) zugeben und
mit Weinstein-Backpulver (H), Buchweizenmehl (F) und Kakao (F) zu einem glatten Teig
verrühren. Die Mandeln (E) danach vorsichtig
unterheben.

2. Den Teig in die Form einfüllen und im Bak-
kofen ca. 35 – 40 Min. bei 175°C backen.

3. Den Kuchenboden auskühlen lassen, aus
der Form lösen und einmal quer der Hälfte
nach durchschneiden.

4. Den unteren Kuchenboden zuerst mit der
Konfitüre, dann mit der Sahne bestreichen.
Den oberen Kuchenboden in 12 Kuchen-
stücke schneiden und die Stücke auf die Sah-
necreme legen.

5. Die Torte vor dem Servieren mindestens
eine Std. kühl stellen.

Dattelmakronen

Zutaten:

3 Eiweiße
1 Prise Kardamom
1 Prise Salz
1 EL Zitronensaft
1 Prise Kakao
50 g Vollrohrzucker
225 g Datteln
60 Backoblaten

Vorbereitung:

Backofen auf 150°C vorheizen. Die Datteln entsteinen und das Fruchtfleisch in feine Würfel schneiden.

Zubereitung:

1. Aus Eiweißen (E), Kardamom (M) und Salz (W) einen steifen Schnee schlagen. Zitronensaft (H), Kakao (F) und Vollrohrzucker (E) einrieseln lassen, mind. 3 Min. schlagen. Datteln (E) zugeben und vorsichtig unterheben.

2. Oblaten auf ein Backblech legen. Kleine Häufchen von der Schaummasse auf die Oblaten setzen und 15 Min. backen. Danach auf einem Kuchengitter abkühlen lassen.

Tipp:

• Dieses Rezept der Hildegard von Bingen wurde anhand der Fünf-Elemente-Lehre ergänzt und in eine runde Form gebracht.

Energie-Nerven-kekse

Zutaten:

2 Eier
250 g Butter, weich
150 g Vollrohrzucker
200 g Mandeln, gemahlen
1/2 TL Zimt
1 Msp. Muskatnuss
1 Msp. Nelkenpulver
1 Prise Salz
2 EL Zitronensaft
400 g Dinkelmehl
1 Prise Kakao

Zubereitung:

1. Die Eier (E) mit der weichen Butter (E) und Vollrohrzucker (E) schaumig rühren. Mandeln (E) und Zimt (E) unterrühren. Muskatnuss (M), Nelkenpulver (M) und Salz (W) zufügen. Zitronensaft (H), Dinkelmehl (H) und Kakao (F) zugeben, rasch verkneten und kalt stellen.

2. Nach ca. 30 Min. den Teig 2 – 3 mm dick ausrollen und Plätzchen ausstechen.

3. Auf einem mit Backpapier ausgelegten Backblech bei 180 - 200°C ca. 20 –25 Min. backen.

Holz Feuer Erde Metall Wasser

Glossar – Warenkunde

Agar-Agar

ist ein pflanzliches Geliermittel, welches aus Meeresalgen gewonnen wird. Es ist in Form von Fäden oder gemahlen im Handel erhältlich. Als Alternative zu Gelatine dient es für die Zubereitung von Aspik, Gelees, Pudding, Saucen, Cremes und Desserts. Seine Bindefähigkeit ist achtmal höher als die von Blattgelatine. Es löst sich beim Erhitzen bei einer Temperatur von 80 – 90° C auf und geliert während des Abkühlens bei etwa 30 – 40° C.

Agavendicksaft

ist eine reine Fruchtsüße, gewonnen aus dem Herz der wilden Agave. Eignet sich aufgrund des aromatischen, neutralen Geschmacks für Desserts, Gebäck, in Dressings und zum Nachsüßen.

Amaranth

ist ein Pseudogetreide, das nicht zur Familie der echten Getreidearten gehört. Die Körnerfrüchte des Amaranths entfalten beim Kochen einen typischen nussigen Geruch. Sie werden im Müsli oder zu Grütze gekocht wie auch als Beilage gegart. Eine glutenfreie Alternative, die hervorragend mit Hirse harmoniert.

Buchweizen

wird gerne zu Grütze, Grieß oder als Mehl zu herzhaften Pfannkuchen und Fladen verarbeitet. Daneben dient Buchweizen als Einlage in Suppen, ist oft Bestandteil von Bratlingen oder wird als Beilage serviert. Er hat einen nussigen, leicht bitteren Geschmack und ist eine Alternative zu glutenhaltigen Getreidearten.

Bulgur

wird hauptsächlich aus Hartweizengrütze hergestellt. Das vorgekochte Weizenprodukt wird nach der anschließenden Trocknung grob oder fein geschnitten und dient als Grundlage für viele Gerichte. Bulgur wird gerne als Suppeneinlage verwendet; er eignet sich aber auch gut als Beilage zu Fisch und Fleisch oder – in Kombination mit Gemüse – als Salat; des Weiteren als Basis für Bratlinge oder für eine süße Nachspeise.

Couscous

stellt man aus befeuchtetem und zu Kügelchen zerriebenem Hartweizengrieß her. Zum Garen wird Couscous nicht gekocht, sondern über kochendem Wasser gedämpft oder mit heißem Wasser übergossen. Während der Dämpf- oder Quellzeit muss er mehrmals aufgelockert und zum Schluss mit etwas Olivenöl oder Butter vermengt werden. Couscous wird als Beilage, kalt als Salat – mit Gemüse oder Meeresfrüchten – oder für die Herstellung von Süßspeisen verwendet.

Genmai Su

wird aus essigsauer vergorenem Vollreis hergestellt. Dieser Reisessig ist ein ideales Würzmittel für Salate und essigsaure Eintöpfe. Er findet in der Küche aber auch ganz allgemein als Essigersatz Verwendung. Anstelle von Genmai Su kann beispielsweise auch heller Balsamico verwendet werden.

Gerste

ist heute nach Weizen, Reis und Mais weltweit die viertwichtigste Getreideart. Etwa ein Zehntel der Weltproduktion geht in die Erzeugung von Malz, das zum Bierbrauen (Braugerste) und zur Herstellung von Malzkaffee benötigt wird. Gerstenkörner werden aber auch zu Brot verbacken oder als Graupen (polierte Körner) in Suppen gegessen. Geschrotet, z. B. als Gerstengrütze, bieten sie eine leckere Beilage – ob pikant oder süß zubereitet.

Gomasio

ist der japanische Name für ein traditionelles Sesam-Salz-Gemisch. Es besteht aus geröstetem Sesam, der zusammen mit Meersalz gewalzt wird. Gomasio würzt viele pikante Speisen, ohne diese zu versalzen, z. B. warme und kalte Gerichte, Salate oder Kartoffeln. Verwenden Sie Gomasio anstelle von Tischsalz – es sollte bei keiner Mahlzeit am Esstisch fehlen. Es wird übrigens nicht mitgekocht, sondern über die fertigen Speisen gestreut und kann auch selbst hergestellt werden indem Sesam im Backofen geröstet, später geschrotet und mit Meersalz vermischt wird.

Hafer

wird für Getreidezubereitungen wie z. B. Müsli, für die Herstellung von Haferflocken, aber auch als Mehl in Backwaren oder in Breien verarbeitet. Ein Großteil der Ernte wird zudem in der Tierfutterherstellung verwendet.

Glossar – Warenkunde

Hafersahne

wird im Handel als Hafer Cuisine bezeichnet und ist eine vegane Alternative zur Sahne. Sie enthält nur 13% Fett und eignet sich zum Binden von Saucen und zum Verfeinern von Desserts.

Hirse

wird meist als geschältes, ganzes Korn angeboten. Man kann sie wie Reis kochen und als Beilage servieren, zu Brei oder Suppen verarbeiten.

Ingwer

ist in der chinesischen Küche eine typische Zutat zu Suppen, Fisch- und Fleischgerichten sowie zu Gemüse, Salaten, Saucen und Füllungen. Es genügt schon, das Bratöl mit einer Scheibe Ingwer zu aromatisieren oder Ingwer in der Suppe mitzukochen und anschließend wieder herauszunehmen. Wird Ingwer zum Mitessen zugefügt, so muss er klein gehackt, in hauchdünne Scheiben geschnitten oder mit der Ingwerreibe fein gerieben werden.

Kamut

ist eine alte Weizensorte – ein Vorfahr des heutigen Hartweizens. Kamutkörner sind erstaunlicherweise doppelt so groß wie unsere üblichen Weizenkörner.

Kurkuma (Curcuma)

wird auch Gelbwurz genannt. Dieses aus Südostasien stammende Ingwergewächs wird in Form von Kurkumapulver verwendet. Es schmeckt mild-würzig und etwas bitter. Wegen seiner Färbekraft ist Kurkuma wesentlicher Bestandteil von Currypulver.

Kuzu

ist ein pflanzliches Bindemittel, das aus den Wurzeln einer wilden Weinart gewonnen wird. Es findet Verwendung zum Andicken vieler Gerichte wie z. B. Suppen, Saucen, Puddings, Gelees. Es muss zuerst in kaltem Wasser im Verhältnis 1 TL Kuzu : 1 Tasse Wasser aufgelöst werden. Danach wird es in das Gericht eingerührt und langsam erhitzt.

Mirin

ist ein natursüßer Kochwein. In Kombination mit Shoyu kann Mirin den Geschmack verschiedenster Gerichte erstaunlich verfeinern. Er wird mit natürlichen Gärungsmethoden hergestellt und enthält wenig Alkohol. Anstelle von Mirin kann auch ein süßlicher Weißwein oder Likörwein verwendet werden.

Miso

ist eine milchsauer vergorene Paste aus Sojabohnen, Salz und einer Getreideart. Es findet Verwendung in Suppen, Saucen, Eintöpfen, zusammen mit Gemüse und Hülsenfrüchten u. v. a. m. Es sollte nicht mitgekocht, sondern erst zum Schluss zugefügt werden. So bleiben die durch den Gärungsprozess freigesetzten Enzyme enthalten, die wesentlich zur Bekömmlichkeit der Speisen beitragen. Ersatzweise kann anstelle von Miso auch Shoyu (Sojasauce) oder Tamari verwendet werden, das in seiner Konsistenz allerdings wesentlich flüssiger ist.

Pfeilwurzelmehl

wird aus der Pfeilwurzel gewonnen und findet wie Kuzu Verwendung als Bindemittel. Zudem kann es – mit etwas Wasser aufgeschlagen – das üblicherweise verwendete Ei beim Panieren ersetzen.

Quinoa

ist das Gold der Inkas, die an seine magischen Kräfte glaubten. Er ist reich an B-Vitaminen, Mineralien und essenziellen Aminosäuren und enthält wie Amaranth kein Gluten und wird ebenfalls als Pseudogetreide bezeichnet. Die perlenförmigen, winzigen Körner schmecken leicht nussig und lassen sich gut anstelle von Reis verwenden.

Reissahne

ist eine laktosefreie Sahne auf Reisbasis die sich optimal zum Kochen eignet.

Reissirup

ist ein natürliches Süßungsmittel auf Getreidebasis (Maltose), das bei der Verdauung nur einen geringen Insulinbedarf hervorruft. Reissirup findet Verwendung in Kuchen und Gebäck, in Desserts, zum Nachsüßen oder mit Tahin (Sesammus) vermischt als süßer Brotaufstrich (6 Teile Reissirup und 1 Teil Tahin).

Glossar – Warenkunde

Sake

ist das Nationalgetränk Japans und wird aus Wasser und Reis hergestellt. Die Japaner haben ihr uraltes Sake-Brauereihandwerk im Laufe der Jahrhunderte perfektioniert. Der Reiswein ist keine hochprozentige Spirituose, sondern enthält nur etwa 14 – 17 Prozent Alkohol. Er verfeinert den Geschmack verschiedenster Speisen und wird als Getränk bei Zimmertemperatur oder gekühlt serviert. In Gerichten kann ersatzweise ein leichter Weißwein verwendet werden.

Seitan

ist ein vegetarisches Nahrungsmittel, welches aus Weizen hergestellt wird. In einem Spezialverfahren wird zunächst die Stärke aus dem Weizenkorn herausgewaschen. Das verbleibende Weizengluten wird in Sojasauce und Ingwer gekocht und zu Seitan weiterverarbeitet. Durch seine feste und fleischähnliche Konsistenz lässt sich Seitan sehr vielseitig zubereiten.

Shoyu

ist ein traditionelles japanisches, lang fermentiertes Würzmittel aus Soja, Weizen, Wasser und Meersalz. Diese Sojasauce findet vielfältige Verwendung in Suppen, Saucen, Eintöpfen, Fisch- und Fleischgerichten. Anstelle von Salz sorgt Shoyu für einen verbesserten Geschmack der Speisen. Bei Glutenunverträglichkeit bietet sich Tarmari an, welches ohne Getreide hergestellt wird. Möchte man diese asiatischen Gewürze nicht verwenden wäre für den salzigen Geschmack ein Stein- oder Meersalz geeignet.

Sojasahne

wird wie Sojamilch aus fermentierten Sojabohnen und Wasser hergestellt. Sie ist allerdings konzentrierter und dickflüssiger und lässt sich mit frischem Zitronensaft sogar aufschlagen.

Tahin

ist eine nussig schmeckende Paste aus zerriebenem Sesam. Zur Verfeinerung von Gemüse, Hülsenfrüchten, Saucen u. v. a. m. Weißes Tahin wird aus geschältem Sesam gewonnen, dunkles Tahin aus ungeschältem.

Tamari

ist eine traditionelle Sojasauce, die bei der Misoherstellung gewonnen wird. Im Gegensatz zu Shoyu, welches meist aus Sojaferment in kürzerer Reifezeit erzeugt wird, werden für Tamari in der Regel ganze Bohnen verwendet, die vorher mindestens 18 Monate reifen müssen.

Tsampa

wird aus gerösteter, gemahlener Gerste hergestellt. Es gibt unterschiedliche Zubereitungsarten; mit Milch, Tee, Wasser, Joghurt oder Sahne – gesüßt oder gesalzen. Da die Gerstenkörner bereits geröstet wurden, sollte die Zeit des Erhitzens sehr kurz gehalten werden. Tsampa kann aber ohne weiteres auch ungekocht genossen werden.

Umeboshi

besteht aus speziell verarbeiteten Aprikosen: Nach der Ernte werden die Aprikosen zusammen mit Salz in großen Holzbottichen aufgeschichtet. Dort bleiben sie ein bis zwei Monate lang. Das Salz entzieht den Früchten das Wasser, und bei der entstehenden Gärung vermehren sich Milchsäurebakterien. Umeboshi-Produkte können anstelle von Salz als Würzmittel verwendet werden und so die Bekömmlichkeit der Speisen verbessern. Aus der traditionellen Verarbeitung ist die Ume Paste und das Konzentrat Ume Su erhältlich.

Ume Paste

besteht aus Umeboshi-Aprikosen, welche nicht so schön rund und groß sind. Diese werden herausgesucht, entkernt und zu Paste zerdrückt. Ume Paste findet Verwendung in Eintöpfen, Brotaufstrichen, Gerichten mit Hülsenfrüchten usw. Ersatzweise kann für den salzigen Geschmack auch Stein- oder Meersalz verwendet werden. Oftmals wird Ume Paste allerdings wegen seinen fermentierten Eigenschaften benutzt um beispielsweise Brotaufstriche und Dips haltbar zu machen.

Ume Su

nennt man die bei der Fermentation von Umeboshi-Aprikosen und Shiso-Blättern anfallende Flüssigkeit. Das Filtrat ist sauer wie Essig, enthält jedoch keinerlei Essigsäure. Es wird verwendet zum Einlegen von Gemüse, zum Verfeinern von Gerichten sowie als Salz- und Essigersatz. Ideal eignet sich Ume Su auch für die Haltbarkeit durch seine fermentierten Eigenschaften. Sie können beim Würzen dieses Produkt alternativ durch etwas hellen Balsamico und Meersalz ersetzen.

Weizen

hat aufgrund seines hohen Gehaltes an Gluten (Klebereiweiß) eine hohe Backfähigkeit und ist daher bestens für die Herstellung von Brot, Gebäck und Kuchen geeignet. Aus Hartweizen werden Teigwaren und Grieß hergestellt. Viele Menschen vertragen jedoch kein Gluten und müssen daher auf Alternativen ausweichen (siehe unter Amaranth, Buchweizen und Quinoa).

Nahrungsmittelliste, alphabetisch

Nahrungsmittel	Element	Thermik
Aal	Wasser	warm
Adukibohne	Wasser	neutral
Agar-Agar	Wasser	kalt
Alfalfasprossen	Holz	erfrischend
Algen	Wasser	kalt
Alkohol, hochprozentig	Metall	heiß
Altbier	Feuer	erfrischend
Amaranth	Feuer	neutral
Ananas	Holz	kalt
Anis	Erde	warm
Apfel, sauer	Holz	erfrischend
Apfel, süß	Erde	erfrischend
Apfelsaft	Erde	erfrischend
Aprikose, frisch	Erde	warm
Aprikose, getrocknet	Erde	warm
Artischocke	Feuer	erfrischend
Aubergine	Erde	erfrischend
Auster	Wasser	erfrischend
Austernpilz	Erde	neutral
Avocado	Erde	erfrischend
Balsamico	Holz	warm
Bambussprossen	Holz	kalt
Banane	Erde	erfrischend
Bancha-Tee	Feuer	neutral
Bärlauch, frisch	Metall	warm
Bärlauch, getrocknet	Metall	warm
Barsch	Wasser	neutral
Basilikum, frisch	Feuer	warm
Basilikum, getrocknet	Metall	warm

Nahrungsmittel	Element	Thermik
Beifuß, getrocknet	Metall	warm
Birne	Erde	erfrischend
Birnensaft	Erde	erfrischend
Bitterlikör	Feuer	heiß
Blauschimmelkäse	Metall	warm
Blumenkohl	Erde	erfrischend
Bockshornklee-samenpulver	Feuer	warm
Bohne, grün	Erde	neutral
Bohnenkraut, frisch	Feuer	warm
Bohnenkraut, getrocknet	Metall	warm
Borretsch	Holz	erfrischend
Brennnessel	Feuer	neutral
Broccoli	Erde	erfrischend
Brombeere	Holz	neutral
Brottrunk	Holz	erfrischend
Brunnenkresse	Metall	erfrischend
Buchweizen	Feuer	erfrischend
Bulgur	Holz	neutral
Burgunder, weiß + rot	Feuer	erfrischend
Butter	Erde	neutral
Cashewkern	Erde	erfrischend
Cayennepfeffer	Metall	heiß
Champagner	Holz	erfrischend
Champignon	Erde	erfrischend

Nahrungsmittel	Element	Thermik
Chicorée	Feuer	erfrischend
Chilipulver	Metall	heiß
Chilischote	Metall	heiß
Chinakohl	Erde	erfrischend
Clementine	Holz	erfrischend
Cognac	Feuer	heiß
Couscous	Holz	neutral
Crème fraîche	Holz	erfrischend
Curry	Metall	heiß
Dattel	Erde	neutral
Dickmilch	Holz	erfrischend
Dill, frisch	Metall	warm
Dill, getrocknet	Metall	warm
Dinkel	Holz	neutral
Dorsch	Wasser	erfrischend
Ei	Erde	neutral
Eichblattsalat	Feuer	neutral
Eisbergsalat	Feuer	neutral
Endiviensalat	Feuer	neutral
Ente	Holz	erfrischend
Erbse, frisch	Erde	neutral
Erbse, getrocknet	Wasser	neutral
Erdbeere	Holz	erfrischend
Erdnuss	Erde	warm

Nahrungsmittel	Element	Thermik
Essig	Holz	warm
Essiggurke	Holz	kalt
Estragon, frisch	Erde	erfrischend
Estragon, getrocknet	Metall	warm
Fabrikzucker	Erde	erfrischend
Fasan	Metall	warm
Feige, frisch	Erde	neutral
Feige, getrocknet	Erde	neutral
Feldsalat	Feuer	neutral
Fenchel	Erde	warm
Fencheltee	Erde	warm
Fisch, geräuchert	Wasser	warm
Fleisch, gegrillt	Feuer	heiß
Fleisch, gepökelt	Wasser	warm
Fleisch, geräuchert	Wasser	warm
Fleisch, gesalzen	Wasser	warm
Fleisch, luftgetrocknet	Wasser	warm
Flunder	Wasser	erfrischend
Forelle	Wasser	neutral
Frischkäse	Holz	erfrischend
Frühlingszwiebel	Metall	warm
Galgant, getrocknet	Metall	heiß
Gans	Metall	neutral
Garnele	Wasser	warm

265

Nahrungsmittelliste, alphabetisch

Nahrungsmittel	Element	Thermik
Gerste	Erde	erfrischend
Getreidekaffee	Feuer	warm
Glühwein	Feuer	heiß
Goldbrasse	Wasser	warm
Gorgonzola	Metall	warm
Granatapfel	Holz	warm
Grapefruit	Feuer	erfrischend
Grapefruit-schale	Feuer	neutral
Grüner Tee	Feuer	erfrischend
Grünkern	Holz	warm
Grünkohl	Erde	neutral
Gurke	Erde	kalt
Hafer	Metall	warm
Hafermilch	Metall	warm
Hagebutte	Holz	neutral
Hagebutten-tee	Holz	neutral
Hammel	Feuer	heiß
Harzer Käse	Metall	warm
Haselnuss	Erde	neutral
Hefe	Holz	neutral
Heidelbeere	Holz	erfrischend
Heilbutt	Wasser	neutral
Hibiskus-tee	Holz	erfrischend
Hijiki	Wasser	kalt
Himbeere	Holz	neutral

Nahrungsmittel	Element	Thermik
Hirsch	Metall	heiß
Hirse	Erde	neutral
Hokkaidokürbis	Erde	warm
Holunderbeere	Feuer	erfrischend
Honig	Erde	neutral
Honigmelone	Erde	kalt
Honigwein	Erde	warm
Huhn	Holz	warm
Hülsenfrüchte-sprossen	Holz	erfrischend
Hummer	Wasser	warm
Ingwer, frisch	Metall	warm
Ingwer, getrocknet	Metall	heiß
Joghurt	Holz	kalt
Johannisbeere	Holz	erfrischend
Kabeljau	Wasser	warm
Kaffee	Feuer	warm
Kakao	Feuer	warm
Kaki	Erde	kalt
Kalb	Erde	neutral
Kaninchen, gezüchtet	Metall	erfrischend
Kaninchen, wild	Metall	neutral
Kapern	Feuer	warm
Kapuzinerkresse	Holz	erfrischend
Karambole (Sternfrucht)	Holz	kalt

Nahrungsmittelliste, alphabetisch

Nahrungsmittel	Element	Thermik
Kardamom	Metall	warm
Karotte	Erde	neutral
Karpfen	Wasser	neutral
Kartoffel	Erde	neutral
Kastanie	Erde	warm
Kaviar	Wasser	kalt
Kefir	Holz	erfrischend
Kerbel	Holz	neutral
Kichererbse	Wasser	erfrischend
Kirsche, sauer	Holz	erfrischend
Kirsche, süß	Erde	warm
Kirschsaft	Holz	warm
Kiwi	Holz	kalt
Knoblauch	Metall	heiß
Kohlrabi	Erde	neutral
Kokosmilch	Erde	warm
Kokosnuss	Erde	warm
Kombu	Wasser	kalt
Kopfsalat	Feuer	erfrischend
Koriander, frisch	Metall	warm
Koriandersamen	Metall	warm
Korinthe	Erde	warm
Krabbe	Wasser	kalt
Krebs	Wasser	kalt
Kresse	Metall	erfrischend

Nahrungsmittel	Element	Thermik
Kreuzkümmel (Cumin)	Metall	warm
Kuhmilch	Erde	neutral
Kümmel	Metall	warm
Kumquat	Holz	warm
Kürbis	Erde	neutral
Kürbiskern	Erde	neutral
Kürbiskernöl	Erde	warm
Kurkuma (Gelbwurz)	Feuer	warm
Kuzu	Erde	erfrischend
Lachs	Wasser	neutral
Lamm	Feuer	heiß
Languste	Wasser	warm
Lauch (Porree)	Metall	warm
Leinöl	Erde	erfrischend
Leinsamen	Feuer	warm
Liebstöckel, frisch	Metall	warm
Liebstöckel, getrocknet	Metall	warm
Likör	Erde	warm
Limette	Holz	kalt
Limettenschale	Feuer	neutral
Linse	Wasser	neutral
Lorbeer	Metall	warm
Lotuswurzel	Feuer	erfrischend
Löwenzahn	Feuer	erfrischend

Nahrungsmittelliste, alphabetisch

Nahrungsmittel	Element	Thermik
Lychee	Holz	warm
Mais	Erde	neutral
Maishaartee	Erde	erfrischend
Majoran, frisch	Metall	warm
Majoran, getrocknet	Metall	warm
Makrele	Wasser	warm
Malventee	Holz	erfrischend
Malz (alle Sorten)	Erde	neutral
Mandarine	Holz	erfrischend
Mandel	Erde	neutral
Mango	Erde	kalt
Mangold	Erde	erfrischend
Marone	Erde	warm
Marsala	Metall	warm
Mascarpone (Frischkäse)	Holz	erfrischend
Meerrettich	Metall	warm
Melasse	Erde	neutral
Melissentee	Holz	erfrischend
Miesmuschel	Wasser	kalt
Mineralwasser	Wasser	kalt
Mirabelle	Erde	neutral
Miso	Wasser	neutral
Mohn	Feuer	warm
Mu-Erh-Pilz	Wasser	erfrischend

Nahrungsmittel	Element	Thermik
Mungbohne	Wasser	erfrischend
Mungbohnen-sprossen	Holz	kalt
Münsterkäse	Metall	warm
Muskatnuss	Metall	warm
Nelke	Metall	warm
Nori	Wasser	kalt
Olive	Wasser	erfrischend
Olivenöl	Erde	erfrischend
Orange	Holz	erfrischend
Orangen-blütentee	Erde	erfrischend
Orangenschale	Feuer	neutral
Oregano, frisch	Feuer	warm
Oregano, getrocknet	Metall	warm
Pampelmuse	Feuer	erfrischend
Papaya	Erde	kalt
Paprikaschote	Erde	erfrischend
Parmesankäse	Wasser	warm
Passionsfrucht	Holz	warm
Pastinake	Feuer	erfrischend
Peperoni	Metall	heiß
Perlhuhn	Metall	warm
Petersilie	Holz	warm
Petersilienwurzel	Erde	neutral
Pfeffer	Metall	heiß

Nahrungsmittelliste, alphabetisch

Nahrungsmittel	Element	Thermik
Pfefferminztee	Metall	erfrischend
Pfeilwurzelmehl	Erde	erfrischend
Pfirsich	Erde	warm
Pflaume, frisch	Holz	warm
Pflaume, getrocknet	Erde	neutral
Physalis (Ananaskirsche)	Holz	warm
Pils	Feuer	erfrischend
Piment	Metall	heiß
Pinienkerne	Erde	warm
Pistazie	Erde	neutral
Polenta (Maisgrieß)	Erde	neutral
Portwein	Erde	warm
Preiselbeere	Holz	erfrischend
Prosecco	Holz	erfrischend
Pu-Erh-Tee	Feuer	neutral
Pute	Metall	neutral
Quark	Holz	erfrischend
Quinoa	Feuer	neutral
Quitte	Feuer	erfrischend
Radicchio	Feuer	erfrischend
Radieschen	Metall	erfrischend
Radieschen-sprossen	Metall	erfrischend
Rapsöl	Erde	warm
Rebhuhn	Metall	warm

Nahrungsmittel	Element	Thermik
Reh	Metall	warm
Reis	Metall	neutral
Reismilch	Metall	neutral
Reiswein	Metall	warm
Rettich, schwarz	Metall	neutral
Rettich, weiß	Metall	erfrischend
Rhabarber	Holz	kalt
Rind	Erde	neutral
Roggen	Feuer	neutral
Rosenkohl	Feuer	warm
Rosenpaprika	Feuer	warm
Rosine	Erde	warm
Rosmarin, frisch	Feuer	warm
Rosmarin, getrocknet	Metall	warm
Rote Bete	Feuer	neutral
Rotkohl	Erde	neutral
Rotwein	Feuer	warm
Rucola (Rauke)	Feuer	erfrischend
Safran	Erde	neutral
Sahne, sauer	Holz	erfrischend
Sahne, süß	Erde	erfrischend
Sake	Metall	warm
Salami	Wasser	warm
Salatgurke	Erde	kalt
Salbei, frisch	Feuer	erfrischend

Nahrungsmittelliste, alphabetisch

Nahrungsmittel	Element	Thermik
Salbei, getrocknet	Metall	erfrischend
Salz	Wasser	kalt
Sardelle	Wasser	warm
Saubohne	Wasser	neutral
Sauerampfer	Holz	kalt
Sauerkirschen	Holz	erfrischend
Sauerkirschsaft	Holz	erfrischend
Sauerkraut	Holz	erfrischend
Sauermilch	Holz	erfrischend
Sauerrahm	Holz	erfrischend
Schaf	Feuer	heiß
Schafskäse	Feuer	warm
Schimmelkäse	Metall	heiß
Schinken roh/gekocht	Wasser	warm
Schnittlauch, frisch	Metall	warm
Schnittlauch, getrocknet	Metall	warm
Scholle	Wasser	warm
Schwarztee	Feuer	neutral
Schwarzwurzel	Erde	erfrischend
Schwein	Wasser	neutral
Schwertfisch	Wasser	warm
Seeteufel	Wasser	erfrischend
Seezunge	Wasser	erfrischend
Sekt	Holz	erfrischend

Nahrungsmittel	Element	Thermik
Sellerieknolle	Erde	erfrischend
Selleriestange	Erde	erfrischend
Senf	Metall	warm
Sesam	Erde	neutral
Sesamöl	Erde	erfrischend
Shiitakepilz	Erde	neutral
Shrimps	Wasser	warm
Shoyu	Wasser	kalt
Sirup (alle Sorten)	Erde	erfrischend
Sojabohne gelb/schwarz	Wasser	neutral
Sojamilch, Sojasahne	Erde	erfrischend
Sojaöl	Erde	warm
Sojasauce	Wasser	kalt
Sojasprossen	Holz	erfrischend
Sonnenblumen-kern	Erde	neutral
Sonnenblumenöl	Erde	erfrischend
Spargel	Erde	erfrischend
Spinat	Erde	erfrischend
Stachelbeere	Holz	erfrischend
Staudensellerie	Erde	erfrischend
Steckrübe	Erde	neutral
Steinbutt	Wasser	erfrischend
Sternanis	Metall	warm
Sultanine	Erde	warm

Nahrungsmittelliste, alphabetisch

Nahrungsmittel	Element	Thermik
Süßholz	Erde	neutral
Süßholztee	Erde	neutral
Süßkartoffel	Erde	warm
Süßreis	Erde	warm
Tamari	Wasser	kalt
Tamarinde	Holz	warm
Taschenkrebs	Wasser	kalt
Thunfisch	Wasser	warm
Thymian, frisch	Feuer	warm
Thymian, getrocknet	Metall	warm
Tintenfisch	Wasser	erfrischend
Tofu	Erde	erfrischend
Tomate	Holz	kalt
Traubensaft rot/weiß	Erde	neutral
Umeboshi-Pflaume	Wasser	erfrischend
Ume Paste	Wasser	erfrischend
Ume Su	Wasser	erfrischend
Vanille	Erde	neutral
Vollrohrzucker	Erde	neutral
Wacholderbeere	Feuer	warm
Wachtel	Metall	neutral
Wakame	Wasser	kalt
Waldpilz	Erde	neutral
Walnuss	Erde	warm

Nahrungsmittel	Element	Thermik
Wasser, heiß	Feuer	erfrischend
Wasser, kalt	Wasser	kalt
Wassermelone	Erde	kalt
Weintraube rot/weiß	Erde	erfrischend
Weißkohl	Erde	neutral
Weißwein	Holz	erfrischend
Weizen	Holz	erfrischend
Weizenbier	Holz	erfrischend
Weizenkeimöl	Erde	erfrischend
Weizenkleie	Holz	kalt
Weizensprossen	Holz	kalt
Wildente	Metall	warm
Wildhase	Metall	warm
Wildkaninchen	Metall	neutral
Wildschwein	Metall	warm
Wirsing	Erde	neutral
Yamswurzel	Erde	neutral
Yogi-Tee	Metall	heiß
Ziege	Feuer	heiß
Ziegenkäse	Feuer	warm
Ziegenmilch	Feuer	warm
Zimt	Erde	warm
Zitrone	Holz	kalt
Zitronengras	Metall	warm
Zitronengraspulver	Metall	warm

Nahrungsmittelliste, alphabetisch

Nahrungsmittel	Element	Thermik
Zitronenschale	Feuer	neutral
Zucchini	Erde	erfrischend
Zuckerhut	Feuer	erfrischend
Zuckerschote	Erde	warm
Zwetschge	Holz	neutral
Zwiebel, gebraten	Erde	warm
Zwiebel, roh	Metall	warm

Hinweis:

Das Nahrungsmittel-Poster zum Buch im A2-Format (42 x 59,4 cm), vierfarbig, mit fünf Fotos, ist ein unverzichtbares Hilfsmittel in der Küche.
Die ideale Ergänzung zum 5-Elemente-Rezeptbuch.

Die Nahrungsmittel sind nach den Elementen Holz, Feuer, Erde, Metall und Wasser sowie deren zugehörige Geschmacksrichtungen sauer, bitter, süß, scharf und salzig sortiert.

Zudem finden Sie darauf auch die thermischen Eigenschaften farbig hinterlegt.

In der A-Z Auflistung ist ein schnelles Finden der Nahrungsmittel sicher gestellt.

Das gefaltete Poster dient als Arbeitshilfe in der Küche.

Für Sie als Buch-Kunde bieten wir das Nahrungsmittel-Poster zu einem Vorzugspreis von 5,95 Euro zzgl. Versandkosten an.

Zu bestellen per E-Mail unter

info@isabel-ockert.de
oder im ONLINE-Shop unter
www.kocherlebnisse.de

Vermerken Sie bei Ihrer Bestellung das Stichwort: BUCHKUNDE

Beim Besuch in unserem Online-Shop unter

www.kocherlebnisse.de

finden Sie unsere Gewürzmischungen, wertvolle Küchenhelfer,
das Nahrungsmittel-Poster sowie weitere Bücher und Anleitungshefte.

Sie sind Wiederverkäufer oder Buchhändler?
Dann informieren Sie sich über die günstigen Bezugskonditionen unserer Produkte
und fordern diese per E-Mail an: info@isabel-ockert.de

Bleiben Sie informiert !!!

**Profitieren Sie von unserem Newsletter-
Service der Ihnen wöchentlich tolle
Rezept-Ideen und Küchen-Tipps liefert.
Für Sie ist das natürlich absolut kostenlos.**

Melden Sie sich gleich an unter
www.genusspost.de

Rezept Index

Rezept Index

Kontaktadressen

Ernährungsberatungen, Aus- und Weiterbildung, Vorträge, Kochkurse, Rezept-Entwicklung, Speisenkonzept-Erstellung, Teambuilding-Seminare und Kochreisen

Isabel Ockert – mein Leistungsangebot

Webseite: www.isabel-ockert.de
www.kocherlebnisse.de
www.5elemente-ausbildung.de
www.teambuilding-kochevents.de
www.isaverlag.de

E-Mail: info@isabel-ockert.de

- **Individuelle Ernährungsberatungen**
  Einzel-, Paar- und Familienberatungen mit individueller Befunderhebung und ausführlicher Anleitung für die gezielte Umsetzung der Ernährung nach den 5 Elementen in Ihrem Alltag.

- **Ausbildungslehrgang in 5-Elemente-Ernährung**
  für den praktischen Einstieg in die 5-Elemente-Ernährung und ein ideales Ausbildungsangebot für eine haupt- oder nebenberufliche Tätigkeit.

- **Online-Akademie**
  mit interessanten Live-Webinaren und Video-Kursen zu Themen rund um die gesunde Lebensgestaltung unter Anwendung der 5-Elemente-Philosophie.

- **Kochevents – mobile Kochschule, Kochreisen & Teambuilding-Seminare**
  zur Unterstützung bei der täglichen Praxis in der Küche mit vielen Tipps, Tricks und Informationen. Förderung der Gruppen-Dynamik bei Firmen-Events mit Teambuilding-Seminaren in der Küche.... Kulinarische Kochreisen in die Toskana oder auf Mallorca.

- **Vorträge – Coaching und Workshops für Unternehmen**
  zur Gesundheitsförderung und Stärkung der Leistungsfähigkeit der Mitarbeiter durch Work-Life-Balance auf Basis der chinesischen Gesundheits- und Ernährungslehre.

- **Weiterbildung für Gastronomie und Hotellerie**
  Ob Tagungs-, Seminar-, Wellnesshotel oder verschiedene Arten der Gastronomie... die Seminarinhalte oder ein individuelles Speisenkonzept wird auf Ihre jeweilige Situation zugeschnitten. Im Vordergrund steht eine leichte, bekömmliche und jahreszeitliche Küche für Ihre Gäste.

- **Weiterbildungsangebot im Bereich 5-Elemente-Ernährung**
  und erfolgreiches Durchstarten mit der 5-Elemente-Ernährung durch Vermittlung erprobter Konzepte und Werkzeuge.

- **Service der 5-Elemente-Datenbank für TCM-Therapeuten und Berater**
  ein Online-Werkzeug für die TCM-Ernährungsberatung mit über 450 Nahrungsmitteln inkl. Rezepte zur Ausarbeitung individueller Empfehlungen.

Weitere Informationen unter **www.isabel-ockert.de**

 **edudip®** verbindet wissen.   ## NEU – meine Online-Akademie

In meiner Online-Akademie bei edudip® biete ich Live-Webinare und Video-Kurse mit umfangreichem Script-Material im Download-Bereich. Viele Themen rund um die 5-Elemente-Philosophie und die gesunde Lebensführung werden dort präsentiert.

Die Akademie-Webseite: www.edudip.com/academy/isabel.ockert

- **Basics der 5-Elemente**
  Eine Einführung in die 5-Elemente-Philosophie zeigt die komplexen Zusammenhänge auf. Geballtes Wissen wird praxisnah erklärt. Direkt-Link zum Video-Kurs:
  https://www.edudip.com/w/129792

- **Die 10 größten Ernährungsfehler aus Sicht der TCM**
  Gesund und fit bleiben bis ins hohe Alter ohne körperliche Beschwerden ist das Ziel. Direkt-Link zum Video-Kurs:
  https://www.edudip.com/w/148430

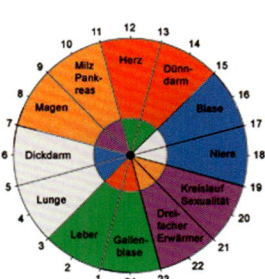

- **Die Organuhr**
  Im Einklang leben mit der inneren Uhr und den Rhythmen der Natur fördert das Wohlbefinden und ist die beste Prävention. Es wird der Stoffwechsel und seine täglichen Phasen aus Sicht der TCM anschaulich erklärt. Direkt-Link zum Video-Kurs:
  https://www.edudip.com/w/132014

Und viele weitere interessante Themen:

- **Basische Ernährung im Alltag**
- **Alarm im Darm**
- **DETOX – die 30 Nahrungsmittel die den Körper reinigen**
- **Allergien aus ganzheitlicher Sicht**
- **Treibstoff für die Hirnzellen**
- **Gewürze in der Küche**
- **Gewürze-Lexikon Teil 1 und 2**
- **Einmal kochen – mehrmals genießen... Tipps zur schnellen Küche**
- **Erkältung aus ganzheitlicher Sicht**
- **Wöchentliche Rezept-Planung leicht gemacht**
- **Ganz in meinem Element**
- **Einstieg Gesichter lesen**
  uvm.

Kontaktadressen

PLZ / Ort	Name	Firmenbezeichnung oder Name der Praxis	E-Mail
A-1070 Wien	Dobesberger, Sabine	Kochstudio & TCM Ernährungsberatung	office@diepause.at
A-1220 Wien	Mag. Hirt, Robert	Anshen Gesundheitszentrum Alte Donau	info@roberthirt.at
A-4491 Linz/Niederneukirchen	Aigner, Bettina	TCM-vital e.U.	office@tcm-vital.at
A-9974 Prägraten am Großven.	Rechenburg, Liesa	Ernährungsberatung nach TCM im Hotel HEIMAT	ere@heim-at.com
CH-4106 Therwil	Cé-Bielmann, Sabine	Ernährungsberatung nach TCM	sabine.ce@sunrise.ch
CH-5524 Niederwil	Künzli- Zangger, Cécile	Praxis für Ernährung und chinesische Medizin	info@ernaehrung-zangger.ch
D-03046 Cottbus	Gehler, Michael	YangSheng Institut Cottbus	info@naturheilpraxis-gehler.de
D-07743 Jena	Fernkäse, Uta	Ernährungsberatung nach TCM	mail@utafernkaese.de
D-13585 Berlin	Gerhard, Ursula	Ihr Vitalpunkt, Heilpraxis für Mensch und Tier	gerhard@ihr-vitalpunkt.de
D-14052 Berlin	Gohde, Annette	Heilpraktikerin	praxis@annette-gohde.de
D-14612 Falkensee	Strenzke-Kasch, Astrid	Praxis Sonnenhaus	info@praxis-sonnenhaus.de
D-14974 Ludwigsfelde	Domesle, Sylvia	TCM-Therapeutin	s.domesle@web.de
D-15848 Beeskow	Scholz-Mertzdorff, Elisabeth	Zentrum für innere Harmonie	info@elemente-in-harmonie.de
D-18546 Sassnitz/Rügen	Richter, Silke	Ganzheitliche Ernährungs- und Lebensberatung	silke@leben.fit
D-21077 Hamburg	Eilers, Angelika	Shiatsu & 5-Elemente-Ernährung	angelika-5-elemente@gmx.de
D-21339 Lüneburg	Busse, Sylvia	Ernährungsberatung & Kochschule	info@sylvia-busse.de
D-21435 Stelle	Nauroth, Inge	Praxis für Chinesische Medizin	in@naturheilpraxis-nauroth.de
D-22605 Hamburg	Rohlwink, Sabiene	Heilpraktikerin	srohlwink@t-online.de
D-25813 Schwesing	Stumme-Petersen, Gesche	Praxis für Schmerzphysiotherapie	info@physio-schwesing.de
D-29479 Jameln	Schulz, Ines	Praxis für TCM	info@inesschulz.de
D-35043 Marburg	Hahn, Antje	Ernährungsberatung nach TCM	ahahn@ernaehrung-tcm.de
D-37619 Bodenwerder-Linse	Hahlbrock, Heike	Ernährungsberatung nach TCM	tcm@heike-hahlbrock.de
D-38170 Kneitlingen	Vandieken, Nicole	Nicole Vandieken - Choose Health	lifecoaching@nicolevandieken.com
D-45133 Essen	Langer, Christiane	vitarevis, Naturheilpraxis Christiane Langer	info@gesundheitswelt-vitarevis.de
D-47929 Grefrath	Schmidt, Andrea	Dieteticus TCM Ernährungsberatung	info@dieteticus.de
D-50737 Köln	Gies, Britta	Naturheilpraxis	info@heilpraxis-gies.de
D-53639 Königswinter	Rechenburg, Liesa	Liesas Wildkräuterschule & Ernährungsberatung TCM	ere@heim-at.com
D-54597 Rommersheim	Knauf, Anita	Leben in Balance	aksonne@web.de
D-61250 Usingen	Wehner, Anke	Gesund im Taunus	mail@taunus-gesund.de
D-63225 Langen	Kieselbach, Gudrun	Praxis für TCM und Phytotherapie	info@praxis-kieselbach.de
D-63939 Wörth	Mikolajetz, Nicole	Heilpraktikerin für TCM und Akuptunktur	heilpraktikerin@nicole-mikolajetz.de
D-65779 Kelkheim	Gies, Andrea	Gesundheits- & Bewegungstraining, Ernährungsberatung	info@kosmetikberatung-gies.de
D-66126 Saarbrücken	Bohlmann, Jutta	Ernährungsberatung nach TCM	juttabohlmann@yahoo.de
D-68163 Mannheim	Striehl, Stephanie	Ernährungsberatung nach TCM	Steffi.Striehl@t-online.de
D-70182 Stuttgart	Sigurkarlsdottir, Hanna	Privatpraxis Primus	hs@primus-stuttgart.de
D-70329 Stuttgart	Aichinger, Gabriele	Naturheilpraxis	praxis@naturheilpraxis-aichinger.de
D-70736 Fellbach	Neef, Marina	Ernährungsberatung nach TCM	info@marina-neef.de
D-70794 Filderstadt	M.C.M. Lutz, Bernd	Master of Chinese Medicine / Praxis Chin. Medizin	praxis@bernd-lutz.de
D-71229 Leonberg	Seufert, Claudia	Pro Vitess/ Rehazentrum Leonberg/ Ernährungsberatung	seufert@reha-leonberg.de
D-71364 Winnenden	Feßler, Sabine	FEE Fünf-Elemente-Ernährung	sabine.fessler@t-online.de
D-71397 Leutenbach	Butter, Angelika	Kreative Kochwerkstatt allesinbutter	angelika@allesinbutter.com
D-71397 Leutenbach-Nellmersb.	Lenz, Yvonne	Naturheilpraxis für Kinder & Erwachsene	mail@naturheilpraxislenz.de
D-71522 Backnang	Harsch, Annette	Praxis für Naturheilkunde und TCM / Seminarzentrum	annette.harsch@dieenergiepraxis.de
D-71522 Backnang	Rack-Poska, Katrin	Naturheilpraxis Katrin Rack-Poska	info@katrin-rack-poska.de
D-71570 Oppenweiler	Stanuschewski, Elke	Ernährungsberatung nach TCM	elke.stanuschewski@googlemail.com

278

Webseite	Telefon	Ernährungsberatungen	Kochkurse / Kräuterkurse	Betriebl. Gesundheitsförderung	Basenwochen / Basenfasten	Akupunktur	Akupressur	Tuina-Massage	Qi-Gong / Tai Chi	Yoga-Bewegung-Entspannung	Shiatsu	Massage-Reflexzonentherapie	Osteopathie – Physiotherapie	Körperanwendungen	Chin. Kräuter-Therapie	Chin. Heilpilze	Persönlichkeits-Entwicklung	Vorträge-Seminare-Workshops	Webinare & Online-Workshops	Aus- und Weiterbildung	Psychotherapie
www.diepause.at	+43 699 1974 3907	●	●	●													●	●		●	
www.roberthirt.at	+43 699 1966 0621	●		●														●	●	●	
www.tcm-vital.at	+43 676 - 9766318	●	●	●														●			
www.heim-at-wildkraeuter.com	+43 4877 20084	●	●		●													●			
	+41 61 – 7218810	●	●		●													●			
www.ernaehrung-zangger.ch	+41 79 – 6798345	●	●			●		●						●						●	
www.yangsheng-institut.de	0355 – 471383	●					●	●												●	
www.utafernkaese.de	03641 – 6396990	●	●																	●	
www.ihr-vitalpunkt.de	030 – 3378338	●														●		●	●	●	●
www.annette-gohde.de	030 – 32679323	●					●	●	●	●		●		●			●				
www.praxis-sonnenhaus.de	03322 – 287145	●	●											●				●		●	
www.gesundundfit-tcm.de	0170 – 5020200	●	●						●								●	●			
www.elemente-in-harmonie.de	03366 – 520106	●	●											●				●			
www.ernaehrungsberatung-silkerichter.de	038392 – 593213	●	●															●	●		
	040 – 7604053	●		●							●									●	
www.sylvia-busse.de	04131 – 223800	●	●		●															●	
www.naturheilpraxis-nauroth.de	04174 – 5985677	●	●		●	●	●					●	●				●			●	
www.rohlwink-heilpraktiker.de	040 8 666 39 03	●	●		●							●	●							●	
www.physio-schwesing.de	04841 – 1301	●											●								
www.inesschulz.de	05864 – 987546	●				●				●	●				●		●			●	
	0172 – 6771260	●	●											●						●	
www.heike-hahlbrock.de	05533 – 4547	●	●	●																●	
www.nicolevandieken.com	0179 – 3209284	●			●													●		●	
www.vitarevis.de	0201 – 49019500	●	●														●	●	●	●	
www.dieteticus.de	0152 – 53879028	●																			
www.heilpraxis-gies.de	0221 – 2337967	●				●	●			●		●									
www.heim-at-wildkraeuter.com	0171 – 2123007	●	●											●							
	06551 - 3667	●												●							
www.taunus-gesund.de	06081 – 4685287	●	●									●					●	●		●	●
www.praxis-kieselbach.de	06103 – 2021284				●	●	●	●	●			●		●			●	●			
www.nicole-mikolajetz.de	09372 – 9493348	●					●	●		●	●			●			●	●			
www.kosmetikberatung-gies.de	0173 – 3258890	●																			
www.juttabohlmann.de	06898 – 82838	●	●																		
	0621 – 442959	●																			
www.primus-stuttgart.de	0157 – 78966673	●					●							●							
www.praxis-aichinger.de	0711 - 57735840	●	●		●	●	●							●				●	●		
www.marina-neef.de	0172 – 3945823	●	●											●				●	●		
www.bernd-lutz.de	0711 – 50872298	●					●	●	●					●							
www.pro-vitess.de	07152 – 75959	●	●															●			
	07195 – 977 0634	●	●																	●	
www.allesinbutter.com	07195 – 977 2684	●	●		●													●			
www.naturheilpraxislenz.de	07195 – 9773307						●	●										●		●	
www.dieenergiepraxis.de	07191 – 367199	●					●	●		●		●			●	●	●	●		●	
www.katrin-rack-poska.de	07191 – 3730076	●					●	●													
	07191 – 44562	●																●			

Kontaktadressen

PLZ / Ort	Name	Firmenbezeichnung oder Name der Praxis	E-Mail
D-71636 Ludwigsburg	Zdiarsky, Sonja	Ernährungsberatung nach TCM	sunshine001@gmx.at
D-71642 Ludwigsburg	Grotz-Hoffart, Bettina	Happy Life Vitalcoach	b.grotz@t-online.de
D-71665 Vaihingen/Enz	Beck, Sabine	Ernährungsberatung nach TCM	binlein.beck@gmx.de
D-71691 Freiberg/Neckar	Keil, Bettina	Chili und Limette	chiliundlimette@gmx.de
D-71735 Eberdingen	Kocher, Stephanie	Heilpraxis Kocher	info@heilpraxis-kocher.de
D-71735 Eberdingen	Kocher, Tobias	Aus- und Weiterbildungszentrum Baden-Württemberg	info@awz-bw.de
D-72074 Tübingen	Ziebandt, Anne-Kathrin	Praxis für Chinesische Medizin und Massagen	info@tcmpraxis-ziebandt.de
D-72649 Wolfschlugen	Badstöber, Nicole	Ernährungsberatung nach TCM	nicole_badstoeber@gmx.de
D-73230 Kirchheim u. Teck	Welz, Manuela	Praxis für Naturheilkunde und Psychotherapie	info@naturheilpraxis-welz.de
D-73614 Schorndorf	Ockert, Isabel	Ernährungsberatung – Kochschule – Ausbildung	info@isabel-ockert.de
D-73728 Esslingen am Neckar	Schütze, Beate	Naturheilpraxis – Praxis für Chinesische Medizin	hp-beate-schuetze@t-online.de
D-74336 Brackenheim	Springhart, Angelika	Ernährungsberatung nach TCM	angelika_springhart@t-online.de
D-74374 Zaberfeld	Junge-Leible, Gertraut	Ernährungsberatung nach TCM	junge-leible-raute@t-online.de
D-75228 Ispringen	Strauß, Andrea	Ernährungsberatung nach TCM	andys-kochschule@web.de
D-77732 Gengenbach	Benz, Marita	Praxis für ganzheitliche Medizin	info@marita-benz.de
D-79664 Wehr	Schulte, Birgit	Ernährungsberatung nach TCM	schulte-tcm@t-online.de
D-80331 München	Baumgart, Anne	Naturheilpraxis Anne Baumgart	info@naturheilpraxis-baumgart.com
D-80469 München	Hauenstein-Stief, Elke	Chinese Face Reading und Ernährungsberatung	info@elke-hauenstein.de
D-80939 München	Ams, Anna Ursula	5-Elemente Wohlfühlküche	info@5-elemente-ams.de
D-82057 Icking	Schmidt, Andrea	Ernährungsberatung nach TCM	info@tcm-ernährungscoach.de
D-82140 Olching	Groß, Martina	Ernährungsberatung nach TCM	personal-koch-coach@web.de
D-83093 Bad Endorf	Roick, Sonja	Naturheilpraxis Sonja Roick	naturheilpraxis-roick@t-online.de
D-83229 Aschau	Schuller, Brigitte	5 Elemente Ernährungsberatung und Kochschule	brigitte.schuller@gmx.net
D-86391 Stadtbergen	Huber, Adi	Qi Gong Schule Augsburg	adi.huber@kabelmail.de
D-86453 Dasing-Rieden	Huberth, Elisabeth	Ernährungsberatung nach TCM	e.huberth@icloud.com
D-86911 Diessen am Ammersee	Happach, Sonja B.	Ernährungsberatung nach TCM	Sonja@ammerseestern.de
D-86916 Kaufering	Galleske, Martina	Ernährungsberatung nach den 5 Elementen	martina.galleske@berlin.de
D-87669 Rieden am Forggensee	Kaiser, Edith	Ernährungsberatung	r.e.kaiser@gmx.de
D-88178 Heimenkirch	Hirschle, Sigrid	Ernährungsberatung nach TCM	info@sigrid-hirschle.de
D-88214 Ravensburg	Czernin, Lidija	Vitalin Massage und Gesundheitspraxis	info@vitalin.com
D-88471 Laupheim	Heinz, Brigitte	Ernährungsberatung nach TCM	info@5-elemente-laupheim.de
D-89073 Ulm	Karls-Schmid, Eva	Praxis für Physiotherapie & Ernährungsberatung Schmid	eva.karls-schmid@web.de
D-90411 Nürnberg	Faderl, Tanja	Ernährungsberatung nach TCM + bioscan SWA	info@tanja-faderl.de
D-90491 Nürnberg	Binder, Susanne	Ernährung-Bewegung-Entspannung	susannebinder1405@gmx.de
D-90584 Allersberg	Woker, Jutta	Persönlichkeit & Wachstum	jw@jutta-woker.de
D-90765 Fürth	Vogel, Melanie	EAT!	info@vogel-ernaehrungsberatung.de
D-93309 Kelheim	Elsinger, Christiane	Beratung für Ernährung, Bewegung, Entspannung	info@christiane-elsinger.de
D-93437 Furth im Wald	Bosek, Aloisia	Ernährungsberatung nach TCM	aloisia-bosek@web.de
D-94099 Ruhstorf a. Rott	Kahlert, Martina	Praxis Zeit zu Sein	m.kahlert@zeitzusein.de
D-99734 Nordhausen	Kempe, Helene	Ernährungsberatung nach TCM	Kempe.Helene@web.de
D-99734 Nordhausen	Schwarz, Andrea	Physio- Gesundheitstherapie & Ernährungsberatung	relax-zentrum@t-online.de
I-39011 Lana Provinz Bozen	Grabmaier, Martha	TCM Ernährungsberatung / physikalische Gefäßtherapie	martha.grabmaier@gmail.com
L-6645 Wasserbillig	Boesen, Karin	Ernährungsberatung nach TCM	karin.boesen@gmail.com
S-36433 Aseda-Smaland-S.	Maiwald, Viola	Ernährungsberatung nach TCM	viola.maiwald@gmail.com

Webseite	Telefon	Ernährungsberatungen	Kochkurse / Kräuterkurse	Betriebl. Gesundheitsförderung	Basenwochen / Basenfasten	Akupunktur	Akupressur	Tuina-Massage	Qi-Gong / Tai Chi	Yoga-Bewegung-Entspannung	Shiatsu	Massage-Reflexzonentherapie	Osteopathie – Physiotherapie	Körperanwendungen	Chin. Kräuter-Therapie	Chin. Heilpilze	Persönlichkeits-Entwicklung	Vorträge-Seminare-Workshops	Webinare & Online-Workshops	Aus- und Weiterbildung	Psychotherapie
	0171 – 1991820	●	●															●			
	07141 – 2983253	●	●															●			
	07042 – 289579	●	●		●													●		●	
www.chiliundlimette.de	07141 – 6855454	●	●															●			
www.heilpraxis-kocher.de	07042 – 3766244	●			●									●							
www.awz-bw.de	07042 – 3766676	●			●				●								●	●	●	●	●
www.tcmpraxis-ziebandt.de	07071 – 1465614	●				●	●	●				●	●								
	07022 – 978 9687	●																			
	07021 – 403980	●				●	●	●							●		●				●
www.isabel.ockert.de	0171 – 8284667	●	●	●	●												●	●	●	●	
www.naturheilpraxis-schuetze.de	0711 – 30054074	●				●	●	●	●						●	●		●			
	07135 – 933660	●																			
	07046 – 880555	●	●																		
	0171 – 3288354	●	●															●			
www.marita-benz.de	07803 – 9218744	●				●	●		●			●		●							●
	0171 – 4985305	●																●			
www.naturheilpraxis-baumgart.com	089 – 85636707					●	●					●		●	●						
www.elke-hauenstein.de	089 - 23000988	●															●	●	●		
www.5-elemente-ams.de	089 – 31286322	●	●															●	●		
www.tcm-ernährungscoach.de	0151 – 15239718	●	●		●																
personal-koch-coach-tcm-ernaehrungsberatung.de	0157 – 56316983	●	●		●													●			
	0171 – 4657968	●					●											●		●	
www.5elemente-schuller.de	08052 – 956974	●																●			
www.qi-gong-augsburg.de	0171 – 6123165	●	●			●	●	●	●			●			●	●	●	●	●		
	0151 – 26088166	●	●	●					●												
www.ammerseestern.de	0172 – 9373010	●	●		●													●			
www.himmel-mensch-erde.com	0179 – 9126441	●	●															●			
www.genuss-diät.de	08362 – 930566	●	●															●			
	08381 – 802794	●							●			●									
www.vitalin-rv.com	0751 – 6528595	●			●		●		●	●	●		●								
www.5-elemente-laupheim.de	07392 – 9394486	●	●		●													●			
www.erhardschmid.de	0731 – 1761766	●										●	●								
www.tanja-faderl.de	0911 – 13062040	●	●		●													●	●		
natuerlichsusannebinder.jimdo.com	0170 – 9937436	●	●												●			●	●		
www.jutta-woker.de	0171 – 9361811								●												●
www.vogel-ernaehrungsberatung.de	0911 – 707724	●	●		●																
www.christiane-elsinger.de	09441 – 1557	●	●								●	●									
	09973 – 500630	●	●															●			
www.zeitzusein.de / www.lebe-einfach-leicht.de	08531 – 32008	●	●														●	●	●	●	●
www.HeleneKempe.de	03631 – 4001009	●	●														●	●			
www.akupunktur-meridian-massage.de	03631 – 534541	●	●			●	●					●	●	●	●						
	+39 – 333 8563461	●	●		●													●			
www.qi-food.lu	+352 – 691740364	●	●		●																
	+46 – 763115375	●	●									●									

Weitere Verlagsprodukte

Sind Sie übersäuert ?
Möchten Sie entlasten und entschlacken?

Gönnen Sie Ihrem Stoffwechsel eine kleine
Auszeit und Verschnaufpause !!!

**Wir bieten Ihnen zwei Anleitungshefte für eine basische
5-Elemente-Woche.**

**Diese Basenwoche ist sowohl im Frühjahr oder Sommer wie auch im
Herbst oder Winter durchführbar.**

Mit jahreszeitlichen Rezept-Ideen unter Berücksichtigung der 5-Elemente-Philosophie können Sie eine genussvolle Basenwoche erleben und erhalten zudem Check- und Einkaufslisten für die sofortige Umsetzung.

Auch im Berufsalltag realisierbar !!!

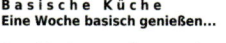

Zu bestellen im Online-Shop unter www.kocherlebnisse.de

Weitere Verlagsprodukte

GEWÜRZE – KÜCHE
Eine Erlebnis für die Sinne

Diese neue Rezept-Sammlung bietet Einblick in die Welt der Düfte und Aromen

Mit 25 Gewürze-Portraits von A wie Anis bis Z wie Zitronenmelisse und viel Wissenswertes über die Verwendung von Kräutern und Gewürzen in der Küche.

Phantasievolle Rezepte und Ideen für selbst hergestellte Gewürz-Mischungen bringen die Würze des Lebens auf den Tisch !!!

Der Duft von Gewürzen, ihre Farben und Aromen beleben die Phantasie beim Kochen und wecken die Freude am Experimentieren.

Sie geben den Speisen den letzten Pfiff und bringen im wahrsten Sinne des Wortes „Würze des Lebens" auf den Tisch und sind ein Fest für unsere Augen und den Gaumen.

Ein Erlebnis für die Sinne
Eine Reise zu den Gewürzen dieser Welt hinein in die phantasievolle Küche
Wissenswertes von Anis bis Zitronenmelisse inkl. Rezepte

DAMPFGAREN

Kochen mit Dampf ist alles andere als eine derzeitige Modeerscheinung, denn in China ist diese Art der Speisezubereitung bereits seit vielen Jahrhunderten bekannt.

Mittlerweile liegt Dampfgaren voll im Trend und erobert auch unsere modernen Küchen!

Für all jene, die einen Dampfgarer besitzen oder mit alternativen Möglichkeiten diese schonende Kochmethode kennen lernen möchten, ist diese Rezept-Sammlung der passende Einstieg in die Welt des Dämpfens.

In Asien hat diese sanfte Garmethode eine jahrtausendealte Tradition.

Dampfgaren liegt voll im Trend und erobert jetzt auch unsere moderne Küchen.

Kreative Rezept-Ideen von Vorspeisen über Gemüse sowie Fleisch und Fisch samt Desserts - inklusive genialer Saucen und Beilagen.

REZEPTE & TIPPS
rund um den Dampfgarer und seine Einsatz-möglichkeiten... aus Isabel Ockert's Kochschule

Zu bestellen im Online-Shop unter www.kocherlebnisse.de

ALPENZUSHI
Sushi aus der Heimat
neu interpretiert

Autoren:
Alex & Angkana Neumayer
Wolfgang Peter Wieland

Die spannende Fusion zweier Kulturen, die bei genauerem Hinsehen kulinarisch näher liegen als geografisch... Hier und da – also in Japan und in den Alpen wird getrocknet, fermentiert, geräuchert und eingelegt.

Die Idee, herkömmliche Sushi-Variationen in die Alpen zu bringen und mit regionalen Produkten zu kombinieren, ist daher also sehr naheliegend.

Mit dem Buch AlpenZushi wird eine neue Art von Sushi entdeckt. Auf raffiniert nachhaltige, saisonal vielfältige Weise entstehen Kreationen mit Zutaten aus der Alpenregion.

Neben Sushi-Reis werden in den Rezepten saisonale und regionale Zutaten verwendet und auch Vegetarier und Veganer bleiben nicht auf der Strecke.... Im Anhang des AlpenZushi-Buches wird das Foodkonzept CHICUCINA® –

kochen mit den 5 Elementen präsentiert. Es ergänzt nicht nur das Buch, sondern auch die Rezepturen und bringt dadurch noch mehr Harmonie auf den Tisch.

**Zu bestellen im
Online-Shop unter
www.kocherlebnisse.de**

285

CHICUCINA®

 **CHICUCINA®** ist ein attraktives, gesundheitsförderndes und kulinarisches Food-Konzept, das energievolle Mahlzeiten präsentiert.

Beruflich und privat dominiert in der heutigen Zeit Hektik, Druck und Multitasking rund um die Uhr. Die Ruhephasen werden immer kürzer und die Ernährung hat nur noch einen geringen Stellenwert. Die Kochlust geht mehr und mehr verloren, obwohl die Kochsendungen im TV boomen.

Sehr oft stehen Fertigmahlzeiten und Fast Food-Gerichte auf dem Menü-Plan. Auf Dauer wird diese Lebensweise nicht ohne Folgen bleiben. Früher oder später hat unser Körper mit den Auswirkungen zu kämpfen, wenn stärkende und energievolle Mahlzeiten ausbleiben. Viele streben an, diese Mangelerscheinungen mit Medikamenten und ihren Nebenwirkungen oder Nahrungsergänzungsprodukten auszugleichen.

Bei CHICUCINA® geht es darum, die energetischen Prozesse im Körper in der Balance zu halten und die Energie = Chi aus der Nahrung bestmöglichst aufzunehmen. Dieses Chi benötigen wir für die Abwehrkräfte unseres Immunsystems, den Erhalt unserer Körperwärme und für eine kraftvolle Verdauungsarbeit.

CHICUCINA® ist ein kulinarisches Food-Konzept, das auch in der Gastronomie umgesetzt werden kann.

Zur Gastronomie zählen nicht nur die öffentlich zugänglichen Restaurants und Hotels, sondern auch Betriebskantinen, Krankenhäuser, Seniorenheime, Schulen und Fortbildungsinstitute sowie sonstige Verpflegungseinrichtungen.

In einer Zeit des Umdenkens hinsichtlich der Ernährung hinkt die gesamte Gastronomie weit hinterher und hat nur in Ausnahmefällen attraktive und durchdachte Ernährungskonzepte parat. Leider steht in vielen Betriebsrestaurants nach wie vor die Currywurst auf der Hitliste des Speisenangebots, und in Krankenhäusern kann die servierte Ernährung den Genesungsprozess nicht unterstützen.

Was passiert eigentlich, wenn ein Mitarbeiter den geliebten Schweinsbraten mit Knödel verzehrt und danach mindestens zwei Stunden sowohl körperlich als auch geistig nicht mehr zu Höchstleistungen fähig ist? Heute liegt es auch in der Verantwortung der Küchenzunft, Schülern, Mitarbeitern, Patienten und Restaurantgästen neben einer geschmacklichen Mahlzeit ein Stück Gesundheit und Wohlbefinden zu servieren.

Das Speisenkonzept CHICUCINA® übernimmt diese wichtige Verantwortung, und aus einer Vision wurde Wirklichkeit!

CHICUCINA® verknüpft emotionale und gesundheitliche Aspekte und wirkt positiv auf Körper und Seele.

Das Speisenkonzept wurde auf Basis der Ernährung nach den 5 Elementen entwickelt. Dabei wurde diese ganzheitliche Philosophie, deren Ursprung wir in der Traditionellen Chinesischen Medizin (TCM) finden, für die Gastronomie praktisch anwendbar gemacht.

CHICUCINA® ist keine Theorie, sondern wird mittlerweile in modernen und innovativen System-Gastronomiebetrieben in Deutschland angeboten. Erfreulicherweise zeigt sich, dass das Interesse an einer harmonischen und energetisch durchdachten Küche, die gleichzeitig Gaumenfreuden spendet, sehr groß ist.

Entscheidend ist der sinnvolle Einsatz von Lebensmitteln in Bezug auf ihre energetische und thermische Wirkung. Beispielsweise geben Geschmack und Temperaturverhalten Auskunft, wie die Lebensmittel auf Organe oder Psyche und auf das energetische Gleichgewicht im Organismus wirken.

Dieses Wissen um die energetischen Eigenschaften von Lebensmitteln finden wir nicht nur in den Überlieferungen der Chinesen. Auch in alten Schriften der Klostermedizin oder bei Hildegard von Bingen sind die Wirkungen bekannt. Und so werden wir auch immer wieder in „alten Weisheiten" wie in Omas Kochrezepten fündig werden.

Die Chinesen sind aber die einzigen, bei denen das Wissen über die Wirkung der Lebensmittel ungebrochen überliefert wurde und die diese Überlieferungen im Rahmen der Traditionellen Chinesischen Medizin weiter entwickelt haben.

Die 5 Prinzipien des CHICUCINA® Speisenkonzepts umfasssen folgende Aspekte:

1. Gesundheit
Alles ist essbar! Es ist nur eine Frage der Zubereitung und Kombination der einzelnen Bestandteile.

2. Jahreszeit
Je frischer die Nahrung, desto höher und wertvoller ihr Energiegehalt. Eine Berücksichtigung der Saisonzeiten und die Verwendung regionaler Zutaten bringen reife und energievolle Lebensmittel auf den Tisch.

3. Harmonie
Authentische Gerichte und die Verwendung der 5 Geschmacksrichtungen in Kombination mit den thermischen Eigenschaften der Lebensmittel sorgen für ein harmonisches Zusammenspiel.

4. Energie
Wärme ist Energie! Eine schonende Zubereitung, die wertvolle Inhaltsstoffe sanft aufbereitet sowie das Verstärken und Ausgleichen der thermischen Wirkung der Lebensmittel machen die Speisen besonders energievoll und verhindern ein Verdauungskoma nach dem Essen.

5. Wohlgefühl
Die Praxis der Bekömmlichkeit ist in den Speisen spürbar – bei CHICUCINA® fühlen Sie sich wohl und gesättigt, anstatt voll und belastet.

Das CHICUCINA® Speisenkonzept hat positive Auswirkungen auf folgende Lebensbereiche:

Gesundheit	▶	Förderung unseres höchsten Gutes
Lebensfreude	▶	Wohlbefinden zu jeder Tageszeit
Dynamik	▶	Aktivität und Schaffenskraft
Harmonie	▶	Ausgeglichenheit und Gelassenheit
Gourmetfreude	▶	Genuss und Vielfältigkeit in der Kreation

CHICUCINA®

In der westlichen Ernährungslehre analysieren wir lediglich die Nährstoffe und Brennwerte, orientieren uns an Details und teilen die Lebensmittel nach Eiweiß, Kohlenhydraten, Fetten, Vitaminen und Mineralstoffen ein.

Doch Energiegewinnung aus der Nahrung und Gesundheit ist weit mehr als die Summe einzelner Bausteine. Es gibt sehr wenig ganzheitliche Ansätze, die den Menschen und sein Wohlbefinden berücksichtigen.

Ernährung ist eine lebenslange Form der Gesundheitspflege und bildet die Basis der chinesischen Präventivmedizin. Dieses chinesische Denken beruht auf der Vorstellung, dass Energie die Materie durchdringt und sie verändert.

Das bedeutet, Werte nutzen nur dann, wenn sie verwertet werden können. Fehlt es an Verdauungsenergie, dann können die Lebensmittel nicht verwandelt oder verdaut werden. Ganz banal ausgedrückt, sind unverdaute Nahrungsreste im Stuhlgang ein Zeichen dafür, dass die Nahrung nicht optimal „verstoffwechselt" wurde und keine Energie daraus gewonnen werden konnte.

Für eine optimale Verwertung und Energiegewinnung können nicht nur einzelne Bausteine und ihre Inhaltsstoffe berücksichtigt werden, sondern auch ihre Wirkung im Körper, was ein maßgeblicher Faktor ist. Die Ernährung nach den 5 Elementen ist eine zeitgemäße, ganzheitliche Ernährungslehre, die auf klassischen Gesundheits- und Ernährungsprinzipien beruht und deren Grundlagen in der TCM zu finden sind.

Dabei werden die Auswahl der Lebensmittel, ihre thermische Eigenschaften, die Wirkung unserer 5 Geschmacksrichtungen und entsprechende Kochmethoden mit Berücksichtigung der Saisonzeiten harmonisch kombiniert. Dieser ganzheitliche Ansatz ist in vielen Kulturen, wie z. B. auch in der mediterranen Küche zu finden.

FAZIT: Das CHICUCINA® Speisenkonzept wird von einem ganzheitlichen Ansatz geprägt und bietet Erkenntnisse und Ergebnisse einer gesunden Ernährung mit Langzeitwirkung und Nachhaltigkeit. Das ist ein völlig anderer Ansatz als bei neuzeitlichen Entwicklungen in der Gastronomie, die teilweise in den Laboren der Ernährungswissenschaft entstanden sind ohne Erkenntnisse über ihre Langzeitwirkung.

Zitat von Hippokrates:
„Lass Nahrung deine Medizin sein und die Medizin deine Nahrung."

Anwendbarkeit und Natürlichkeit von CHICUCINA®

Herkömmliche Speisenkonzepte sind oftmals schnelllebige Konzepte, deren Wirksamkeit rasch überholt sind. Was heute trendy ist, steht vielleicht schon bald wieder auf der Out-Liste. Was heute noch als Ideal gilt, das kann schon morgen wieder völlig überholt sein.

Bei CHICUCINA® werden natürliche und ursprüngliche Produkte verwendet. Besonders im Bereich Würzen und Abschmecken liegt der Fokus auf Kräutern und wertvollen Gewürzen unter Berücksichtigung ihrer Wirkung und Eigenschaften auf Körper und Stoffwechsel.

FAZIT: Sicherlich gibt es auch neumodische Speisen- und Wellness-Konzepte, die auf Natürlichkeit ausgerichtet sind. Bei CHICUCINA® wird zusätzlich die Wirksamkeit berücksichtigt. Diese Anwendung und die Umsetzung des Wissens sowie alten Weisheiten über die Wirkung unserer Nahrung zeichnen das Speisenkonzept in seiner Einzigartigkeit aus.

Der Gesundheitswert von CHICUCINA®

Aufgrund der Verwendung von Frischprodukten in hoher Qualität, der frischen Zubereitung und des Wissens um passende Verdauungshilfen haben die Speisen eine dynamisierende Wirkung auf den Stoffwechsel.

Beim CHICUCINA® Speisenkonzept kommen die natürlichen Verdauungshilfen in Form von Kräutern und frischen Gewürzen zum Einsatz, die den Stoffwechsel auf Trab bringen und einem Verdauungskoma nach der Nahrungsaufnahme mächtig entgegenwirken.

Es hat schon seinen Sinn, warum das Kraut mit Kümmel gekocht und ein Sauerbraten einige Zeit mit Wacholder und Lorbeer in Wein und Essig eingelegt wird.

Ein weiterer Aspekt des CHICUCINA® Speisenkonzepts ist die Frische und Qualität der verwendeten Produkte, die aufgrund der Berücksichtigung der Saisonzeiten ihren Reifegrad erreichen und dadurch viele Inhaltsstoffe liefern.

Auch eine schonende Zubereitung mit entsprechenden Garmethoden und kurze Stehzeiten der Speisen bewahren diese wertvollen Inhaltsstoffe.

FAZIT: Ein hoher Qualitätsanspruch der Lebensmittel, schonende Kochmethoden in Kombination mit Frische unter Berücksichtigung wertvoller Verdauungshilfen schafft das Optimum für Vitalität und Leistungsfähigkeit. So werden Lebensmittel auch wieder Mittel zum Leben und dienen der Gesundheit!

Die Fakten vom Speisenkonzept CHICUCINA®

Als Basis dieses Ernährungskonzeptes dient die Ernährung nach den 5 Elementen – ein über 3000 Jahre altes, festgeschriebenes, ganzheitliches Konzept, das in sämtlichen Kulturen angewendet wird.

- Fühlbare Wirkung für jeden!

- Alles ist essbar, wenn es intelligent eingesetzt wird!

- Natürliche Ausgewogenheit durch jahreszeitliche und thermische Einflüsse unter Berücksichtigung der Jahreszeiten.

- Garprozesse und Kochmethoden werden der Saison und den Produkten angepasst.

- Verzicht auf Industrieprodukte, insbesondere im Bereich Würzen und Abschmecken.

- Verwendung aller 5 Geschmacksrichtungen als Stoffwechsel-Turbo. Berücksichtigung der thermischen Eigenschaften der Lebensmittel durch gezielte Anwendung.

- Ausbalancierte Menüs mit harmonischer Wirkung auf den Körper.

- Orientierung an der Natur durch Berücksichtigung des jahreszeitlichen Kreislaufs und der Verwendung natürlicher Verdauungshilfen für Genuss und Bekömmlichkeit.

Eigene Notizen